语言民俗

曲彦斌 曲哲 著

中国石化出版社
·北京·

图书在版编目（CIP）数据

语言民俗 / 白庚胜，刘晔原，万建中主编；曲彦斌，曲哲著. -- 北京：中国石化出版社，2025. 2. -- (中华民俗文化新读丛书). -- ISBN 978-7-5114-7411-7

Ⅰ. H004.2

中国国家版本馆 CIP 数据核字第 2025TB7815 号

中国石化出版社出版发行

地址：北京市东城区安定门外大街58号

邮编：100011　电话：(010)57512500

发行部电话：(010)57512575

http: // www. sinopec-press. com

E-mail: press@sinopec. com

宝蕾元仁浩（天津）印刷有限公司印刷

全国各地新华书店经销

*

710毫米×1000毫米 16开本 20.5印张 340千字

2025年2月第1版　2025年2月第1次印刷

定价：66.00元

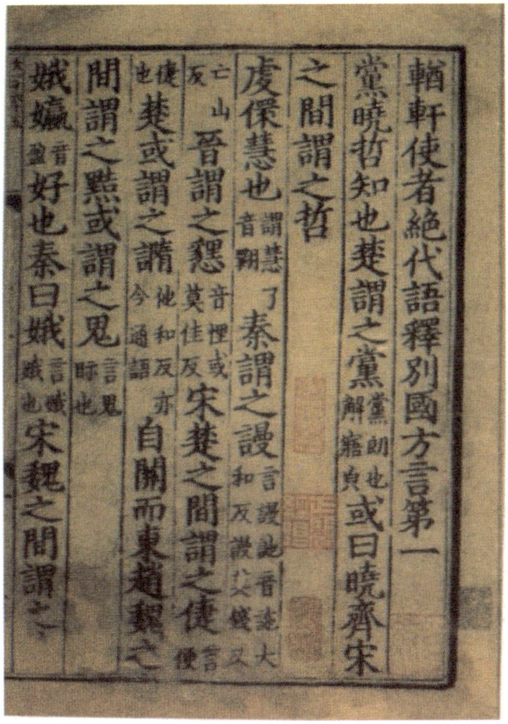
輶軒使者絶代語釋別國方言第一

黨曉哲知也楚謂之黨（黨朗也解寤皃）或曰曉齊宋之間謂之哲

虔儇慧也（謂慧了音翾）秦謂之謾（言謾訑音大和反謾莫錢反又亡山反）晉謂之㥷（音埋或莫佳反）宋楚之間謂之倢（言便倢也）楚或謂之䜲（他和反亦今通語）自關而東趙魏之間謂之黠或謂之鬼（言鬼眎也）

娥㜲（音盈）好也秦曰娥（言娥娥也）宋魏之間謂之㜲

南宋刻本扬雄《方言》书影

清代俗语题材烟画《不上高山不显平地》

山西平遥清咸丰五年 (1855 年) 创建的同兴公镖局旧址门面

王献唐"平乐印庐"斋号印

中国运河招幌博物馆正门

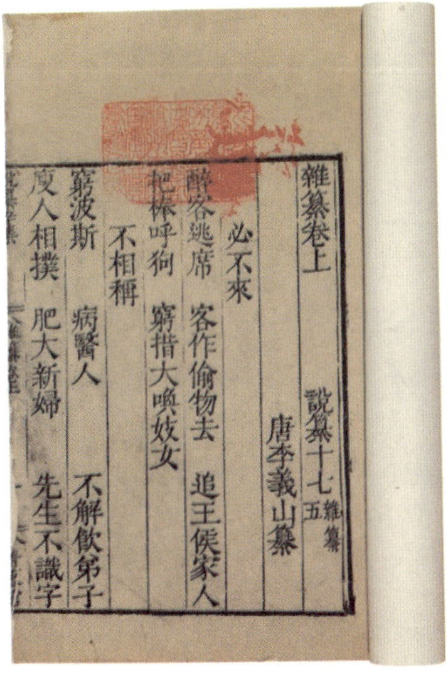

雜纂卷上　說纂十七
唐李義山纂
必不來
醉客逃席　客作偷物去　追王侯家人
把棒呼狗　窮措大喚妓女
不相稱
窮波斯　病醫人　不解飲弟子
瘦人相撲　肥大新婦　先生不識字

早稻田大学图书馆藏明代青藜馆刊本《义山杂纂》书影

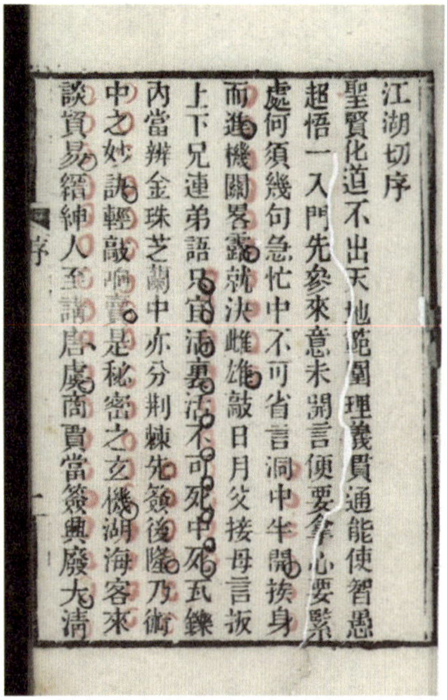

江湖切序
聖賢化道不出天地範圍理義貫通能使智愚
超悟一入門先參來意未開言便要拿心要緊
處何須幾句急忙中不可省言洞中牛鬧挨身
而進機關略露就決雌雄敲日月爻接母言扳
上下兄連弟語兄宜活裏活不可死中死瓦鑠
內當辨金珠芝蘭中亦分荊棘先頒後隆乃衡
中之妙訣輕敲响賣是秘密之玄機湖海客來
談貿易縉紳人至講唐虞商賈當籌興廢大清

明末清初隐语行话典籍《新刻江湖切要》原序书影

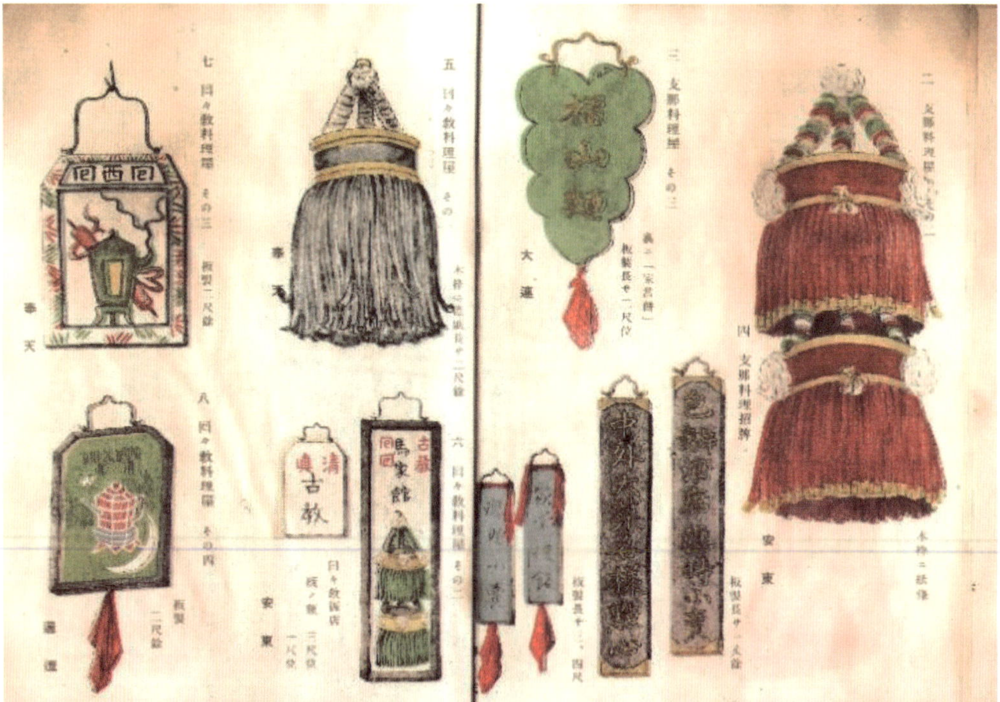

[日]藤原钦尔编《满洲看板往来》图片书影

总序

老树新花香犹浓

——“中华民俗文化新读丛书”

白庚胜

由我与刘晔原、万建中两位先生主编的十一卷本“中华民俗文化新读丛书”将于近日正式出版。这得益于各卷作者的长期学术积累、探讨及优秀民俗文化传承贡献，也得益于中国石化出版社及其领导的高瞻远瞩、文化责任、社会担当。

民俗是民众约定俗成的文化惯习，与官俗一道构成一族或一国的文化传统，具有基因性、基本性、基础性、基层性等特点，对继承与坚守民族根脉、唤醒文化自觉与坚定文化自信、增强文化借鉴与消化外来文化能力、建设与创新当代先进文化、强化文化认同与文化自尊自豪、弘扬民族精神，具有极重要的意义。

对于这份丰富的遗产，中华民族素有自觉或不自觉的传承历史……或创造不止，或承继无衰，或享受绵绵，或设官采风问俗，或立府资治润政以知民生、观厚薄、移风易俗，同时遗留下卷帙浩繁的宝典。对于它们，历代文人墨客中，亦多有集腋成裘者，刻意点评者，把玩赏玩者，奉为圭臬者，鄙视轻蔑者，改革移易者，弃如敝屣者，鼓吹踏上千脚者……形成了中国民俗及其认识史的洋洋大观，并影响到周边汉字文化圈内各国各地各民族。

毛泽东同志曾经说过："我们这个民族有数千年的历史，有它的特点，有它的许多珍贵品。"中国民俗文化正是这样的珍贵遗产。它的体量过于庞大，它的结构过于复杂，它的关系过于纷繁，它的功用过于多样，它所历经的时间过于漫长，它所覆盖的空间过于辽阔，它的渗透无所不在。面对它的宏富、博大，我们引以为豪、享受无比，也空前痛感自己的渺小、肤浅，一如汪洋大海里的滴水，泰山脚下的微尘。

作为中国民俗"小学生"的我们，应该采取的态度，当然是怀着谦卑之心识读它、理解它，并将学习的心得与读者共享，以普及民俗知识、引发民俗意识、激发民俗感情、品味民俗精髓、体会民俗经验，感受人民文化的温度与力度，从而知其不可为而为之，挽救泰山于将倾，然后产生保护、传承、转型、利用它的冲动与责任、创意与技术，提炼出认识它的理论与方法，把有关行为上升到静态和动态结合、思想与行动并举的文化自觉。由于中国民俗文化因风吹雨打良久而日渐式微，又由于处在巨大的社会转型时期而面临生死关头，我们唯有从识读迈开文化自识的步履，才能达成文化自救、自存、守正、创新的目的。

这套丛书正是在这一社会文化背景下出于这样的目的启动编纂的。我们知道，在口头与非物质文化遗产保护工作狂飙突进之后，许多新成果、新发现给我们提供了对旧俗作新读的可能；在新时代使优秀传统文化倍受尊崇之后，人们的思想观念需要有新的引领；在旅游加文化之风席卷祖国大地之际，人们需要处理好文化与产业发展的辩证关系；在国家已确立包括民俗学、民间文学、非遗学在内的文化遗产学学科地位的条件下，教育界与学术界都在期盼着分享当代民俗学的最新认识成果；在中国社会进一步扩大改革开放、推进人类命运共同体建设之当下，人们必须更加清醒地认识主体与客体、传统与现代、中国与世界的认知维度。

作为一种开始，我们仅从浩如烟海的中国民俗中找出十一大类作为新读的尝试。主编这套丛书的初衷是：组织京内外高校、研究机构民俗学新生力量，以新的视角、新的思维、新的方法，对古老民俗文化的形态、内涵作审视，并观察其在新时代的适应性、功用性、流变性，深刻解读它们对于重建当代人文精神的价值所在，以及它们在市场经济、高科技环境下追求人与自然和谐、人与人和谐、社会协调、心灵安定与精神家园常青方面所能发生的效力。

从目前的情况看，我们的收获满满。由于所有作者的共同努力，这套丛书充溢新的气象、新的风格、新的文思、新的可能，为我们继续与时俱进地组织推进这一事业增强了信心。当然，由于是“新读”而非“精读”，各卷本质量尚有参差，各位作者的立意与实力不同，丛书整体也不尽完美。可贵的是，我们走出第一步，让人们确信古俗是可以也应该“新读”的。唯新读才得新义，作新解，为新用，是为“古为今用”“推陈出新”，传承我中华文化薪火。

前言

本书是笔者关于“语言民俗学”的第二部著作，也是关涉本领域的第二次“试水”。与前次“试水”出版《语言民俗学概要》不同的是，这次是在原著框架和内容及著者以往相关著述的基础上，参照“中华民俗文化新读丛书”的体例删增调整而来。或言之，是在尚无本领域研究更多的成系统的新见的情况下，一个简单的小结性的梳理。期望的是给读者一份图文并茂的成系统的语言民俗学知识。

有鉴于斯，亦只将原题为《期待、心结与“试水”》的《语言民俗学概要》前言略加删改，移抄在此作为前言。

一、一个学术“心结”和“试水”担当

大约2004年，在《民俗语言学》（增订版）[1]自序中，我曾经写道，“二十世纪七十年代末，我开始沉湎于钻研‘语言与民俗’问题，并从八十年代初开始发表有关‘民俗语言学’著述，迄今约有二十年矣”。时光如梭，如今，又是一个十年。也就是

1 曲彦斌．民俗语言学（增订版）[M]. 沈阳：辽宁教育出版社，2004:12.

说，我从事本领域的研究三十多年了。可以说，我的青壮年时光，主要都投身于此了。

在那个增订版的自序里，我特别写道：

如今，还有一个老问题需要重新说明。那就是关于这门学科的名称的“正名”问题。

二十世纪八十年代末，北师大钟敬文先生的一位研究生向我转达钟老的意见，“语言民俗学”才是民俗学的分支学科。老实讲，我一时颇感为难。因为，按照习惯说法，“语言民俗学”是从语言学视点和语言材料研究民俗学和民俗的；反之亦然，“民俗语言学”则应是从民俗学视点和民俗材料来研究语言学和语言的。然而，用什么样的叫法来表示我们现实的这种双向、互动的学科呢？

我曾在 1996 年的一份答问录里谈到过这个事情。我强调，民俗语言学是综合运用语言学、民俗学及其他相关科学方法、材料，对语言、言语与社会习俗、惯制等民间文化现象相互密切联系的形态（即民俗语言文化形态）、性质、规律、机制、源流等，进行双向、多方位考察研究，从而给予科学解释并指导应用的人文科学。所谓“双向、多方位”，包含着“互动”与“相互”的含义。当时我谈到，民俗语言学“既从民俗学视点研究语言，亦从语言方面探讨民俗学问题，重点在于两者涵化的产物——民俗语言文化。因而，民俗语言学又可称为‘民俗语言文化学’”。在此语境条件前提下，显然不好按照以往业已习惯的“相互交叉式”命名方法的程式，严格区别为“民俗语言学”和“语言民俗学”。如果需要突出哪一个视点的时候，也只能用特定的语境加以限定。

现在重温这些，意在借以说明一个事情和引出一个话题。

要说明的一个事情，是我几十年来始终从事的是“语言与民俗”以及“民俗语言学与语言民俗学”的双向研究，未肯偏废。只不过是，先行以构建“民俗语言学”理论框架为主，同时也在进行“语言民俗”和“语言民俗学”的研究与积累。这是由于研究对象和学科领域的密切关联，甚至是存在“你中有我，我中有你”的大面积交叉乃至重合，是由两个领域“先天性”共生的“血缘关系”所决定的。

要引出的一个话题，就是接续“民俗语言学”研究，或者说伴随其研究的另一个学术命题，梳理、总结“语言民俗学”的研究心得，积累并撰写一部《语言民俗学概要》形式的概论性学术专著，这始终是我学术研究历程中的一个学术“心结”。

早在二十世纪八十年代末和九十年代初，我曾先后几次面聆钟敬文、杨堃、杨得志和马学良等几位学界泰斗，关于语言与民俗问题的耳提面命式教诲，直接领受到老一代民俗学家对此领域研究的关切和学术期待。特别是，马学良教授还特意约我到其书房专门长谈一次。如今，几位老人家已经先后谢世。这些年里，每忆及此，感慨良多，尤增迫切感。如此这般，怎能不结下这个沉重的学术“心结”呢？

时下正值北方寒冬，犹记年少时的一个风雪寒夜，录古诗习字时吟至陆游《书愤》诗末二句“壮心未与年俱老，死去犹能作鬼雄”之际，随手凑了几句打油诗：“锦绣年华需努力，莫教光阴空自流，壮心随年增更切，青春一日如三秋。”随着时序流转，再有几个月，本人即属“六六大顺”之列矣。似乎自视心高，但余生还有那么多事要做，心愿自是“随年增更切”也。

前面谈过，这是本人的一个学术“心结”。其实，我也意识到，作为涉此学术领域较早、积累似乎较多者，这亦是一份未竟的学术责任和担当。恰如佛缘俗语所言,“我不入地狱，谁入地狱”？看来，为“抛砖引玉”，也只好权充如此“舍生取义”的志愿者也。“石楼试水宜频啜，金谷看花莫漫煎”（宋王安石《寄茶与平甫》）。鉴于此，且“奋不顾身”先行“试水”则也。于是，本书便问世了。

二、老一代民俗学家的学术期待

应该说，构建“语言民俗学”学科，深化语言民俗学研究，是老一代民俗学家关切很久、期待很久的一个学术命题。

在此，不妨且回顾、重温一下钟敬文先生的一些论述。如果选辑钟敬文先生有关语言与民俗命题的论述，可以编出很大的篇幅来。于此，且选一些片段。

可以说，早在构建民俗学理论框架之初，钟敬文先生就已经关注到“语言民俗学”这个命题。例如，在 1991 年以《民俗学发凡》为题的学术演讲中四个问题的第二个问题谈的就是语言学方面，随即谈民俗学分支学科，明确开列有“语言民俗学”[1]。同时指出：“世界上一些国家，如美国、日本等，他们的某些学者，往往十分重视对口头语言民俗的研究。我国自五四民俗学运动兴起之后，也在口承语言民俗的领域，做过一些调查和探索，但成绩不太显著。倒是在民族学界做出了许多成绩，这是值得我们借鉴的。[2]”后来，在其主编的《民俗学概论》中，由马学良先生等执笔撰写的第十一章《民间语言》中还谈到，“为了民间语言考究其他民俗，同时又从其他民俗考察民间语言，就需要建立一门语言

1 钟敬文 . 民俗学发凡：钟敬文民俗学论集 [C]. 上海：上海文艺出版社，1998:265.

2 同上 .

学和民俗学相互交叉的边缘学科——语言民俗学”[1]。这一章提出了语言与民俗的几个论点：语言单位概括指称民俗事象、具体陈述民俗事象、旁涉夹带民俗事象和折光反射民俗事象，因而，“民间语言不仅自身就是一种民俗，而且它还记载和传承着其他民俗事象”[2]。

在其为第一位以语言民俗学为研究方向的博士研究生黄涛先生的学位论文《语言民俗与中国文化》所撰序言中，钟老比较集中地讨论了语言民俗学问题。

语言是人们联系共同的生产活动、生活事务和表达个人的思维、感受的必需手段。在人们的集体活动中，没有语言这种文化因素是不可想象的。语言本身既是人类社会一种重要文化因素，又是许多文化因素的载体。所谓“口承文化”，它包括人类的各种口头文学以及用口头语言表达和传承的各种人生经验和知识。近代学者把语言作为构成民族概念的重要条件之一，这是完全有道理的。世界上一些国家如美国、日本的某些民俗学者，往往十分重视对口头语言民俗的研究。我国自“五四”民俗学运动兴起之后，也在口承语言民俗的领域，做过一些调查和探索，尽管成绩不太显著，但在“五四”时期，对口头语言问题非常重视，在这方面开展的活动与研究曾有着特殊的作用和重大的影响。[3]

我对语言民俗的较深厚的兴趣，也与“五四运动”对语言问题的特别关注有关。[4]

---

1 钟敬文 . 民俗学概论 [M]. 上海：上海文艺出版社，1998:307.

2 钟敬文 . 民俗学概论 [M]. 上海：上海文艺出版社，1998:304.

3 黄涛 . 语言民俗与中国文化 [M]. 北京：人民出版社，2002:4.

4 同上 .

> 我对语言民俗的基本观点，如语言既是民俗的一种载体，它本身也是一种民俗现象，不能将语言与民俗分开来或并列起来讲，要用一般民俗文化的基本特征去考察语言现象等。[1]

如是者无不体现了钟敬文先生对语言民俗学的深入思考与探索，为后来者构建语言民俗学学科提供了极为重要的教益。钟敬文先生这些关于语言民俗学的思考与探索，虽然比较零散，却是语言民俗学学术史上极为重要的学术轨迹，是中国民俗学学术史不可忽略的一个环节。

三、“试水”《语言民俗学概要》

作为国内首部以语言民俗学视角“立意于研究民间语言现象的一般规律”[2]的学术专著《语言民俗与中国文化》，其作者黄涛“将语言民俗研究的对象，即民间语言现象，界定为民众的生活文化和文化活动现象”[3]，“将语言民俗看作一种复合性的文化现象，它包括三个层面：语言形式、语言行为和与之关联的民众精神状态。语言民俗研究就是这三个层面的整体研究”[4]，作为学位论文的指导思想或研究宗旨。黄涛在语言民俗学研究上所做的成功尝试，颇值得构建“语言民俗学”学科借鉴。

钟敬文先生在为黄涛的学位论文《语言民俗与中国文化》所撰序言中还谈到：

---

1 黄涛 . 语言民俗与中国文化 [M]. 北京：人民出版社，2002:13.

2 黄涛 . 语言民俗与中国文化 [M]. 北京：人民出版社，2002:5.

3 黄涛 . 语言民俗与中国文化 [M]. 北京：人民出版社，2002:6.

4 黄涛 . 语言民俗与中国文化 [M]. 北京：人民出版社，2002:1.

> 近十几年，民间语言的研究开始受到学界的重视，并出现了一些论著，大体看来其成果也是引人瞩目的。这是一个好现象。但是这些研究的主要部分立足于语言学与民俗学的交叉位置，立意于建立一门交叉学科，其研究的理论视角和方法还不是严格意义上的民俗学专业研究（关键是没有把语言现象作为民俗文化的一部分来研究）。在这种情况下，我感到语言民俗学的研究有必要尽快开展起来。这也是对“五四”新文化运动重视民众口头语言的学术传统的继承与发展。[1]

个中，钟敬文先生再次表述了对构建“语言民俗学”学科的期待与关切，也特别强调了“把语言现象作为民俗文化的一部分来研究”这一“理论视角和方法”至为关键。

基于钟敬文先生所说的“把语言现象作为民俗文化的一部分来研究”，“民俗语言”自当属于语言民俗学的研究对象了。但在具体研究中的概念的界定和表述上，往往不会完全相同。钟敬文主编《民俗学概论·民间语言》时说，“民间语言”是指“广大民众用来表达思想并承载民间文化的口头习惯用语，其主要部分是民众集体传承的俗话套语”。《民俗语言学》（增订版）所说的“民俗语言”，是指“经约定俗成、获得广泛认知、民用的涵化有民俗要素的语言材料”，“民俗语言的主体由俗语与民俗语汇两大语类构成”；“无论语言学界还是民俗学、民间文学界，关于俗语概念的界定始终未取得共识。至于海外学术界的说法，往往又同国内相参差，则是因语言文化背景的差异所致。就汉语民俗语言的俗语性质、特征而言，它是指包括口语性成语、谚语、格言、歇后语、惯用语、俚语等品类在内的定型化或趋于定型化的简

1　黄涛．语言民俗与中国文化 [M]. 北京：人民出版社，2002:1.

练习用语和短语”。[1] 那么，“民间语言”与“民俗语言”两个概念之间有何异同？由于研究视角、研究对象本位之别，“民俗语言学”与“语言民俗学”还有许多有待解决和回答的问题。

有鉴于此，本书仅仅是选择一部分两者交叉和大面积重合的问题与文本，试图采用钟敬文先生说的“把语言现象作为民俗文化的一部分来研究”视角，初步构建一个粗略的“语言民俗学”框架。并试图以此视角、框架和内容，体现“语言民俗学”的基本学术思想。

鉴于我们关于“语言与民俗”以及“民俗语言学”和“语言民俗学”的研究一向交替或相间进行，以及有些论述的共同性、一致性和密切的关联性，为统一有关表述起见，本书多处引述《民俗语言学》（增订本）相关论述，同时亦为避免行文中注释的繁杂混乱，需要保留引述原文中必要的注释，则不另对此做专门的注释。当然，这也属于以往本领域研究过程中的一种“痕迹”。这一点，也是两个命题之间交融性、复合性的一种体现和必然。

可以说，本书还是个“急就章”，一是自愧很难一下子做到非常全面和完美，二是虽说积累时间不短了，但在一个很短的时间内搞出一部尽如人意的学术专著是不可能的。因此，本书还只是个“概要”性的初稿，且先做个“靶子”式的“奠基石”，有待方家指教，在广泛汲取教益的基础上进一步修订完善。在此，先谢了！同时，期盼本书能够具有“抛砖引玉”之功效，余愿足矣。

艾珺[2]

甲午年十二月十二日记于雅俗轩

1 曲彦斌 . 民俗语言学（增订版）[M]. 沈阳：辽宁教育出版社，2004:12.

2 曲彦斌笔名。

目录

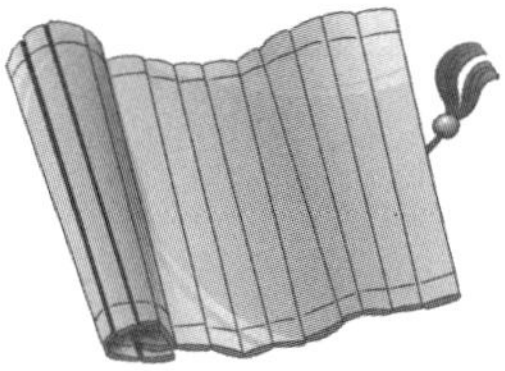

方言土语与地域民俗

开语言类采风问俗先河之扬雄《方言》

《方言》，是《輶轩使者绝代语释别国方言》的习惯简称，始见于《隋书·经籍志》；《旧唐书》与《新唐书》均题《别国方言》，通署汉扬雄撰。

扬雄字子云，蜀郡成都人，生于西汉宣帝甘露元年（公元前 53 年），卒于王莽天凤五年（18 年）。汉成帝时曾任给事黄门郎。王莽时升为大夫，校书天禄阁。他自幼家贫，口吃不善剧谈，尤喜读书。他精于文字学，多识古文奇字，而且毕生兴趣广泛，多有涉猎，于语言学、文学、哲学等方面均有较深造诣和建树，颇受当时名儒如刘歆、桓谭等人钦佩。除《方言》（图 1–1）外，他还曾著有《法言》《太玄》《训纂篇》《甘泉赋》《河东赋》《羽猎赋》《长杨赋》《反离骚》等，但多已散佚。明代曾有人辑有《扬子云集》（一作《扬侍郎集》），至清代又有人为之重编。汉代王充在《论衡》中曾数处称赞扬雄作品，如《齐世篇》云："扬子云作《太玄》，造《法言》，张伯松不肯壹观。与之并肩，故贱其言。使子云在伯松前，伯松以为

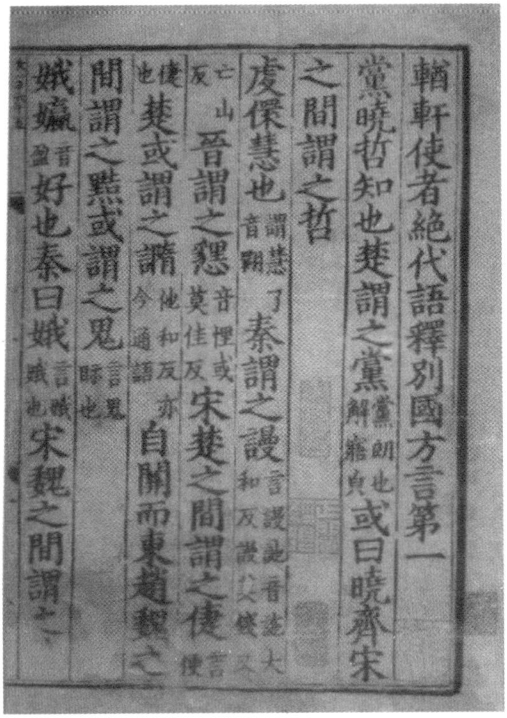
輶軒使者絶代語釋別國方言第一
黨曉哲知也楚謂之黨（黨朗也解寤皃）或曰曉齊宋
之間謂之哲
虔儇慧也（謂慧了 音翾）秦謂之謾（言謾訑 音蒞 大和反 謾莫錢反又
亡山反）晉謂之㦟（音悝或莫佳反）宋楚之間謂之倢（言便
倢也）楚或謂之𢙴（他和反亦今通語）自關而東趙魏之
間謂之黠或謂之鬼（言鬼眎也）
娥㜲（音盈）好也秦曰娥（言娥娥也）宋魏之間謂之

图 1-1　南宋刻本扬雄《方言》书影

《金匮》矣。”桓谭答大司空王邑、纳言严尤问时亦赞道：“今扬子之书文义至深，而论不诡于圣人，若使遭遇时君，更阅贤知，为所称善，则必度越诸子矣。”

除《隋书·经籍志》《旧唐书·经籍志》《新唐书·艺文志》《宋史·艺文志》等重要史书都曾著录《方言》外,《唐日本国见在书目》《崇文总目》《中兴馆阁书目》《郡斋读书志》《直斋书录解题》，直至清人钱曾的《读书敏求记》等著名目录学专书，几乎无不载录此书。其中，尤以《四库全书总目提要》著录最为详赡。其中关于《方言》是否确出扬雄之手这桩历史公案，考证颇有见地。《提要》据汉末人应劭《风俗通义·序》及其所注《汉书》又曾引扬雄《方言》一条，以为“雄作《方言》，实自劭始”，并进一步指出：“魏晋以后，诸儒转相沿述，皆无异词。惟宋洪迈《容斋随笔》，始考证《汉书》，断非雄作。然迈所摘刘歆与雄往返书中，既称在成帝时，不应称孝成皇帝一条，及东汉明帝始讳庄，不应西汉之末即称庄遵为严君平一条，则未深中其要领。考书首‘成帝时’云云，乃后人题下标注之文。传写舛讹，致与书连为一，实非歆之本词，文义尚厘然可辨。书中载扬、庄之名，不作严字，实未尝预为明帝讳。其严君平字，或后人传写追改，亦未可知。皆不足断是书之伪。惟后汉许慎《说文解字》，多引雄说，而其文皆不见于《方言》。又慎所注字义，与今《方言》相同者不一而足，亦皆不标扬雄《方言》字。知当慎之时，此书尚不名《方言》，亦尚不以《方言》为雄作。故马、郑诸儒未尝称述。至东汉之末，应劭始有是说。魏孙炎注《尔雅》'莫貈、螳螂、蛑'字，晋杜预注《左传》'授师孑焉'句，始递相征引。沿及东晋，郭璞遂注其书。后儒皆称扬雄《方言》，盖由于是。"至于版本，《提要》又考称："然劭《序》称《方言》九千字，而今本乃一万二千九百余字，则字数较原本几溢三千。雄与刘歆往返书，皆称《方言》十五卷。郭璞《序》亦称三五之篇。而《隋志》《唐志》乃并载扬雄《方言》十三卷，与今本同。则卷数较原本阙其二，均为抵牾不合。考雄《答歆书》，称'语言或交错相反，方复论思，详悉集之。如可宽假延期，必不敢有爱'云云。疑雄本有此未成之书，歆借观而未得，故《七略》不载，《汉志》亦不著录。后或侯芭之流收其残稿，私相传述。阅时既久，不免于辗转附益，如徐铉之增《说文》。故字多余前。厥后传其学者，以《汉志》无《方言》之名，恐滋疑窦。而《小学家》有《别字》十三篇，不著撰人名氏，可以假借影附，证其实出于雄。遂并为十三卷，以就其数。故卷减于昔欤？反复推求，其真伪皆无显据。姑从旧本，仍题雄名，亦疑以传疑之义也。雄及刘歆二书，据李善《文选注》引'悬诸日月不刊之书'句，已称《方言》。则自隋唐以来，原附卷末，今亦仍之。其书世有刊本，然文字古奥，训义深隐，校雠者猝不易详。故断烂讹脱，几不可读。钱曾《读书敏求记》，尝据宋椠驳正其误。然曾家宋椠，今亦不传。惟《永乐大典》所收，犹为完善。检其中'秦有榛娥之台'一条，与钱曾所举相符，知即从宋本录入。今取与近本相较，始知明人妄行改窜，颠倒错落，全失其初，不止钱曾所举之一处。是书虽存而实亡，不可不亟为厘正。谨参互考订，凡改正二百八十一字，删衍文十七字，补脱文二十七字。神明焕然，顿还旧观。并逐条援引诸书，一一疏通证明，具列按语。庶小学训诂之传，尚可以具见崖略。并以纠坊刻之谬，俾无迷误后来。旧本题曰《輶轩使者绝代语释别国方言》，其文冗赘，故诸家援引及史志著录皆省文谓之《方言》，《旧唐书·经籍志》则谓之《别国方言》。实即一书。又《容斋随笔》称此书为《輶轩使者绝域语释别国方言》，以代为域，其文独异。然诸本并作‘绝代’，书中所载亦无‘绝域重译’之语。洪迈所云，盖偶然误记，今不取其说焉。”云云，考证虽嫌烦琐，却精详可信，足资参考，至今各家所见仍大抵未出此限。

《方言》成书之后，未见单独刊行，今所见《方言》，则以晋人郭璞注本为最先。尔后，传世版本日多，仅邵懿辰撰、邵章续录的《增订四库简明目录标注》所著录，除四库本外即达二十三种之多，大致可窥源流：“《方言》十三卷，旧题汉扬雄撰。刻本讹不可读，今以《永乐大典》所载宋本校刊。《汉魏丛书》本、《格致丛书》本、《古今逸史》本、聚珍版本、抱经堂校刊本、戴震疏证本、微波榭刊本。朱修伯曰：宋曹毅之刊，有正德影钞传世，李孟传重刊，抱经曾见之。正德丁卯华珵本，抱经亦只见影钞本。又有明海昌陈与郊类聚本，郑璞编子云集本。卢手校本，在姚若家。[续录]宋庆元庚申刊本、胡纹焕《白名家书》本、闽覆聚珍本、旧抄本。明陈与郊编《方言类聚》四卷，万历甲辰刊，依《尔雅》例，分十六门，颇易寻检，《四库》入存目中。《輶轩使者绝代语释别国方言》十三卷，昭文张氏藏影宋本，云即戴氏疏证所称曹毅之本也，末有正德乙巳夏五月得曹毅之宋刊本手影一行。江安傅沅叔藏宋刊本，为盛意园物，有华亭朱氏横经阁印、季沧苇印。又藏有明正德翻宋本，残，行款已经，且有脱误。清嘉庆六年樊廷绪刊本。清光绪十七年思贤讲舍刊本，清郭庆藩集释；附《续方言》二卷，清杭世骏辑；补一卷，程际盛辑。《小学汇函》本，据抱经堂本刊。民国间福山王氏天壤阁影宋刊本。民国三年江安傅氏影印宋刊本。”

此外，丁介民《方言考》中又著录有若干种版本，如：陶子麟复刻本，日本珂罗版精印本，上海涵芬楼《四部丛刊》影傅氏藏宋刊本，嘉靖间翻刻宋李孟传浔阳郡斋本，正德己巳抄宋本，《说海》汇编本，《百子全书》本等。他认为：“卷帙之歧分，定在晋、隋之间，阙佚假借未可知。……唐日本国见在书目《方言》十卷，殆非完本。”[1]

1956年10月，科学出版社出版的周祖谟的《方言校笺》，是一时校理最善而

1 丁介民.方言考[M].台北：台湾中华书局，1969:10.

又便查的一个通行本。是书以《四部丛刊》影印的宋李孟传（文授）刻本为底本，参校以戴震、卢文弨、刘台拱、王念孙、钱绎诸本，另征引其他著作凡三十余种撰成。又一起编入了由吴晓铃编的《方言通检》，颇便于检索查阅。卷末附录有郭璞《方言注序》，刘歆与扬雄往复书信各一通，李孟传《刻方言后序》，南宋朱质跋等，皆出校笺。2006 年 9 月，中华书局出版的华学诚《扬雄方言校释汇证》（上、下册），成为迄今为止广泛吸纳前人研究成果、比较完备的一个最新版本。

今存《方言》为十三卷本，一万九千余字，大致仿照《尔雅》体例编次，类集就当时而言的“古今”各地同义方言词语（书中称之为某地语、古今语、转语、代语等），与通语（书中称为四方之通语、通名、凡语等），或典籍书面语，加以比较。例如：

敦、丰、厖、㚁、幠、般、嘏、奕、戎、京、奘、将，大也，凡物之大貌曰丰。厖，深之大也。东齐、海岱之间曰㚁，或曰幠。宋、鲁、陈、卫之间谓之嘏，或曰戎。秦、晋之间凡物壮大谓之嘏，或曰夏。秦、晋之间凡人之大谓之奘，或谓之壮。燕之北鄙、齐楚之郊或曰京，或曰将。皆古今语也，初别国不相往来之言也，今或同。而旧书雅记故俗语，不失其方，而后人不知，故为之作释也。（卷一）

嫁、逝、徂、适，往也。自家而出谓之嫁，由女而出为嫁也。逝，秦晋语也。徂，齐语也。适，宋鲁语也。往，凡语也。（卷一）

谩台、胁阋，惧也。燕、代之间曰谩台，齐、楚之间曰胁阋。宋、卫之间凡怒而噎噫，谓之胁阋。南楚江湘之间谓之啴咺。陈、楚之间凡人兽乳而双产谓之厘孳，秦、晋之间谓之健子，自关而东赵、魏之间谓之孪生，女谓之嫁子。（卷三）

苏、芥，草也。江淮南楚之间曰苏，自关而西曰草，或曰芥。南楚江湘之间谓之莽。苏亦荏也。关之东、西或谓之苏，或谓之荏。周、郑之间谓之公蕡。沅湘之南或谓之䓿。其小者谓之蘸菜。（卷三）

汗襦，江淮南楚之间谓之襌。自关而西或谓之袛裯。自关而东谓之甲襦。（卷四）

凡此，全书多以方言俗语以及通语之间类义比较的方式，辑释当时各地俗语和俚俗称谓，悉在“旧书雅记故俗语，不失其方，而后人不知，故为之作释也”。也正是这一主旨，奠定了《方言》作为俗语辞书的基本属性。

《尔雅》是迄今所见的中国第一部辑释训诂词义的汉语词典。有趣的是，东汉时刘歆、樊光、李巡几家《尔雅》注本久已亡佚，今存最早的注本也是注《方言》的郭璞所为。郭璞为《尔雅》作注，既以经传闻句证明雅训，又以今义释古义，还注意以晋方言释古语。如《尔雅·释诂》：“允、孚、亶、展、谌、诚、亮、询，信也。”郭注：“《方言》曰：荆、吴、淮、汭之间曰展，燕、岱、东齐曰谌，宋、卫曰询。亦皆见《诗》。”郭氏借《方言》注《尔雅》，既缘《尔雅》涉及方言俗语现象，而《方言》与《尔雅》体例相近，因而用以疏证，可信手拈来，颇感方便。两者这种体例上的相近，略作比较即可看出。而且《尔雅》成书先于《方言》，流行较广，扬雄自然得阅，而受启迪，固以借鉴。于此，不妨比较《方言》与《尔雅》书中各一个释例。《尔雅·释诂》：“永、羕、引、延、融、骏，长也。”《方言》卷一：“修、骏、融、绎、寻、延，长也。”两相比较，《方言》犹似《尔雅》的疏证。由此，郭璞引《方言》为《尔雅》作注自当必然；又两书之注均出自郭氏，或即先注《方言》而后注《尔雅》。清代学者王引之《经籍纂诂序》云：“训诂之学，发端于《尔雅》，旁通于《方言》。六经奥义，五方殊语，既略备于此矣。”王氏以训诂学为纽带，将《尔雅》与《方言》之间阐释为“发端”与“旁通”的关系，既是郭氏注二书的实践总结，也说明了《方言》体例与《尔雅》的客观联系。这一点，亦足以证明《方言》的出现与汉代学术环境的密切联系。

1304年至次年，意大利文艺复兴的先驱者、诗人但丁·阿里盖利，曾对本民族语言的历史与方言作过一番考察，写出了一部很有影响的书《论俗语》。他认为以方言口语为基础的俗语在言语交际及语言艺术中有着比较优越的特点，应当使俗语成为意大利文学与科学的语言，这一观点在世界文化史上产生了相当大的影响。然而，扬雄的科学实践要比但丁早一千二百多年，不过由于理论表述与概括方式上的文化差异，加之其他原因，扬雄《方言》的世界性影响则不及但丁《论俗语》那么大。

但是，《方言》问世以来在国内学术史上却始终稳居丰碑地位，被奉为重要经典，从晋郭璞起，历代校理、注疏之作层出不穷。除上面提到的外，至清末有数十种主要作品。例如：隋释智骞的《方言注》（已佚），明陈与郊的《方言类聚》四卷，宋吴梁辅的《方言释音》一卷（已佚），余皆集中见于清朝。清朝校疏《方言》的代表作有：杭世骏的《续方言》二卷，戴震的《方言校注》十三卷、《方言疏证》十三卷及《续方言》二卷，钱绎的《方言笺疏》十三卷，等等。此后，又有袁鹏图的《续方言》，丁惟汾的《方言音释》，吴予天的《方言注商》（附补遗）等。如同《尔雅》《说文解字》已成专门学问一样，亦可谓之《方言》学了。

纵览历代注疏《方言》之作，比较重要、为后世倍加推崇的是东晋郭璞的《方言注》，清戴震的《方言疏证》和钱绎的《方言笺疏》三种。

堪与《方言》媲美的《通俗文》

《通俗文》一卷，东汉服虔撰，已佚。《隋书·经籍志》著录有此书，然与韵书辑列一处。今所见《通俗文》主要有三，一为前人评述；一为唐《一切经音义》、梁刘照注《续汉志》、唐李善注《文选》、唐徐坚等奉敕所编《初学记》以及宋李昉等奉敕所编《太平御览》等古籍所引《通俗文》；一为从诸书引文中辑录而成的《通俗文》佚文汇辑。其中尤以《一切经音义》所引《通俗文》为最多。各书所引文，或称为《通俗篇》，或称为《风俗通》。如清任大椿《小学钩沉》辑《通俗文》：

耳珠曰珰。《北堂书钞》卷一百三十五；《文选·洛神赋》注；傅长虞赠何劭王济诗注；《太平御览》卷七百十八。案：《书钞》《御览》引此皆作《风俗通》，乃《通俗文》之误。（卷下页五）

关于《通俗文》的性质与成就，刘叶秋先生提出：“《通俗文》是一部解释通俗用语的词典……它既释义，也注音，实为以实用为主的通俗词典之先河，对后出的字书、类书，有一定的影响。[1]” 这一点，几乎为古今所公认。郝懿行《证俗文》自序即言：“命曰《证俗文》，盖慕服子慎《通俗文》，借取《儒林传》疏通证明之意云。”今学者段书伟《通俗文辑校》，可谓迄今治《通俗文》较为完善之本。（作者按：至为遗憾的是，是书印校不精，颇多校对错误。）段氏是书前言云：“《通俗文》集中收集、解释俗言俚语、冷僻俗字为其特色，书中所收俗言俚语，真实地反映了汉代语词的情况，是研究汉语史的宝贵材料”。《通俗文》“一书在未亡佚之前，是很有实用价值的，可以称它为我国第一部俗语词典，它不仅开俗语研究的先河，也是后代各种俗语词典的滥觞”。[2] 云云，所言甚恰当。

据《后汉书·儒林传》卷七十九等所载知，服虔字子慎，初名重，又名只，后改为虔，河南荥阳（今河南省荥阳市东北）人。少时清苦立志，入太学受业。后举孝廉。灵帝中平末（188 年前后），拜九江太守。有雅才，善著文论，治古文经学。其著述有《春秋左氏传解谊》《春秋隐义》《春秋成长义》《春秋音隐》《春秋左氏膏肓释痾》《汉书音训》，以及赋、碑、诔、书记及《连珠》《九愤》等多篇，多佚。服虔病死于战乱之中。事迹又见清谢启昆《小学考》卷四十六、四十九。生卒年未详。

《后汉书》所载服虔事迹未谈到有《通俗文》事，北齐颜之推于《颜氏家训》卷六《书证第十七》中亦有质疑：“《通俗文》，世间（皆）题云‘河南服虔字子慎造’。虔既是汉人，其《叙》乃引苏林、张揖；苏、张皆是魏人。且郑玄以前，全不解反语，《通俗》反音，甚会（一作为）近俗。阮孝绪又云‘李虔所造’。河北此书，家藏一本，遂无作李虔者。《晋中经簿》及《七志》，并无其目，竟不得知谁制。然其文义允惬，实是高才。殷仲堪《常用字训》，亦引服虔《俗说》，今复无此书，未知即是《通俗文》，为当有异？近代或更有服虔乎？不能明也。”云云。颜氏质疑作者，却赞其书“文义允惬，实是高才”。《颜氏家训》的《勉学》《书证》《音辞》篇亦一再引证《通俗文》。又清臧琳《经义杂记》卷一十七云：“案《隋书·经

1 刘叶秋．中国字典史略 [M]. 北京： 中华书局，2004:64-65.

2 段书伟．通俗文辑校 [M]. 郑州：中州古籍出版社，1993:1-3.

籍志》'《通俗文》一卷，服虔撰'，次在梁沈约《四声》、李概《音谱》、释静洪《韵英》之下，则《隋志》亦不以为汉之服子慎所撰。《唐志》无服书，有李虔《续通俗文》二卷。《初学记·器物部·舟》第十一下引李虔《通俗》曰：'晋曰舶，音泊。'则阮氏《七录》所言，信有征矣。然唐人书中所引，皆作服虔，《太平御览》《广韵》或讹作《风俗通》，又作《风俗论》。《文选·琴赋》：'唱噱终日。'李注引服虔《通俗篇》：'乐不胜谓之唱噱。嗢，乌没切；噱，巨略切。'名虽不同，要即一书也。"臧氏乃据《隋志》著录设疑，或以为非汉之服虔所撰。清任大椿（竹吾）《小学钩沉》辑《通俗文》分上下两卷，卷首引叙《颜氏家训》之说并有与臧氏说相近质疑，而后则认为："然唐人书多引作服虔，汉服虔外，别无服虔，当是子慎作此书一卷，李虔续之为二卷。苏林、张揖皆出李氏所引。服与郑玄同时，玄以所注《春秋》与之。孙炎，郑之徒，正用反切，则服书反语不足为异。又考《晋书·孝友传》，李密，一名虔，字令伯，则李虔即李密也。服为汉之名儒，李为晋之高士。书经两贤而成，宜颜黄门赞其允惬也。今原书散佚，掇拾成帙，仍依《隋志》题服虔。黄门又云，未知非服虔而轻之，犹谓是服虔而径之。求小学之宗，系慎勿蹈此辄焉。"马竹吾圆释诸质疑而认为《通俗文》即出自汉服虔之手，后又经李虔续之。清洪亮吉《更生斋文甲集》卷一《复臧文学镛堂问通俗文书》亦认为：《通俗文》即服虔所撰，而由李虔续作，因名称相同，则为阮孝绪混而为一。至于反音，或为后人补入，或专指李虔续作书中之语，与服虔作《通俗文》无关。而且，各书征引中，无论称服虔《通俗篇》、服虔《俗说》，还是只称服虔者，均指服虔《通俗文》。

从上述著述征引《通俗文》情况可知，至晚于宋代李昉（925—996 年）奉敕主编《太平御览》时原书尚存。至于今所见《通俗文》，则是有清以来的各种辑佚本。例如：臧庸辑佚文一卷、叙录一卷，收入《邃雅斋丛书》。任大椿辑本二卷，曾经王念孙校阅，收入《小学钩沉》。黄奭辑本一卷，收入《汉学堂丛书》。马国翰辑本一卷，收入《玉函山房辑佚书》。顾櫰三辑本一卷，附补音一卷，收入《小壶堂斋丛书》二集。顾震福辑本，收入《小学钩沉续编》。此外，清人胡澍所撰《通俗文疏证》，已佚；据知郝懿行亦有一部《通俗文疏证》，未见。至民初，龙璋又有辑本，收入《小学蒐佚》上编。

各家所辑佚文数量参差不一，据所见，较多的当是任大椿辑本，三百八十一条；马国翰辑本，三百八十四条；而两本之间又互有错综。举凡各家所辑佚文，多搜觅于《一切经音义》等唐宋以前诸书的引录之文，又以唐宋文献引文居多，因为在此之前的文献，征引《通俗文》者较少。如《颜氏家训》述及《通俗文》处颇有一些，直接引录原文者却寥寥几例：

卷第三《勉学》第八："穷访蜀士，呼粒为逼，时莫之解。吾云：'《三苍》《说文》，此字白下为匕，皆训粒，《通俗文》音方力反。'众皆欢悟。"

卷第六《书证》第十七："《月令》云：'荔挺出。'郑玄注云：'荔挺，马薤也。'《说文》云：'荔，似蒲而小，根可为刷。'《广雅》云：'马薤，荔也。'《通俗文》亦云马蔺。"

卷第七《音辞》第十八："《通俗文》曰：'入室求曰搜。'反为兄侯。"

刘叶秋《中国字典史略》[1]对该书的有关评议值得关注。刘氏认为：

继扬雄《方言》之后而出现的《通俗文》，是一部值得重视的古字书，它的作者相传为东汉时服虔。

《通俗文》是一部解释通俗用语的词典，和扬雄《方言》之考辨方言不同。它既释义，也注音，实为以实用为主的通俗词典之先河，对后出的字书、类书，有一定的影响。

颜氏怀疑《通俗文》非服虔撰，理由有三：汉人述作，不会引魏人的说法；服虔时无反切，而此书有之；书目不见于晋人的著录。这三点是很有说服力的。

古人著作，被后人篡改增补，乃常有之事；书出服虔，而屡经众手，失去本来面目，非无可能。至于东晋殷仲堪引过的《俗说》，是否即《通俗文》的另一种本

1 刘叶秋．中国字典史略 [M]. 北京：中华书局，2004:62-65.

子，颜氏亦不能知，现在更无法断定。

各种辑佚本《通俗文》，大都是先具所见佚文，然后标注出所见文献名称、卷次和篇名。有的一书或多书重出，亦详加标注。如清任大椿辑本中的几例：

物坚鞕谓之硗确。（大方等《大集经》卷二一“音义”，《长阿含经》卷七“音义”；《出曜论》卷一“音义”；《对法论》卷七“音义”；《阿毗达摩俱舍论》卷一七“音义”）

言不通利谓之蹇吃。（《大威德陀罗尼经》卷一五“音义”；《大智度论》卷二八“音义”；《善见律》卷一五“音义”；《佛本行集经》卷二六“音义”；《大菩萨藏经》卷六“音义”）

遮取谓之抄掠。（《大般涅槃经》卷三“音义”；《瑜珈师地论》卷四八“音义”）

天子出虎贲伺非常谓之遮迾。（《文选》赭白马赋注）

凡此，《通俗文》辑释秦汉之际和汉代俚俗语词，兼或注音，颇具实用价值，难怪各书征引；又证明其搜讨极富，诠释及体例亦比较科学、可靠。同扬雄《方言》比较，自有特色，有些条目释文尤为详备。如《太平御览》卷三四六所引证《通俗文》的几例。其一：“匕首，剑属。其头类匕，故曰匕首，短而便用。”其二：“床，三尺五曰榻板，独坐曰枰，八尺曰床。”其三：“容丽曰孅，形美曰婧，容美曰媗。南楚以好为娃，肥骨柔弱曰婀娜，颊辅妍美曰妩媚。”等等。

有研究指出，以征引旧籍来注解《文选》[1]是李善注的显著特征，也是李善注具有较高学术价值的原因。作为我国第一部解释俗言俚语的训诂专著《通俗文》，在李善注《文选》时曾被多次引用，以解决《文选》俗语词的训释问题。李善注征引《通俗文》基本达到了其训诂目的，但也有某些不足之处，如应当征引却未征引，以及个别地方征引失误。考察李善注征引《通俗文》的情况，是完成《文选》训诂

1 段书伟.《文选》李善注引用《通俗文》评述 [J]. 郑州大学学报（哲学社会科学版），1997（1）:95-99. 韩卫斌 . 服虔及其《通俗文》[J]. 新乡师范高等专科学校学报，2007（1）:129-132. 林源 .《通俗文》性质略论 [J]. 古籍整理研究学刊，2004（3）:19-26. 陈建梁 .《通俗文》作者考 [J]. 文献，1995（2）:26-34.

问题的课题之一。

尽管今天已不能完整地见到此书原貌，但借由北齐颜之推的评价，可以认为这是一部独具特色并堪与《方言》媲美的古代汉语断代的俗语辞书。因而有人赞叹：“它的内容和价值实出《方言》之上，确是一部搜罗最富解释最精的俗语辞典。”然未见原本全貌，又似显武断溢美。《通俗文》同《方言》一起开了中国汉语俗语辞书先河，这是应予肯定的，其功昭昭。在期待考古出土发现奇迹的同时，颇有必要以诸家辑佚为基础，运用现代科学方法，进一步搜考、整理，编校出一部迄今最详备的《通俗文》善本。

丁惟汾的《俚语证古》和《方言音释》

检视辛亥革命和国民革命的要员名录，大多既是一代叱咤风云、名著青史的政治家，同时还是具有深厚学养或在某一领域颇有造诣的专家乃至硕学大儒，是具有书生本色的学问家。比如，早年即追随孙中山的南社社员胡朴安著有《中国文字学史》《中国训诂学史》《文字学 ABC》《中华全国风俗志》和《俗语典》（主编）等。甚至，民国政府政要亦曾耗时十年主持编撰并出版了讲述中国节俗文化的读物。他们大都既有传统文化知识素养的深厚积淀，还饱享海外新文化营养的滋润。可以说，清末民初这一代政治家的总体素质和阵容都非常可观。

既著有《山东革命党史稿》，还撰有《俚语证古》和《方言音释》等《诂雅堂丛著》的丁惟汾，正是众多耀眼繁星中的一颗。他是孙中山的左膀右臂、蒋中正口中的“七哥”，又是著有《诂雅堂丛著》的近代音韵学大儒。

叱咤风云载青史，学富五车著文章

在辛亥革命 100 周年之际，丁惟汾故居揭牌仪式在日照市的东港区涛雒镇丁家官庄村举行。丁惟汾的外孙女黄且圆等亲属齐聚丁氏故里，出席了这个难得的盛会。丁惟汾何许人也？一时间在大陆沉寂多年的名字重新进入世人的视野。

“叱咤风云载青史，学富五车著文章”——即是丁惟汾一生事迹的写照。

丁惟汾（1874—1954 年），字鼎丞，别号诂雅堂主，人称诂雅先生，山东日照涛雒镇丁家官庄人。丁惟汾出身齐鲁乡间亦儒亦农的士绅家庭。父亲丁以此，号竹筠，清末秀才，以教私塾维持家计。他幼承父教，研习国学，1903 年赴日本留学，追随孙中山，是同盟会的创始人之一，与廖仲恺相侔，并称孙中山的左膀右臂。辛亥革命半个多世纪之后的丁氏过世 12 年之际，被李敖赞叹为英雄好汉。

丁惟汾历任众议院议员、国民政府委员、监察院副院长、中国政治学校教育长等职。1954 年 5 月 12 日病逝于台北，享年 80 岁。

值其古稀之寿，与其同乡的另一位著名学者王献唐（1896—1960 年）为撰《诂雅堂主治学记》述云：“诂雅先生幼承家学，壮岁奔走革命，舟车戎马之际，未尝一日废书。今寿跻七秩，犹伏案操觚，著述愈勤。”“先生读诗，复以韵谱之，续得六例，成《毛诗韵律》。继治《尔雅》，成《尔雅释今》。又治《方言》，成《方言音释》。更以方言求古语，为《俚语证古》。五十年来，读《毛诗》《尔雅》《方言》，凡数十百过，成书百余万言。”其事迹另有杨仲揆《刚毅木讷的学者革命家——丁惟汾传》[1] 可资参阅。

丁氏“结穴”之作《俚语证古》

“结穴”者，归结点之所在也。丁氏一生研治《毛诗》《尔雅》《方言》，每以今日方言俚语求诸古代经传文字。其毕生治学“结穴”之作，乃《俚语证古》。或言之，《俚语证古》是丁惟汾学术积累与研究方法之集大成，治学成就之标志性成果。即如其同乡好友王献唐《诂雅堂主治学记》所阐释的那样：“先生精力萃于《毛诗》《尔雅》《方言》三书，而其结穴则在《俚语证古》。前时注《尔雅》者，至郝氏《义疏》，最称邃密。惟详于义训，而略于音声。栖霞牟陌人，而郝氏雅故，曾遗书

1　杨仲揆 . 刚毅木讷的学者革命家：丁惟汾传 [M]. 台北：近代中国出版社，1983:10.

讥之。注《毛诗》者，后推陈氏《传疏》。注《方言》者，后推钱氏《笺疏》。亦皆于声音未能通贯也。先生注《尔雅》，则以音为经，以义为纬，即音求义，由义证音，取诸左右，若水之逢源，不问漂忽。由周以来，迄今数千年，其名物语言，有已变者，有未变者。未变者，可由今溯古。已变者，有沿循之途轨，折旋之迹象。先生执其环中，明流传，证古之名物即今某名某物，古之语言，即今某语某言。若坐先贤于一堂，征文考献，相与共论，上下千古，犹一瞬也。”

清人范寅《越谚》卷上《语言》小序中提出：“九州殊欲，五方异音。音异、言偏、欲殊、语隔，五帝三王乃制同文之书以通其语言。而仓颉作字之所由肇焉，即扬子云《方言》之所由作焉，亦国史、风诗之所由采焉。世之学者辄以识字自负，岂知文字在后、语言在先。经史子集之文字尤后，方音州谚之语言尤先。经史子集文字所载之语言，实为人籁。方音州谚，文字所不载之语言，乃天籁乎。”《俚语证古·自序》称：“昔郭景纯氏述扬子治《方言》之法曰：考九服之佚言，标六代之绝语，类离词之旨韵，明乖途而同致。间尝论之，其所谓九服之佚言，即当代之方言。其所谓六代之绝语，即唐虞以后之古语也。所谓离同者，概佚言与绝语而通言之也。离者，二也，一语而古今异说，远近异称，故谓之离词也。旨者，近于意义者也。韵者，近于声音者也。将古今远近不同之言，部类其旨韵，旨韵相符者，虽千万变犹为一语也，故曰明乖途而同致也。由今言之，郭氏所谓佚言，即予之所谓俚语，郭氏所谓绝语，即予之所谓古语。其考所谓标者，皆为予《俚语证古》之衣钵也。故予之《俚语证古》，继扬子《方言》而作也。自輶轩采览而后，至周秦而业绝。扬子云生于西汉之末，崛起而远绍宏业。降及东晋，郭景纯始取而注之。自是而后，迄于晚今，继起无人。然欲广先民之声教，探文字之渊源，舍此殆蔑由也。予也不敏，寻坠绪于二千年后，谬成此编，得无有类于僭妄乎。知我罪我，则为予所乐受而不辞者也。”云云。

《俚语证古》是《诂雅堂丛著》的一种，初稿曾题名“俚语解故”，齐鲁书社据台湾地区 1975 年的一个印本（未详）与王献唐平乐印庐清钞批校本加以校订，于 1983 年 10 月手写影印出版。是书总 14 卷，类各为卷，凡 14 类，隐略为《尔雅》《方言》体例。卷一为天，卷二为地，卷三为形貌，卷四为声容，卷五为饮食，卷六为衣服，卷七为家宅，卷八为器用，卷九为草，卷十为木，卷十一为鸟，卷十二为兽，卷十三为虫鱼，卷十四为语丛。全书考释俗语俚言凡1025条，条目以今语列首，次以简语接释；释文则取该条俗语中心词或关键语素直释其语义，次注古今音读、音转，末则征引经史子集、字书等以证其所出有自。体例严谨，考释精审简明。如例：

姑子，嫁子也。妻称夫姊为大姑子，夫妹为小姑子。姑字当作嫁（古音读姑）。《方言》三：女谓之嫁子。郭云：言往适人。《诗·周南·桃夭》篇：之子于归；《传》云：之子，嫁子也。（卷三形貌）

阿嚏，鼽嚏也。喷鼻谓之打阿嚏。阿为鼽（古音读欧）之双声音转。《月令》：民多鼽嚏。《玉篇》：嚏，喷鼻也。鼽嚏，为喷鼻声。鼽嚏,《淮南·时则训》：鼽窒；高注，鼽读怨仇之仇。按仇，古音亦当读欧。（同上）

葛杂子，啑喋子也，葛骨、疵瑕也。鄙吝者谓之葛杂子。葛杂为啑（音读接）喋之双声音转。《淮南·览冥训》：至虚无纯一，而不啑喋从事也。高注，啑喋深算也。按，啑喋为鹅鹜饲食吞吐状，鄙吝者出财，往复深算，如鹅鹜之吐其食者然，故以啑喋子呼之，又谓之葛骨。葛骨为疵瑕（古音上读戈下读骨）之音转。《左传·僖公七年传》：予取予求，不女疵瑕也。（同上）

羊沟，央渎也。家宅出水沟谓之羊沟。羊沟为央渎（古音读窦）之叠韵音转。《荀子·正论篇》：今人或入具央渎，窃其猪彘；扬注：央渎，中渎也。如今人家出水沟也。（卷七家宅）

窠拉，屦履也。织屦粗草谓之窠拉。窠拉为屦（古音读窠）履（古音读类）之音转。《方言》卷四：履，粗者谓之屦。粗履为屦履，即以织屦粗草委屦履。关东人以苞屦为恶拉，亦屦履之音转。（卷四服饰）

相验，相攸也。男女定婚，互相验视，谓之相验。验为攸之双声音转。《诗·大雅·韩奕》篇：为韩姞相攸；《笺》云：攸，所也，视其所居。（同上）

有民俗语言学者的研究指出[1]：《俚语证古》一书保存了大量方言俗语的资料，为我们进一步了解民俗语汇提供了文本，尤其是名物方言俗语，使一些已经消失或正在消失的东西的名称得以保存，为我们阅读古代文献提供依据。而且在此书的最后一卷语丛部分，也可以寻到仍然具有生命力的方言俗语的渊源。如丁个、单崩、趣黑、当戈、拉到等，这些都为我们研究民俗语汇提供了难得的语料资源。丁惟汾先生采用音转原理，将古今方言、俗语沟通起来。一方面具有创新精神，为训示古籍者开辟了一条新的途径。以同音相谐，推论称名辨物之意，并试图探求语源。这种声训方法在本书中得到系统化体现。另一方面作者脱离传统词源学方法，以文字资料为本，凭字词音形义推究语源。即如古人作诗词文章，多讲究用典，注重遣词用字要有所本、有其来历。这种崇雅尚古观念，使得推求民间俗语语源亦所本于前人经典文字。于是丁氏便“类次俗语、俗事之见于经史子集”，“务使里巷中只语片解，俱合于古”。这种以见诸古人文字为语源或出处的主导倾向，不仅贯穿着中国俗语学史，亦是传统词源学的基本方法，即偏重书证文献中的语源。然而，有些词语的语源却是难以单凭史料及音形义演变规律所能考究清楚的，丁氏在对它们进行探源时都只获得孤立或静态的结论。其实，民俗语言和民俗词汇未必都能见诸典籍，因此在探寻民俗语源上不仅要强调书证，也要看到其他的因素，如政治因素、民俗心理因素、民间口碑资料等。虽然有些民俗语汇在典籍中未曾涉及，但在口语中已经形成了一种语言文化被固定下来，就无须为它穿上一件厚重的古典文献的外衣，或通过语音一定要为其寻找到音转根据，这样只会使这些民俗语汇失去其真实的彩衣。

凡此，已足资观其全书释例大概。据有学者比照《山东方言词典》统计[2]，全书涉及“胶东片”的方言词条有235个，“非常具有代表性”；“其中日照方言词条共有486个。与当今日照方言一一对照，主要有基本一致、读音或写法有变、词义有变、很少使用或不再使用、一音多义五种情况。从这些材料可以

1　韩璐.《俚语证古》说略[J]. 文化学刊，2006（2）121-128.

2　姜荣，孙夫荣. 丁惟汾《俚语证古》引日照方言考[J]. 文化学刊，2008（3）159-165.

看出日照方言的某些发展变化，对方言和俗语的研究有很大的作用”。本书因循章太炎先生《新方言》之法，多以通转音训考释俗语语源。考释虽精审，却不乏泥古难拔而牵强附会之病。例如“葛杂子”条，“葛杂子”，北方话有“生杂子”，指乖僻、调皮成性者，取贬义又指“无赖子”。作者为山东日照人，或以“葛杂子”乃为“生杂子”音讹而取。再例如以“羊沟”为“央渎”之叠韵音转，取证于《荀子》。明环中迂叟《俚言解》卷一“阳沟”条载：“宅舍开沟出水，明显者谓之阳沟，小到放水谓之阴沟。马缟《古今注》，长安御沟谓之杨沟，植高杨于其上也。一曰羊沟，谓羊喜牴触垣墙，乃为沟，以隔之，故曰羊沟。然缟言盖御沟耳，民家当称阳沟。”《俚言解》的考释令人信服，而《俚语证古》所释，显系牵强之说。又如《俚语证古》卷三形貌释“诨名”为“易名也，化名也”，所考亦不符实际，其释云：“外号谓之诨名。”诨为易（古音读货）之双声音转。《檀弓》，其子成请于谥君曰：日月有时，将葬矣，请所以易其名者。易化同声，易名即化名。周制，死后有谥号，谓之易名。后世生而有诨名，谓之外号。外号，为生时之易也。亦有变名。雒师谋云：吕尚钓厓；注云，尚，名也。又曰望公七年，尚立变名；注云，变名为望。孔颖达曰：盖以所呼之号，遂以为名，以其道可尊尚。又取本名为号也。以“外号谓之诨名”，不错，而随后所考，却多为舛谬不切其实。“诨名”即绰号，俗称外号。《京本通俗小说·拗相公》：“老妪道：官人难道不知王安石即当今之丞相？拗相公是他的诨名。”《水浒传》中梁山诸位绿林好汉皆有诨名，如豹子头林冲、黑旋风李逵、母夜叉孙二娘之类。诨号多为别人视其某种性情、专长、体貌特征或就事而送，并约定俗成，本人或认可或不认可，人多如此当面称呼或背地称之。丁氏所考，难免附会之嫌。是书虽精审谨严，却若此不乏不得当之例，是其过于强求通转、泥古之病所致。又是书无子目索引，查检不便，至为遗憾。而为工作方便，笔者于是在编出《俚前解》《证俗文》子目的同时，亦编出《俚语证古》的检索自用，未印行。

《俚语证古》的姊妹作《方言音释》

在汉语文化中，如同“俗语”概念一向比较含混模糊那样，“方言”的概念亦然。俗语外部特征之一，是既具有较强的地方性，又受方言制约较甚。由于流行传布等原因，一个地区的方言之中，又往往包含相当比重的共通性俗语。例如清范寅所著《越谚》各卷，所辑既含方言字词，又含流行俗语，又多半与各地俗语相通，非仅限于越方一地。凡此，才导致形成了“方言俗语”这一现代语言学家认为界定含混、不伦不类的习用术语。“方言俗语”这一概念是中国传统语言学的一个事实上的俗语认识，脱离这一事实，即难以客观地了解汉语俗语的本来面目。因而，范寅则“爰据勾践旧都之区，信今传古之语，所口习耳熟者，分编语言、名物、音义为上、中、下三卷，名曰《越谚》。使言之于口者，悉达之于笔，淹雅者通今，谫陋者博古”。清唐训方《里语徵实》，按一、二、三、四、五、六、七、八、九、十、十二、十四次编次的“里语”，观其实质，亦即“方言俗语”。

明末方以智《通雅》卷四十九《谚原》卷首小引说：“叔然作反切，本出于俚里常言。宋景文《笔记》之如鲫溜为就，突栾为团，鲫令为精，窟笼为孔，不可胜举，讹失日已远矣。然相沿各有其原，考之于古，颇有暗合方音，乃天地间自然而转者。上古之变，为汉晋。汉晋之变，为宋元势也。”可知他也是位“方言俗语”论者。清末葛元煦在为一代著名训诂学家钱大昭的《迩言》所撰跋语中称：“迩言者，浅近之言也。浅近之言在当时则觉鄙俚，而后人沿袭，历数十百年之久，往往遂成典故。古之口头语，沿为今日之典故；今之口头语，亦尽有沿自古人者。此钱君可庐《迩言》一书所有昉也。”而《迩言》所辑释的，正是这样一些方言俗语。即或直以“方言”为名的一些著名专著，远起扬雄《方言》，近至清人胡文英《吴下方言考》、近人章炳麟的《新方言》，所选辑考释者，均不外乎方言俗语之类。

《俚语证古》及其姊妹作《方言音释》所谓“俚语”和“方言”，均属于这种“方言俗语”之类。

《方言音释》十三卷，初稿曾题名“方言译”，系《诂雅堂丛著》一种，传世有平乐印庐清钞批校本和《诂雅堂丛著之五——方言译》线装铅印本。1982 年 5 月，齐鲁书社据台湾印本（未详），以王献唐平乐印庐清钞批校初辑本参校，并附录若干王氏校语，手写影印，于1985年1月出版。是书乃为扬雄《方言》又一注本。各条首列《方言》原文及郭璞旧注，次将有关文字分别归属各个韵部，再次为释文书证，突出“以音释音、以音释义”方法，故称“音释”，是一部别具特色的《方言》注本。卷首丁氏1933年在济南寓所撰写的《方言音释序》云：“方言，为四方之言。方，乡也。方言即乡言。举其言而说之，谓之谈。同乡与同乡言，谓之乡谈。与异乡言，则不得为乡谈。不为乡谈，即以为异言。同一言也，谈之者因声音之流变不同，遂以为异耳。古先圣王知其然也。采取四方之言，笔之简策，藏诸故府。使人人知异乡所谈同为一言，并非异言。所以通民隐，定民志也。诏告天下，以垂来兹，俾子子孙孙世守罔替，永宝用享。扬子云氏，起于汉末，抱残守阙，辑而录之，并为之疏通证明，可谓伟矣。景纯继起，复为训释，而《方言》一书因益彰明。降及后世，继起者虽代有其人，而若隐若现，不绝如缕，盖亦危矣。有清末叶，海禁大开，异国之言，漫衍浸入，通都大邑崇外语鄙国言之风尚，骎骎日炽。国运日危，来轸方遒，顾瞻周道，如有隐忧。爰取《方言》一书，详为念读，略解腮理。始知四方之言，通为一贯之语，但音有流变耳。以今语证古语，古今无不吻合。即妇人孺子之琐语猥言，与古人亦无少异。夫乃叹今日之言语，仍是原自古初，无少变更，而古先圣王之流泽远矣。因详为爬梳，以音释音，以音释义，作《方言音释》。”“异国之言，漫衍浸入”，不足惊怪，如《上海俗语大辞典》所辑录的某些因一时流行而误为俗语者，随着时代发展亦多被淘汰，所能保存的，仅适合汉语习俗者而已。然而，一时“通都大邑崇外语鄙国言之风尚，骎骎日炽”，却当注意，要为纯洁中华民族语言而奋斗，否则将起连锁反应，乃至“国运日危”。当然，仅此一端尚不足亡国灭族，亦不可视同小可。而泥古守旧，亦为一弊。编纂《方言音释》，缘于爱国之忱，赤子之心，其诚可贵。丁氏所曾“时与往来商讨者，余杭章炳麟太炎，仪征刘师培申叔，蕲春黄侃季刚，皆邃于古音韵者也”（王献唐《诂雅堂主治学记》）。丁氏“诂经，其柄持在声音，声音之运用，其要妙在精熟，犹学书然。知啄勒勾趯之成规，腾于口而涩于用，与不知等。用必沉潜于中，积年累月，久而神明变化，应手得心。先生之于声音亦然。以此治尔雅，更以此治

《毛诗》《方言》”（王献唐《诂雅堂土治学记》）。这个源自汉代扬雄《方言》的传统训诂学方法，是丁氏久经实践研习驾轻就熟的路径。其精于音韵训诂之学，又尝读《方言》等书凡数十百过，是其治《方言》作《音释》之本。章氏撰《新方言》专就近代方言而考，而丁氏《方言音释》则旁征书证，以“音释”为本。例如是书之训释“掊”条，即可见之一斑：“掊，深也。掊，之部。深，覃部。掊为剖之异文，俗语音转为刨，平地因掊而深，故掊即谓之深。《史记·封禅书》见地如钩状，掊视得鼎。”（卷一三）

再如丁介民《方言考·方言书考·注疏之属》叙录有丁惟汾《方言译》十三卷所评介：“是书即以音转之道求之，每条先列方言词语所属之韵部，其古韵分部。初合王（念孙）、江（有诰）二家旧条，后又删并，以东与冬合，支与歌合，幽与侯合，缉与叶合，侵元各与谈之一部合。其之、脂、宵、蒸、耕、阳、鱼、真、谆、至、祭十一部如故，凡十七类。文中取证，率以达旨为止，不尚博引，孤证之病，在所难免，又多以齐东俗语相比附疏通，内中颇有失于凿者，如：‘台、既，失也，宋鲁之间曰台。’丁氏云：‘台，之部。既，脂部。失，至部。台古音读提，为遗佚（古音读狄）之合声，《孟子·梁惠王》篇：遗佚而不怨。遗佚俗语音转为拉掉。’以音韵相转之道求方言，以钱氏《方言笺疏》为始，丁氏之说，则多属臆断，且有强人从我之病，其以俗言疏通古语，又乏确证。大抵是书可备资考，而创述发明，则多有未安也。诂雅堂丛书本，第五种。”[1] 视其叙评，丁介民氏所见《方言译》卷十三，恐即《方言音释》。若是一书，则其所论，颇有道理，余亦为然。

综上可见，丁氏此书“以音释音，以音释义”这种突出“音释”的训释方法，是《方言音释》最具个性的特点，与以往治扬雄《方言》之众家相比，可谓别开生面。

《俚语证古》和《方言音释》两书是丁氏一生治学的主要代表作品，也是其与世俗生活联系比较直接的“接地气”的作品。就两书的题材而言，与其关注国运民生的从政意识，亦可使人感到有种潜在的彼此呼应似的联系。

2007年，丁惟汾侄孙丁观海曾将其叔祖、叔祖母二人的名字合于一首题为《追

1 丁介民 . 方言考 [M]. 台北 : 台湾中华书局，1969:50–51.

子陵》的“夫妻藏头诗”咏道：“鼎新革故帝制终，丞溺救焚万民拱。全功伟业兴共和，芳踪千古追子陵。”如果说，此诗对《诂雅堂主治学记》所述丁氏生平是一种史诗性描述的话，笔者撰写的两副楹联亦属白描式的概括。余之两联如下：

叱咤风云，丰功载青史；学富五车，妙手著文章。

策马纵横，亡清创新政；卸甲归田，著述还书生。

丁氏他一生为官清正廉洁，死后身无长物，在他病逝后秦老夫人唯赖微薄的抚恤金度日。但是，其为民族的献身精神和作为学者留下的数百万字著作，却是不可多得的宝贵遗产。

“诂雅堂主”与“平乐印庐”主人交谊故实

丁氏所著《毛诗解故》《毛诗韵律》《尔雅释名》《尔雅古音表》《方言音释》《俚语证古》，合称《诂雅堂丛著六种》。这些著述之所以能够保存和付梓问世，则要归功于王献唐的清钞整理。借此，论及丁氏学术则不好不述及两位之交谊。

“平乐印庐”主人王献唐小“诂雅堂主”丁惟汾 22 岁，相差一代。但二人乡谊颇厚、学谊甚笃。且看如下零散的交往踪迹。

1919 年，时任山东省立政法学校国文教员并兼《新报》和《申报》记者的王献唐，不时有评论山东政事文章见诸报端，引起了丁惟汾的注意和赞赏。后经同乡尹辛农的介绍，于 1923 年在济南相见订交。自此，献唐拜丁氏为师，学习音韵、训诂之学，过从甚密，成为终生的忘年之交。而且，王献唐的表兄、曾任职于世界红十字会济南分会的名士李肇禔（挹爽轩主人），与丁惟汾先生亦是关系甚为密切的好友。

1930 年，考古学家吴金鼎于历城县发现城子崖龙山文化遗址。当时成立了山东古迹研究会，由傅斯年出任委员长，丁惟汾任顾问，李济任工作主任，王献唐担任秘书。

1943年丁惟汾七十大寿。略晚丁氏几岁的国民党元老于右任以一首《寿丁鼎丞先生七十》相贺："大老兴齐鲁，谈经世所钦。偶论天下事，如见圣人心。开国金铭铉，齐眉映雪簪。青山歌且乐，冲默作龙吟。"其时患脑疾的王献唐正寓居重庆洞林园丁宅，乃作《诂雅堂主治学记》致贺。1946年，王氏再次寓居南京丁家桥丁惟汾宅。

末了，则应记述一下丁氏弟子本人。著名学者王献唐（1896—1960年），初名凤琯，后改名琯，字献唐，号凤笙，以字行，室名双行精舍、顾黄书寮、平乐印庐等，山东日照人。王氏出身书香门第，祖父王宏基是清代庠生，父王廷霖为著名中医并嗜金石。他幼承家学，于原籍完成启蒙教育后，先后就读于青岛礼贤书院和青岛德华特别高等专门学堂。1917年应天津《正义报》之约，赴津翻译德文小说。1918年22岁时，回济南任《商务日报》和《山东日报》主编，后以两报特派记者身份常驻青岛。从1929年起历任山东省立图书馆馆长、山东金石保存所负责人、山东古迹研究会委员兼秘书。新中国成立后，出任山东省文物管理委员会副主任、山东省博物馆副馆长等职。身为丁氏高足的图书文物学家王献唐，为图书文物事业奋斗终身，尤以保存和研究整理乡邦文献而著称。病逝后，初葬于济南市万灵山下，1994年3月迁葬于青岛崂山山脉之浮山康有为墓东侧。新墓的碑文，由其弟子——孔子第77代嫡孙孔德成撰写。

王氏一生著述颇丰，已刊行者如《炎黄氏族文化考》《两周古音表》《古籍书画过眼录》《中国古代货币通考》《海岳楼校汪水云诗集》《双行精舍石文》《五镫精舍印话》《百汉印斋丛编》《那罗延室杂著》《顾黄书寮杂录》《平乐印庐藏印》等30余种。此外，另有20多种稿本遗作有待整理刊行，总计50余种。与此同时，从集中反映其藏书、校书成就的《双行精舍书跋辑存》所收题跋可知，其一生校书多达万余卷。当然，个中亦包括《俚语证古》《方言音释》等《诂雅堂丛著》诸书。由此亦可窥其学养、功力和造诣之深厚，成果之丰已在其师之上矣（图1–2）。

有王献唐这般门生，足慰丁惟汾先生在天之灵矣。

（a）《丁鼎丞先生墓志铭》封面

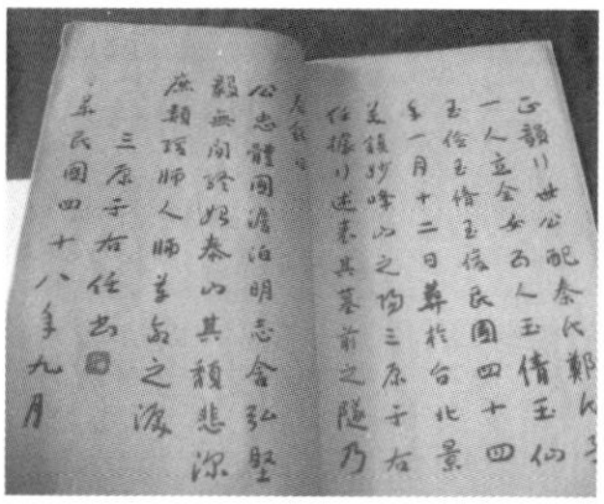

（b）于右任书《丁鼎丞先生墓志铭》

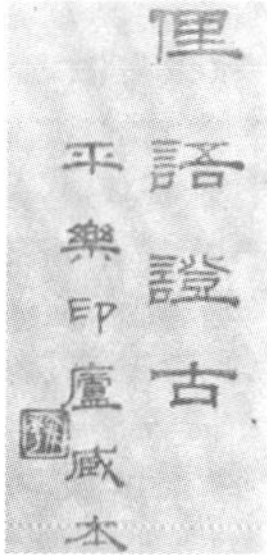

（c）平乐印庐藏本《俚语证古》封面

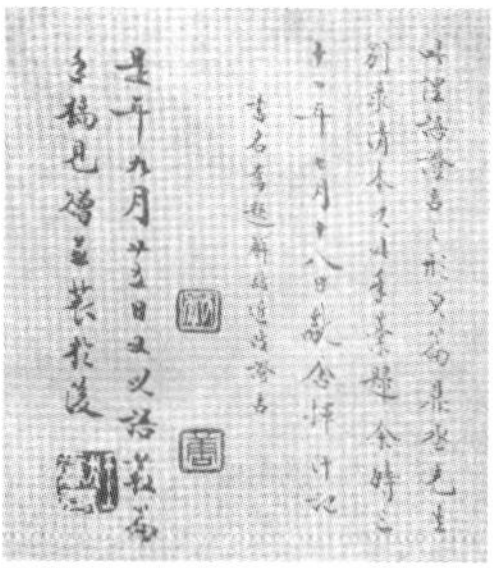

（d）平乐印庐清钞批校本《俚语证古》王献唐手迹

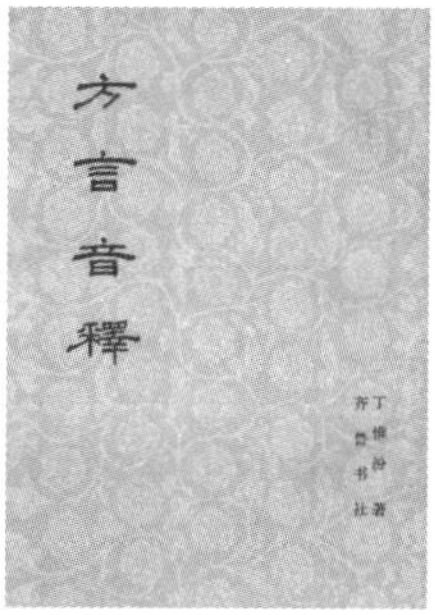

（e）齐鲁书社写印本《方言音释》封面

（f）齐鲁书社手写影印本《方言音释》正文首页

（g）王献唐“平乐印庐”斋号印

（h）丁惟汾《诂雅堂丛著之五——方言译》

线装铅印本上下册正文书影

图 1-2　相关书籍

方言土语与民俗文化圈

民俗文化是经一定社会群体约定俗成、反复实践并传承和扩布的民间文化模式，是人类社会相沿积久的礼仪、风尚、生产、生活等各种习俗事象的总和。十里不同风，百里不同俗。民俗文化的民族性、地方性是其显著个性之一。同一民族又因地理环境、历史条件等多种因素而有不同的风俗习惯，甚至鸡犬之声相闻的邻村之间，也存在着习俗差异，因而古训有道"入山问俗"。民俗文化有其传承性、扩布性和守成性（稳定性）等个性特点，因此，我们可在一定范围内的不同人群的风俗习惯上，发现许多类似或相同之处。这些民俗文化行为模式相同或相近的地方，即构成了一个民族的不同层次的大大小小、形形色色的民俗文化圈。

语言是民俗文化的载体，也是民俗文化的一种形式。语言与民俗文化是在长期相互联系、相互影响、相互作用中凝结而成的民俗语言现象，是地方民俗文化差异性和一致性的重要显示系统。这个系统是由各种各样的反映不同习俗惯制事象特征的词语、俗语等形式的民俗语汇构成。民俗语汇的地方性特征十分鲜明，因为绝大部分民俗语汇的本身分属于各地方言，反映了方言文化。这些以方言语汇为主体的民俗语汇所构成的民俗语言系统，使方言区与地方民俗文化形成了鲜明的对应关系。就是说，不同层次的民俗文化圈均有着相应范围的方言区与之对应，并作为其文化源泉或土壤而存在。同一方言区的人们在言语交际上是比较方便的，这也为互相之间的民俗文化交流、扩布和传承创造了便利条件。明清小说中不同地区方言和民俗语汇的互相流通，正是民俗文化圈与方言区的这种对应关系相互作用的结果。东北方言由东北土著居民方言与同在北方方言区内的北京、山东、山西、河北、河南等地的地区方言融合、沉积而成，使这种对应关系的作用更加显著地得以发挥。由此，明清小说中的某些关内方言词语与东北方言词语的交互现象，亦可得到民俗语言学的上述解释。不同时期的关内移民到东北定居后，或因探亲访友、经商往来，在交流了其原居住地与东北民俗文化的同时，也交流了方言，形成了部分方言语汇的重叠现象。"扎筏子"的"筏子"，本为一种水上运输工具，常见的有竹排、木排，以牛皮或羊皮等缝制充气而成，用以载人载物。这里则指皮筏子，扎破则气泄、故以“扎筏子”隐喻出气，撒气。然而东北却极少见这种皮筏，由此可知东北话中这个方言习语是由关内借来的。至于东北方言中源于满语的方言借词“扎孤（扎括）”，以及“炖”“香饽饽”“被卧（被窝）”等东北土话在一些明清小说中运用，则是关外方言的借用了。也有一些，如“现世报”“摭溜子”“打平火”“磨不开”等，已成为北方许多地区的方言语汇了，年深日久，文献缺乏，难以考溯明白谁借用谁的、孰先孰后，都是方言文化融合、交流的结果和民俗文化圈与方言区对应关系作用的表现。

明清小说，如《水浒传》《西游记》，都是在民间传说的基础上创作的，即或《金瓶梅》也是借助民间传说衍化的故事。在形成小说过程中，小说的语言必然受其原来作为民间传说的流传地区的地方文化、地方语言的影响。这是一种客观存在的来自作者之外的民间文化影响。这种影响连同作者所受的乡土文化影响一起，反映在作品语言中，则是那四方杂处的民俗语汇、方言等民俗差异。

方言的韵味与麻烦

旅行在外，虽说是同在中华本土，但各地的方言土语却难免成为言语沟通的障碍，有时，还不免闹出笑话来。弄不好，还会惹出麻烦。例如，在东北俗称“妻子”为“老婆”，但是到了我的故里山东蓬莱，“老婆”则是妇女的习惯泛称。如果用我的家乡话在沈阳大街上这样讲，不惹来众怒才怪呢！侯宝林同郭启儒合说的对口相声段子《普通话与方言》，以因为方言差异而产生的种种误解为笑料和“包袱”，寓语言知识于幽默诙谐之中。

荀子说，“名无固宜，约之以命，约定俗成谓之宜”。再如，许多方言土语的字面意思与当地乡土文化语境中的实际意义差异颇大，相去甚远，甚至是南辕北辙，很容易闹出笑话来。且以福州话为例。“不像菜头不像芋”意思是“非驴非马”，“大家马大家骑”意思是“一样的规矩可适用每个人”，“担粪盼等桶漏”意思是“偷懒人的心态”，等等，如果抛却方言问题，似乎还比较好懂一点。但是，像说某人“没头枕”，似乎是说“没枕头”，谁会想到实际上是在说人家长得丑呢？说“真乖”，实际上不是说人“听话”或者“可爱”，而是说蔬菜或瓜果长得真老。“呆了”，绝非说愣住了或是北京流行语“帅呆了”，而是指坏了。所谓“做神”，并非指“做菩萨”（神明），反倒是指调情。说“平正”，不是“既平又正”，而是说不好、很差。说“去厝”，不是到家里去，而是完蛋。说“盘数”，也并非指抄写账目什么的，而是说“傻瓜”在干傻事 。显然，不明就里地听来，真有些像听隐语行话似的。又如《辍耕录》里记述的，“杭州人好为隐语，以欺外方。如物不坚致曰憨大，暗换易物曰搠包儿，粗蠢人曰杓子，朴实曰艮头”。何故？地方风俗使然。也就是《吕氏春秋·知化》里伍子胥对吴王夫差说的，“习俗不同、言语不通，我得其地不能处，得其民不得使。夫吴之与越也，接土邻境，壤交通属，习俗同，言语通，我得其地能处之，得其民能使之”。

至于各地风俗使然的方言中的禁忌语，尤其不得掉以轻心。中华各地多美醋，但男女风情最忌“吃醋”，正因为这样，再美味的醋，请客人享用时，也不可说成“请您吃醋”。在素有东方巴黎美誉的哈尔滨，由于忌讳男女风情中的“吃醋”，而竟把食醋叫作“忌讳”，进餐时如果想用点醋调味，只能直言要“忌讳”。在黄海、渤海等沿海地区，由于渔民海上作业时时伴着风险，最忌讳说“翻船”的“翻”这个字眼儿，因而用“划”来替代。如果说要把什么东西翻过来，就得说“划过来”，否则犯忌。江浙一带方音“苹果”与“病故”很近似，所以忌讳带着苹果去探视病人。

有道是“一方水土养一方人”，一方方言土语凝结一方的乡土文化。如若把陕西的秦腔、河南的豫剧、上海的越剧、广东的汉剧、吉林的二人转，“清一色”地都用普通话唱将开来，显然就面目全非、全无特色、索然无味矣。即或是很多地方都有的各种梆子、秧歌、采茶戏、花鼓戏、道情之类，也主要是因各自的方言腔调各异而自成一种类别或流派。这说明，方言的差异会给旅行者体察各地文化和沟通带来不少麻烦，而这纷繁各异的方言却是地方风俗人情和文化韵味的载体。

多年奔波在外的游子还乡归里，或是在他乡偶遇老乡，一声乡音浓浓探询、问候，便把两双手紧紧地攥到了一起，让人不由自主地热泪盈眶。“乡语忽惊闻，相看是故人”，此际的乡音，是声声泪也是声声情啊，乡音凝乡情也。那乡音，就是相互识认的凭证。清代长洲人（今苏州）许虬“居辽四十年，生儿十岁许，偶听故乡音，问爷此何语”。何语？生养其爷那故里的方言土语，一种谁也抹不掉的人生文化符号。

近年来，各地兼具俚语、俗语语类特点的民间流行习语，其语源、语义以及交际活动中的语境、语感等，大都直接受包括方言在内的区域性乡土民俗文化因素的制约，因而也就能借以透视一时一地的社会时俗风尚。同样是表示“好”的赞叹的民间流行习语，在沈阳有“媲”“全抿”“全媲”“绝媲”“贼媲”或“全抿绝对媲”等说法；在上海，则往往说成“乒乓响”“一级”“一只鼎”或是“顶脱”等；北京则往往用“份儿”“盖”“绝”“神”“冲”“棒”“帅”“派”“震”等词来表示。1981年3月，中国男、女排球队在香港参加世界杯赛的亚洲区预赛双双夺魁，在北京大学师生欢迎其凯旋的集会上，大学生们挥动的彩色标语旗上写着“中国排球队盖了帽”。《人民日报》刊登的这则消息的新华社电稿，特对“盖了帽”加了注释：“真好的意思。”据认为，“盖帽”是现在篮球比赛用语，是指对方投篮的球一出手时就将球盖住这一漂亮的动作，“盖帽”和直呼为“盖”可能由此引申而来。

民间流行习语之所以具有显著的地域性特点，就在于它首先或始终在一个地区的一个特定人群中创制和使用，是以当地方言为基础、以一方风土民情为背景的。例如“忽悠儿”，考其民俗语源，当是由于东北地区用摇篮（俗称“悠车儿”）育儿的习俗而创制，其字面意义则是对婴儿在“悠车儿”之称，如今在此民俗语言基础上形成“忽悠儿”这一流行习语并迅速流行一时，其感情色彩、诙谐之趣，其他方言区的居民是难以与本地人有同等感受的，甚至连对语义也会莫名其妙。再如沈阳地区的流行习语“全抿”的“抿”，在本地方言中是指用手指揩抹，进而又称用小梳子蘸水或油梳头，并借以称小梳子；同时又借以称类似用手指揩抹的动作，如本地有歇后语“老太太踩鸡屎——全抿”，即指用脚揩抹。至于像“绝对”这样非直接出自本地方言，或原本与方言并无内在关系的流行习俗，因其取义、用法以及感情色彩、修辞效果均与通常存在一定差异，这种差异就是地区性与一般性的差异，体现了以一时一地风情语俗为底蕴的地方性。再如“提气”，本系中医术语，到了沈阳近年的流行习语里的意思，则是指光彩、体面、荣耀或争气。如“为沈阳争光，给青年提气”，这是《沈阳日报》1983 年 4 月 21 日头版头条消息——“公安局从北京扛回一面大锦旗”的眉题，采用了一个本地的流行习语，题目就活泼、生动了许多。

对于在外旅行者而言，方言土语障碍是一种苦恼；但是一旦从中发现并体悟到个中蕴含的乡土文化韵味，则别有洞天，别有乐趣与收获。常言道，小孩看辣椒，又爱又怕；爱其美，怕其辣也。方言土语之于旅行者而言，何尝不也如此呢！

方言民俗的地域特点探析

方言与民俗有着一种特殊的“血缘”，或说是“基因性”关系。“方言不仅自身就是一种民俗事象，是民俗的内容，而且它还是一个地区民俗的载体和表现形式，是民俗文化赖以留存、传承的媒介”。方言民俗是地域文化的活化石，是反映文化差别和变迁的重要指标。它不仅是一种语言现象，也是一种社会文化现象。方言民俗的功能不仅在于交流，更多的是传递其蕴含的文化信息和价值。

在此，且以辽西方言民俗为例。

辽西方言属于东北方言的一种次方言，是辽西地域文化的重要载体。辽西地域文化包括人类发凡文化、中华文明发祥文化、区域民族文化、战争文化、移民文化和农耕文化，在此文化基础上形成的辽西方言民俗具有鲜明的文化融合性、典型的农耕性和厚重的文化性三方面特点，通过揭示方言民俗的地域特点，旨在进一步展现辽西乡风土俗的奇光异彩，同时也为加强保护辽西方言这种非物质文化奠定基础。

辽西方言是在北方方言基础上形成的，属东北方言的一种次方言。辽西地区与华北地区毗邻，是北上出关进入东北地区的第一站，属于华北地区和东北地区的过渡地带，故而其方言既属于东北官话，又有北京官话的特点。辽西地域各种文化相互影响、互相渗透，导致文化的载体——语言也在交融渗透中形成自己的地域特色。

辽西方言民俗具有鲜明的融合性

每个地区的文化在形成过程中都融合了多种因素，辽西地区也不例外，它被誉为“中华民族历史文化多样性的活化石地区”。在几千年的历史进程中，辽西地域文化融入了多地区、多民族的文化元素，既有来自山东半岛的移民文化，又有以鲜卑族为主的三燕文化、藏蒙佛教文化，以及契丹、乌桓、锡伯和满等少数民族文化。诚然，辽西地区成为各民族、各地区文化融合的大熔炉。在各种文化相互交融渗透的过程中，人们的生活习惯、价值观念、文化心态、民俗民风相互融合，逐渐趋同，形成了独特的风土人情和地方特色。方言作为社会的产物，自然具有鲜明的融合性，尤其在饮食习俗、婚丧习俗等方面体现得最为明显。

（1）饮食类方言民俗体现文化融合性。

辽西地区融合了多地区、多民族的饮食文化。历史上的“闯关东”潮流给广大辽西地区带来了相当大的影响，山东半岛地区的一些饮食习俗在此地扎根，并与当地的饮食习俗相融合。比如聚居于辽西的广大山东移民喜爱面食并且擅长各种面食的做法，当地人民受此影响，把特有的一些农作物如玉米、高粱、麦子、谷子、白薯研磨成粉，制作出各种各样极具地域特色的面食，由此产生了“疙豆子”“河漏”“蛤蟆蝌蚪”“干面子”“锅出流儿”等特色面食。

饮食习俗除受移民文化影响外，各民族之间也相互渗透。辽西境内包括汉、蒙古、满、回、锡伯、朝鲜、壮、布依和彝等多个民族，各民族长期聚居，在饮食方面，除了回族的饮食习惯比较专一，其他民族的饮食习惯互相渗透，并且力度有增无减，因此也就形成了许多具有民族特色和地域特色的饮食文化。在众多民族的相互融合中，主要是满、汉两民族之间的影响较大。比如“酱俗”文化是辽西地区满族的特色文化，满族人以豆为酱由来已久，据《北盟汇编》记载：金时女真人“以豆为酱”。其制作一般选择在头年腊月，先将黄豆烀熟，再放入锅中趁热捣碎，最后取出大小适中的酱块搁至来年四月。民间一直流传着“四月十八下大酱”的风俗。所谓“下酱”，就是将酱块刷干净打碎，放入缸中，加盐、添入清水，待发酵后食用。辽西满族大酱的酿造技艺一直在民间传承，成为满族饮食文化的重要内容。“黏米饽饽”“黏豆包”是深受辽西人民喜爱的一种食品，也是满族的一种特色食品。满族人爱吃黏食，因为黏食耐饿，便于外出射猎活动。使用的原材料主要是糯米或大黄米、小黄米，掺入适量其他米渣，再用豆沙、果仁、白糖做馅。每逢冬季，辽西地区的人家都会蒸上几锅饽饽，冻起来随吃随拿。还有满族的“血肠”“酸菜氽白肉”“萨其马”，蒙古族的“手把肉”，均已渐渐走上辽西百姓人家的餐桌。这些都充分体现了各地区、各民族在相互融合的过程中，其饮食习俗也在悄然进行着融合和渗透。

（2）节日类方言词语体现文化融合性。

“节日民俗文化是社会生活的一个重要组成部分，丰富多彩的节日民俗文化不仅表达了淳朴的人们欢庆佳节的喜悦之情，更为重要的是传透出他们内心深处对于禳灾祈福、国泰民安、人畜兴旺、岁岁平安的美好祈愿。”目前，朝阳地区很多节日礼俗也在不断地简化，但是记录这些礼俗的语言依然活跃在人们的生活中。比如接神、发纸、拜年、压岁钱、破五、踩岁、五彩线、腊八粥等。这些语言可以带我们领略朝阳地区节日民俗文化，使我们充分感受节日民俗带来的欢乐和喜庆。

以“接神”为例，据民国十九年（1930年）《朝阳县志》（卷二十五·风土·民族杂俗）记载：“元旦，提灯焚香，分方拜请诸吉神于家，谓之接神。”接神仪式体现了朝阳地区人们崇拜神灵的民俗心理，他们把自己未能实现的愿望和理想寄托于神灵之上，神灵成为众人禳灾祈福的心灵寄托，为此，在大年三十夜里十点，人们要焚香供酒，向北上方叩拜神灵，并烧纸祭祀，当地人把为神灵烧纸称为“发纸”。为了求得好兆头，人们抢先发纸，寓意“先发”。农历的正月初五俗称“破五”，在当地，一般初五之前不走亲访友，初六开始串亲戚、会朋友，商业店铺开门纳客。这些节日民俗都深刻地体现了当地人们在特定的节日借助某种事物来达到禳灾祈福、祛瘟除病的目的。

除了上述一些词语，当地很多节日方言词语源自农业生产，这与中华民族绵延厚重的农耕文化有着密切关系，寄托了人们期盼风调雨顺、五谷丰登的美好愿望。比如“添仓”，此仪式一般在正月二十五黎明时分进行，用干柴堆起一个扁团，在柴堆中放入五谷杂粮，焚香燃烛，以求丰收。“打囤”与“添仓”意义接近，都寄托了人们期盼粮食丰产的美好愿景。民间流传“谁家的烟囱先冒烟，谁家的高粱先红尖”这一俗谚，为此每当举行“打囤”仪式，人们都早早起床，抢先做饭，这些都深刻揭示了人们对土地的眷恋和对庄稼丰收的期盼。

（3）婚嫁类方言民俗体现文化融合性。

辽西地区婚姻礼俗极为讲究，尤其在农村地区，更是繁复多样，而且各民族之间既有共性又有个性，并且相互融合，相互吸纳。辽西地区婚俗与中原地区没有太大区别，甚至可以看出受中原文化影响的痕迹。满族旧俗崇尚早婚，胡朴安的《中华全国风俗志》载：满族之早婚，在全国可居第一。随着大量汉族移民入关，满族早婚的习俗发生了改变，并被明令禁止。汉族结婚有六礼之习，分别是“纳彩”“问名”“纳吉”“纳征”“请期”“亲迎”。满族虽没有六礼之习，但也要遵循“父母之命，媒妁之言”，必须经“问名”“合婚”“相看”“放定”“迎亲”，方可完婚，这些显然是受汉族婚嫁习俗的影响。辽西朝阳地区还流行一种“换盅儿”习俗，相当于定亲，这种习俗存在于满族婚俗和锡伯族婚俗中，在满族婚俗中指双方父母相互交换酒杯，以示定亲，在锡伯族婚礼上，新郎新娘将酒杯拴上红线，互相交换以示同心偕老。现在“换盅儿”习俗不断发生变化，从中可以看出我国多民族习俗之间的互相浸染。

在朝阳地区，有关男女双方的婚姻大事依然要遵循“父母之命，媒妁之言”。媒人是一对年轻人走入婚姻殿堂的重要人物，正所谓“千里姻缘一线牵”，媒人在朝阳当地俗称“保媒”“拉纤”的人。

媒人一般会挑选门当户对、资产相当、子女相配的两家进行说合，在当地称为“说媒”“保媒”。如果两家在获取对方信息后觉得有相处的可能，则由媒人安排男女二人见面，在当地俗称“相人”。如果二人互有好感，可进一步深入接触，则由媒人安排时间邀请女方及其父母、亲属等到男方家里，俗称“相家”或“相门户”。二人接触一段时间后，如有订婚的意愿，就要举行“换盅儿”仪式，相当于“定亲”。“换盅儿”就是男女双方互换定亲信物，以示同心偕老。定亲后女方即为男方家的准媳妇，赶上年节男方要到女方家“叫媳妇”。

结婚前，男方要尽量按照女方的要求准备彩礼并送到女方家，俗称“下礼”。同时，女方要将彩礼的一部分交给男方带回去，这也就是俗称的“圆钱”。结婚当天，新郎安排车辆和人员到新娘家迎娶新娘，俗称“迎亲”，新娘家安排“送亲”人员，送亲人员十分讲究，“姑不接，姨不送，姥家门上的人全不用”，一般由新娘的兄弟姐妹“押车”。举行结婚仪式时，有亲戚朋友往新娘新郎身上撒五谷粮食或五色纸片，俗称“撒喜”。新娘要在新房炕上的红被子上“坐福”，不可随意乱动。婚后第三天，新郎要陪新娘一同回家看望岳父岳母，俗称“回门”。婚后九日，女方家里要把新娘子接回家小住几日，俗称“住九”，谐音“祝酒”，以示祝贺祈福。

从“相亲”到“下礼”再到“回门”“住九”，我们可以看出当地人把婚姻当作一个家庭乃至整个人生中极其重要的一件大事来操办，中国式的婚姻观念体现得尤为明显，一道道程序、一个个礼节都为新郎新娘留有足够的思考空间，每一个礼俗的完成都预示着向婚姻殿堂更进一步，为此，双方家庭包括当事人都极为慎重。“嫁鸡随鸡，嫁狗随狗”的观念早已深入人心，一旦步入婚姻殿堂，就意味着二人携手一生，“出门子”的女儿就是“泼出去的水”，不再收回。这些观念归根结底表达了当地人们对年轻伴侣白头偕老、恩爱一生的美好祝愿，是对未来美好生活的期许。

（4）丧葬类方言民俗体现文化融合性。

随着大量山东移民涌入，辽西地区的丧葬礼仪也逐渐发生变化。比如，辽西朝阳地区整个丧葬过程包括“送信”“烧落气纸”“哭灵”“守灵”“送盘”“出殡”“指路”“摔丧盆”“圆坟”“做五七”“烧头七”“除灵”，这些习俗的源头均可追溯至山东半岛。锦州北镇满族自治县的丧葬习俗虽然保留了本民族的特色，但也避免不了受到汉族丧葬习俗的影响。山东人移民关外后，满族固有的丧葬习俗不可避免地受到冲击。按照儒家传统伦理观念，死者最理想的归宿就是入土为安。因此，在这种观念的影响下，满族人弃用了火葬，逐渐接受了汉族的土葬习俗。但随着社会的不断进步，各地区从保护土地资源、促进社会主义精神文明建设的角度出发加强殡葬工作的管理，坚持实施火葬，改革土葬，节约殡葬土地，破除陈规陋习。为此，满、汉等各民族均实行火葬。满、汉民族丧葬习俗相互交融渗透，满族的一些有实用价值的习俗也在一定程度上影响了汉族，比如“节俭治丧”“百日治丧”，在治丧期间，为表示对逝者的悼念，子孙后代不得理发，但可以进行生产活动。

丧葬礼仪是人生当中的最后一道程序，意味着整个人生的谢幕。如今，随着经济生活水平的不断提高，一些陈旧落后的思想观念也在不断地更新，丧葬中迷信的成分不断减少。而且，在城乡不断融合的过程中，丧葬仪式逐渐简化。

辽西方言民俗具有典型的农耕文化遗风

辽西地区作为东北的重要组成部分，经历了渔猎、游牧和农耕三种生活方式，这三种生活方式使得辽西人民形成了靠山吃山、靠水吃水的生存意识形态。辽西地区虽包括锦州、葫芦岛、兴城等沿海城市，但与国内江浙等沿海地区相比，其经济相对比较落后，在经济形态上还处于农业文化的氛围中，人们的思维方式、生活态度、价值观念都具有浓郁的农业文化气息。尤其在广大的农村，人们的“土地情结”十分浓重，他们愿意固守家园，满足于“三亩地，一头牛，老婆孩子热炕头”的生活方式。农业文化是塑造辽西人价值观念的主要根源，而语言是社会的产物，因而很多辽西方言俗谚具有典型的农耕性，体现了农耕文化的和谐性和精致性。

（1）方言俗语反映农业生产的和谐性。

因地制宜是农业生产的不二法则，也是确保农作物丰产丰收的恒定规律。辽西地形以山地丘陵为主，地形地势复杂多变。既包括山麓以上的山体本身，也包括丘陵之间平坦的谷地；既包括独立的山体和山系，也包括群山丛聚的地区。在多年的农业生产实践中，辽西人民根据该地域独特的地理环境和生态条件总结了因地制宜的方言俗谚，比如“山地多打粮，年年长坝墙”“生土换熟土，一亩顶两亩”，这些方言俗语是辽西人民生产劳动智慧的结晶，深刻体现了农耕文化的和谐性。

农业生产除了要因地制宜，还应顺应天时。正所谓“庄稼好收成，关键在莳弄”。由于气候对农作物生长有一定限制，因而对农时的掌握成为农业生产中的一个重要环节，辽西地区很多农业生产方面的方言俗语反映了顺应天时的重要性。比如“清明忙种麦，谷雨种大田”“二月清明麦在头，三月清明麦在后”“九月九大撒手”“头伏萝卜二伏菜，三伏种荞麦”“处暑不出头，割了喂老牛”“谷雨前后，种瓜种豆”“过了芒种，不可强种”“春争日，夏争时，春耕夏锄不宜迟”。上述农谚表明农耕要顺“时”而作，不可违时。这也是中国农耕文化遵循自然，追求天人合一的和谐观的一种体现。

（2）方言俗语反映农业生产的精致性。

有些方言俗语体现了农业生产的精耕细作。主要涉及土地整理、生产管理和作物收获等方面。

土地整理的方言俗语既关涉旱地，又包括湿地。主要有犁地、趟（蹚）地、耪地、翻地、铲地等，每个程序都极为重要，以翻地为例，翻地的深浅极为讲究，一般是“头遍浅，二遍深，三遍把土拥到根”“深翻加一寸，赛上一茬粪”“耕地深又早，庄稼百样好”；翻地也有时令讲究，如“八月翻地满篓油，九月翻地半篓油，十月翻地点滴油”“夏天多铲一遍，秋天多打一石”“秋后不深耕，来年虫子生”。

辽西农耕中的播种方式因农作物的不同而不同，主要有撒、种、插、点等。其中，“撒、种、点”主要用于玉米、小麦、大豆、荞麦，插主要用于水稻，有“插秧”一词。除此以外，还有一些具有地域性的方言词语，比如流行于朝阳地区的“点葫芦”，这是点种的工具，由装种子的葫芦、筒子、篦子和点种棍四个部件组成，播种时用点种棍敲打筒子下种，是一种比较原始的人工播种方式。随着机械化水平的日益提升，这种播种方式仅存于辽西偏远的农村。播种完之后，为防止种子水分流失，用脚把垄沟踩实，称为“踩格子”。播种几天以后，还要用“打磙子”将垄沟压实。

生产管理是农业生产的中间环节，至关重要。管理的好与坏直接影响庄稼收成的好与坏。辽西地区的农作物种类较多，管理方式略有不同，常规性的管理有灌田、浇地、排水、抽水、追肥、锄草、上粪等。一些方言俗语生动地体现了生产管理的精致性。如“种地要紧，锄草要狠”“秋分不割，等着风磨”“光铲不趟，等于撂荒”“铲趟紧三遍，不收得一半”“人糊弄地一时，地糊弄人一年”“干铲干趟如上粪，湿铲湿趟如夹棍”“一遍锄头顶遍粪，三遍锄头土变金”“秋天多捞一遍场，多出粮谷喂猪羊”。

作物收获是农业生产的最后一个环节，千百年来的传统思想就是要“颗粒归仓”。这类的方言词语较多，以“打麦场”为例，每到麦子成熟的季节，辽西百姓要为收获麦子做足准备。麦子收获后，要在事先造好的麦场里把麦子摊开，接着“开场”“推场”“摊场”，再“翻场”“斗场”“圆场”，然后上石磙，“碾场”“走场”“滚场”，如此反复几遍，最后“收场”。“扬场”是麦场的主要技术活，借助风势，举起木锨，高高扬起，麦籽、麦糠在空中自然分离。如今，这些关于收获的方言词语也被当地人民赋予了另一种意义，比如“圆场”，辽西方言有“打圆场”一说，意思是调解纠纷，从中说和，使几方面都能接受，从而使僵局缓和下来。还如“走场”，现多指剧团演员每天奔走于各个演出场所。

辽西方言民俗具有厚重的文化性

（1）方言俗语蕴含团结友爱、互帮互助的思想。

团结、善助、知恩图报是辽西人的典型性格特征，这与独特的地域文化有着密不可分的关系。在长达三百多年的闯关东移民潮中，一拨又一拨的关内穷苦百姓不断涌向东北，他们三五成群，以家庭或以亲友为单位集体行动，投奔先期已在某地落脚的亲友。无论是在闯关东的漫长路途上，还是在关东大地的安家创业上，相互帮扶的思想一时一刻都未丢弃过。辽西地区流行一句方言俗语：“人帮人，亲上亲。”这是东北重要地域文化的总结，是闯关东人留下的性格形态的基础。谋生路上的“帮”源于一种本能，互帮互助体现了浓浓的乡情，并使人与人结下了深厚的友谊。“闯关东”人的团结友爱、互帮互助的思想深深影响了辽西当地人，使“闯关东”人与关东人之间打下了携手共进、互帮互助的思想基础。这种思想在辽西方言俗语中表现得十分明显，如“朋友千个不多，冤家半个不可”“帮人帮到底，救人救个活”“万众一条心，黄土变成金”“人心齐，泰山移”“有饭送给饥人，有话送给知音”等，这些方言俗语深刻诠释了辽西人直率、豪爽、热情的性格特征，也传递出辽西地区和谐的乡间生活氛围和浓重的乡情。

（2）方言俗语蕴含亲仁善邻、重义守信的思想。

亲仁善邻、重义守信就是要重视仁义和道义，不计较功利或物质利益。辽西人重感情，讲义气，守信用，敢为知己者死，愿为朋友两肋插刀，懂得“滴水恩，涌泉报”。这种重义守信的思想与儒家文化密不可分。以孔子为代表的儒家文化随着闯关东移民潮来到了东北，儒家文化倡导仁、义、礼、智、信，辽西人民亲仁善邻、重义守信实际上反映的是儒家文化的价值取向，是中国传统价值观的重要内容。这种价值观在辽西方言俗语中表现得十分明显：“远亲不如近邻，近邻不如对门”“交义不交财，交财两不来”“钱财如粪土，仁义值千金”“买卖不成仁义在”“君子重义，小人重利”“炒豆大家吃，炸锅一人担”“人心要实，火心要空”等。这些方言俗语深刻揭示了中原传统文化对辽西地域文化的渗透，这种“仁义”的思想成为规诫辽西人民日常生活的准则，内化于心，外践于行，反映了辽西人民质朴、善良、崇尚仁义的高尚品质。

（3）方言俗语蕴含自强不息、克勤克俭的思想。

艰苦奋斗、克勤克俭是中华民族的优良传统，也是辽西人民的高尚品质。辽西方言俗语“早起三朝顶一工，早起三年顶一冬”“不怕歉收年，就怕人靠天”“燕美在羽毛，人美在勤劳”等，反映了人们吃苦耐劳、勤劳勇敢、艰苦创业的奋斗精神。辽西方言“外头有把搂钱耙子，家中有个装钱匣子”“节约好比燕衔泥，浪费如同河决堤”“新三年，旧三年，缝缝补补又三年”“一天省一把，十年买匹马”等俗语，深刻反映了辽西人民在日常生活中聚沙成塔、集腋成裘、勤俭节约的高尚品质，体现了质朴无华的劳动人民勤劳智慧与自强不息的高尚精神。

方言土语是非物质文化遗产的基本载体和传承工具

所谓“人类口头和非物质遗产”，据联合国教科文组织《世界遗产公约》的规定，是指包括口头语言、故事、音乐、游戏、舞蹈、风俗以及各种艺术表达手段在内的，具有特殊价值的文化活动和口头文化表述形式，是一种无形的、不可重复的文化空间；《中华人民共和国非物质文化遗产法》规定："本法所称非物质文化遗产，是指各族人民世代相传并视为其文化遗产组成部分的各种传统文化表现形式，以及与传统文化表现形式相关的实物和场所。包括：（一）传统口头文学以及作为其载体的语言；……"联合国《保护非物质文化遗产公约》也规定："'非物质文化遗产'包括以下方面：1. 口头传说和表述，包括作为非物质文化遗产媒介的语言；……"在各类"人类口头和非物质遗产"之中，最基本的口头的非物质文化遗产，主要是俗语、民俗语汇和"五行八作"的民间隐语行话。这些大都是人类口传心授的语言艺术载体中最基本的构成基质，是人类基础文化最重要的"语言化石"。因而，发掘、抢救和整理各类俗语、民俗语汇和民间隐语行话，是抢救和保护人类口头的非物质文化遗产至为关键的内容。随着社会现代化进程的加速发展和全球经济一体化的影响，人类的生存环境和生活方式也在急剧地发生变化，世界各国、各民族传统的历史文化遗产无疑要受到越来越严重的破坏，更有些濒临消逝。至于口头形态的非物质文化遗产的生存环境，则正在遭受前所未有的危机。特别是对中国这样虽然文化遗存丰厚但迅速走向现代化、城镇化的国度而言，这种危机的冲击就更为强烈。

"口头传统和表现形式，包括作为非物质文化遗产媒介的语言"与"传统口头文学以及作为其载体的语言"，尽管其涵盖的范围和表述（不排除翻译的误差）略有差异，但显然都是指那些依赖口头传承和负载特定"非遗"事象本身相应信息的语言。这种作为"媒介"和"载体"的语言，既包括语言的社会变体，如社会流行语、民间隐语行话、行业语和网络语言，也包括方言土语等语言的地方变体，均包含民俗语汇在内的民俗语言要素。两者均属于非物质文化遗产的基本载体和传承工具。而作为"媒介"和"载体"的语言的活动或行为事实，显然属于相应的语言民俗性质。因此，可以认为，民俗语言和语言民俗都是非物质文化遗产的基本载体和传承工具。

"人类口头和非物质遗产"首先是"民俗语汇"。其次，是地域性的方言土语。最后，则是"五行八作"的民间隐语行话。这三种民俗语言作为"非遗"事象信息的"媒介""载体"及其语言的活动或行为事实，显然属于相应的语言民俗性质。

方言是语言的地域变体，一些区域性特征较强的非物质文化遗产离开了方言这一传承媒介，“很可能因为语言的变换失掉原来独有的文化特色，另一方面也可能因为语言载体的变更丧失群众基础”。没有地域文化特色，没有广泛的群众基础，这些宝贵的非物质文化遗产也只能束之高阁，甚至逐渐消亡。因此，研究以方言为载体的非物质文化遗产保护现状，不仅有利于“非遗”保护工作的深入开展，同时也对抢救方言、保护方言，推动文化多样性和丰富性有积极的促进作用。

列入我国《国家级非物质文化遗产名录》《省级非物质文化遗产名录》的类别中，以方言为载体的非物质文化遗产没有以独立的形态和门类进入名录，而是和其他文化样式处于交叉共生状态。2003 年，联合国教科文组织通过了《保护非物质文化遗产公约》，明确了“口头传说和表述，包括作为非物质文化遗产媒介的语言”是“非遗”涵盖的第一方面内容，其主要是以方言为载体的非物质文化遗产，如民间文学、民间音乐、传统戏剧、曲艺等。这类非物质文化遗产不仅具有非物质文化遗产的共性，而且具有方言本身所折射出的地域文化特色。比如江苏的昆曲、评弹，安徽的黄梅戏，河南的豫剧，天津的京东大鼓、快板，东北的二人转，闽南的南音，客家的山歌，都将方言作为其艺术表现形式的一种媒介，凸显了浓郁的地域文化特色，成为一座城市、一个地区名副其实的文化名片。

辽西地区历史文化底蕴丰厚，人文景观厚重，拥有众多形态的非物质文化遗产。目前，辽西地区列入国家级和省级非物质文化遗产名录的项目共有 51 项，涉及民间文学、民间音乐、民间舞蹈、传统戏剧、曲艺、民间美术、传统手工技艺、民俗八个方面，这些“非遗”项目中，以方言为载体的非物质文化遗产项目共计 15 项，比重接近 1/3，主要集中在民间文学、民间音乐、传统戏剧、曲艺四个方面，分别是喀左东蒙民间故事、“古渔雁”民间故事、医巫闾山民间文学、北票民间文学、辽西古战场传说、阜新东蒙短调民歌、陈桂秋评剧表演艺术、锦州皮影戏、凌源皮影戏、黑山皮影戏、凌海民间皮影、喀左皮影戏、辽西木偶戏、黑山二人转、陈派评书。这些项目是在辽西大地的滋养下形成的，其传承和展演主要依靠辽西方言这一媒介，具有浓郁的地方特色，也承载着厚重的地域文化。

民俗语汇

有人说："语言中民俗语汇的出现，既表现了语言的发展变化，又反映了社会民俗的丰富多彩。"

民俗语汇研究及其学术背景

通过采集、整理民俗语汇，使之成为能够充分展现历史文化，尤其是民间生活原貌的文本，作为民俗学的一个重要研究方法，发端于20世纪前半个世纪"柳田国男时代"的日本民俗学界。当时，在享有"日本民俗学之父"之誉的日本民俗学家柳田国男的倡导下，通过深入的田野调查和细致的文献梳理，以所采集的民俗语汇为索引，整理、考订民俗事实，然后加以分类解说和汇编，出版了多卷本的《综合日本民俗语汇》，可谓当时日本民间文化遗产抢救、发掘的丰碑式的显著成果。1909年，日本学者柳田国男以自费出版《后狩词记》为民俗学研究的开端，被称为日本民俗学的第一个纪念碑。在这本书中，他搜集了民俗语汇，分类整理了民俗事象。后来，柳田又与被称为其民俗学最正统的继承者的仓田一郎合著了《分类渔村语汇》和《分类山村语汇》。他的显著成绩，一个是民俗语汇的搜集研究，一个是方言的研究。民俗语汇研究，是民俗学的一项重要内容。

日本民俗学家大藤时彦在《民俗学及民俗学的领域》一书中谈到，语言学与民俗学的关系很深。很多国家把方言的研究纳入民俗学范围之内。在日本的方言研究上，民俗学者所做出的功绩是很大的。由于民俗的采集要通过方言，像苏联的索柯罗夫就主张民俗学者必须是方言学者。德国的梅格林（R.Meringer）提倡“物与语”（Worter und sachen），并发行了以此为名的研究杂志。很多国家的民俗学者对此表示赞成，在民俗学者中培养起一种风气：采集民俗时，注意语言表达。在日本，民俗学研究与方言调查也是相辅相成的。柳田国男提倡在采集民俗时，把表达它的语汇整理为标题，对所谓“民俗语汇”做了采集分类。又从方言分布上，提倡所谓“方言周圈说”，即古语残存于国家的边远地区，新语从文化的中心发生，好像波纹一样向国家的四面八方传播。已经消失的民俗往往在语言上还保留着它的痕迹，因此，民俗学很需要语言学的帮助。日本学者白川静在所著《中国古代民俗》中也谈到，“民俗语汇的收集，在我国被视为民俗研究的重要方法，不断努力加以采集和整理；1955 年，民俗学研究所编辑的《改订综合日本民俗语汇》五卷完成，利用起来非常方便”。又说，“探求民俗语汇与古代语言的系谱关系，从中发现语言史的发展痕迹，可能成为民俗研究的重要方法，这在中国古代文字方面也是一样”。“柳田国男时代”日本民俗学的民俗语汇研究方法，并非孤立地突兀出现，而是有着人类学、社会学等国际学术方法史深刻的学术背景。个中，主要的则是人类学对于语言与文化、语言与民俗相互关系的清晰认识和关注。

语言与民俗，都是人类社会的原生文化形态。人类之所以成为人类，创造与使用语言是其中的最基本要素。从人类掌握说话本领到产生语言科学，经历了一个漫长的时期。同样，尽管民俗也是人类社会的原生文化，远在原始氏族社会时“历来的习俗就把一切调整好了”。人们始终生活在一定的民俗文化环境之中，而民俗学作为一门人文科学存在，迄今只有一个多世纪。不过，在世界文明史、科学史上，语言研究已有两千多年的历史。将语言与民俗研究密切结合起来，始于民俗学诞生之际的文化人类学对一些土著居民语言及其社会风俗事象的综合性“田野调查”。在此背景下，原本作为文化人类分支学科的民俗学，很早就将方言土语、俗语谣谚等口碑资料，作为基本研究对象纳入了本学科范畴。个中，比较著名的调查主要有：美国文化历史学派创始人、人类学家兼语言学家博厄斯（Franz Boas，1858—1942 年）1886 年对太平洋东北岸温哥华岛印第安人部落的调查，相关的研究成果如《美洲印第安人语言手册》《种族、语言和文化》；英国人类学家、功能学派创始人之一马林诺夫斯基（Bronislaw Malinowski，1884—1942 年）1914 年对大西洋特罗布里恩群岛的调查，有关著作有《西太平洋的探险队》《科学的文化理论》《巫术、科学、宗教与神话》等；法国人类学家、西方结构主义学派创始人克洛德·列维–斯特劳斯（Claude Leri-Strauss，1908—2009 年）1934—1937 年每周末对巴西圣保罗城郊印第安人的连续调查。三个人都是民俗学家和语言学家，他们都把欧洲文明未到之地的风俗、文化、神话、语言放在一起研究，因为他们都到这些民族中间生活若干年，会说他们的语言，了解并欣赏他们的风俗，喜爱他们的传统，因而并没有把其中某一方面分离出来，而是从中捕捉最纯的（未经感染的）民俗和语言材料。应特别指出的是，他们所调查和关注的民俗语言文本，主要就是民俗语汇。所不同的是，博厄斯着重于语言的功能，马林诺夫斯基注意语言使用的场合，克洛德·列维–斯特劳斯则提出“结构”这个概念来贯通语言和风俗。

也就是说，19 世纪末、20 世纪初这些著名的人类学家兼语言学家，已注意到语言与民俗的联系，从这一意识出发进行综合性的调查研究，并由此抽象出各自的相关学说。这些学说不仅直接冲击了传统语言学理论，也在众多科学领域产生强烈影响。如马林诺夫斯基的功能主义、克洛德·列维–斯特劳斯的结构主义，其影响之大与广泛，是始料未及、不可低估的，甚至被视为科学领域的“革命”。

其间，人类语言学的奠基者之一、美国人类学家兼语言学家爱德华·萨丕尔（Edward Sapir，1884—1939 年），亦曾对北美印第安人的语言与文化做过深入的调查研究；他在探讨“语言、种族和文化”时认为，“语言也不脱离文化而存在，就是说，不脱离社会流传下来的、决定我们生活面貌的风俗和信仰的总体”，其“底座”则是种族，亦即“身体上具有某些特征而不同于别的群的一个群”。

现代语言学奠基人之一、瑞士语言学家弗迪南·德·索绪尔（Ferdinand de Saussure，1857—1913 年），虽然不兼为人类学家，亦指出："一个民族的风俗习惯常会在它的语言中有所反映，另一方面，在很大程度上，构成民族的也正是语言。"至当代，有些语言学家又明确提出，"语言是一种出色的现象，但是，特定的语言不一定总是和特定的文化相对应"；"语言是构成文化这一统一体的各种要素之一，也是它的一个领域。与此同时，文化的其他要素都是由语言来传达，从而得到发展。换句话说，我们可以看到作为文化的一部分的语言和文化的支柱的语言这样两种性质"。这同文化人类学将人类语言行为所构成的文化形态概括为"语言文化"的思想，是十分近似的。以文化人类学关于语言与文化的理论为基础，先后形成了人类语言学、人类文化语言学等学科。即或 20 世纪 60 年代方正式提出的社会语言学，亦将其源头溯及 19 世纪末、20 世纪初人类学家（民俗学家）田野作业中对语言文化的研究，认为"他们的著作中谈到语言的部分都可以视为社会语言学"。

鉴于此，尤应视为近代民俗语言学和民俗语汇研究之滥觞，似乎要更为切合实际。此间，日本出版了由民俗学家柳田国男弟子合著的《国语和民俗学》论文集，是运用柳田以方言调查为基础提出的民俗周圈论、文化周圈论的研究结果。20 世纪 60 年代末（1969 年 8 月）俄语国情语言学的建立以及大约十年之后出版的 M. A. 杰尼索瓦编著的《国俗语言学词典》，和此间出版的由英、苏学者合编的《英国国俗词典》，都是以民俗语汇为主要文本进行研究的产物。

"民俗语汇"是民俗语言学和语言民俗学最基本的研究对象和文本。20 世纪 80 年代中叶形成的、对语言民俗进行双向研究的"民俗语言学"学说，成为"民俗语汇"的搜集、整理和研究的最重要也最直接的理论支持与指导。

语言民俗学与民俗语言学视野的民俗语汇研究

所谓"民俗语言"，并非"民俗"与"语言"的简单相加或一般合成，而是经约定俗成、获得广泛认知的，民间性的，涵化有民俗要素的语言材料。民俗语言是民间文化最重要的信息载体和传播工具。各地方言和普通话中的民俗语汇，是各类民俗等民间文化事象的最主要、最活跃，也是最为典型的信息载体和传播工具，是考察、研究传统文化不可多得的、处于历史文化深层结构的语料实证。许多民俗语汇随着那种方言土语或那种民俗事象的消亡而成了语言与民俗的“语言化石”，或者正在消亡处于“濒危”状态之中。尤其是那些一向被误解为“黑话”的明清以来各行各业隐语行话之类的民俗语汇，更因其有着“与生俱来”的鲜明的非主流性，而难登“大雅之堂”，加之流行使用的群体范围较狭或传人的过世而消亡的速度尤快。而这些蕴含着深层民间文化事象的“语言化石”的消失，将会给社会历史留下众多的难解之谜。

什么是民俗语汇呢？一般地说，是指那些反映不同习俗惯制主要特征或民俗事象的词语，包括成语、谚语、歇后语、惯用语、俚语等俗语和一些江湖切口、行话、隐语等社会习俗语。民俗语汇是语词中同风俗文化密切相关的部分。一部方言词典、俗语词典、风俗词典，多含大量的民俗语汇材料，可谓民俗语汇的准辞书。

民俗语汇是历史的民俗语言现象。有些民俗语汇因其所反映或代表的风俗事象在现代已不存在，其词语本身既是历史语词，又是历史民俗语汇，例如“巫儿”“拍花”。旧时大人们吓唬孩童常以“拍花子”作恐惧物。所谓“拍花”是指旧时歹徒以迷药诱拐儿童。据清李虹若《朝市丛载》卷七《人事・拍花》：“拍花扰害遍京城，药末迷人任意行。多少儿童藏户内，可怜散馆众先生。”三十年前尚可闻以“拍花子来了”吓儿童语，并附会于乞丐形象，至今已渐销声匿迹，系时风已转。至此“拍花”一词已成历史民俗语汇。就是说，随着某一具体民俗事象的销声匿迹，与之相应的民俗语汇即变为风俗史的遗迹。历史民俗语汇是风俗化石，一部历史的民俗语汇总集，亦即一部生动、丰富的民俗史。

民俗的地方性特征，也使民俗语汇具有地方性特点，体现在语言上，又有方言特点。“抓挠儿”，汉语普通话音 zhuā náo，一般无儿韵尾，或读 zhuā nɑo，在《现代汉语词典》中注明是方言词，有七义项：①搔；②乱动东西，致使凌乱；③打架；④忙乱地赶着做；弄；⑤挣；获得（钱）；⑥指可用的东西或可凭借依靠的人（带儿韵尾）；⑦指对付事情的办法（带儿韵尾）。在北京方言中，“抓挠儿”又作“抓蹃儿”，指手指或脚趾一屈一伸地玩。例如：这孩子会抓挠儿了。在东北方言中，“抓挠儿”也是指婴儿手或脚的伸屈动作，有时简称“挠儿”。例如：“好乖乖，快给奶奶挠儿一个看看。”大人看到婴儿学会了“抓挠儿”这个本来很自然、极平常的动作，大都有一种很欣喜的感觉。为什么呢？其中有潜在的民俗意识、民俗心理在起作用。其渊源在于把“抓挠儿”同人生礼仪中的“抓周”习俗联系到一起了。把“抓挠儿”看作是想“抓周”或学会“抓周”的前兆，是婴儿“出息”（即长进）的表现，是长者盼望幼儿尽早长大、快些立事的潜在联想意识。抓周，即于周岁时举行的一种用以预测小儿一生命运、前程事业的人生礼仪，属诞生礼的一种。抓周又谓晬盘、试周、试儿等。《颜氏家训·风操》：“江南风俗，儿生一期，为制新衣，盥浴装饰，男则用弓矢纸笔，女则刀尺针缕，并加饮食之物及珍宝服玩，置之儿前，观其发意所取，以验贪廉愚智，名之为‘试儿’。”《红楼梦》第二回，冷子兴语贾雨村道：“那年周岁时，政老爹便要试他（贾宝玉）将来的志向；便将那世上所有之物摆了无数，与他抓取。谁知他一概不取，伸手只把些脂粉钗环抓来。政老爹便大怒了，说：‘将来酒色之徒耳！’因此便大不喜悦。”抓周习俗各地均有，“抓挠儿”只是由其派生的地方性民俗语汇。

有些词在一定的历史时期或特定的语境中属于民俗语汇，但在有些情况下则不再是民俗语汇。例如“牺牲”一词，古代本指祭祀时所用家畜，色纯者为“牺”，体全者为“牲”。在现代汉语中，当这个词引申作“损弃、舍弃”义时，就不属民俗语汇之列了。此时，其原有的民俗语汇的基本特点已经释淡、转移或消失了。同时，一些民俗语汇还可能被普通话吸收，成为民族共同语的一般语汇。例如：“来龙去脉”，本为旧时迷信习俗的民俗语汇，是风水先生的行话。风水术士称主山为来龙，是龙脉的来源，宋赵与时《宾退录》卷二：“朱文公（熹）尝与客谈世俗风水之说，因曰：‘冀州好一风水，云中诸山，来龙也。’”“来龙去脉”则指山形地势的走势、去向如龙一样连贯。明代吾丘瑞《运甓记·牛眠指穴》：“此间前冈有块好地，来龙去脉，靠岭朝山，种种合格。”后则借喻事情的来历、发展，前因后果，成为一般语汇了。此外，由于风俗的民间约定俗成性、口耳相传对口碑形式的依赖性，民俗语汇往往具有通俗、形象的语言艺术特点。例如，称联姻兄弟为“连襟”

或“一担挑儿”，既是形象的比喻，又颇通俗，这是民俗语汇的一种天然属性。随着现代化、都市化以及推广普及普通话的进程，每天都有一些载负着特定文化信息的民俗语汇在人们不经意中消亡。以东北方言为例，二三十年前东北地区农村耕作播种时使用的农具“点葫芦”“拉耙架子”“怀耙”“石滚子”，日常生活的器物，如“磕嗒窑儿”“火镰”“灰麻杆儿”“火绳”“碾道儿”，等等，已经随着这些事物淡出现实生活而渐渐被人们遗忘。三十几年前农村出生的孩子，对这些曾经是数百年来本地农村生产、生活最司空见惯的事物的语汇也一无所知了。

民俗语汇研究仍然应当关注那些已经不再属于民俗语汇性质的语汇，因为，其语源在于其前身的民俗语汇性质和历史文化内涵。其演化、嬗变的轨迹，不仅展现着语言的社会演变规律，更重要的在于其同时也印证着社会的发展变化轨迹，是历史文化的“语言化石”。

在有关民俗语汇的搜集与研究中，一个突出的问题是关于“俗语”与“民俗语汇”两者之间的界定与相互关系的处理。我的初步见解主要是：

无论语言学界还是民俗学、民间文学界，关于俗语概念的界定始终未取得共识。至于海外学术界的说法，往往又同国内相参差，则是由语言文化背景的差异所致。就汉语民俗语言的俗语性质、特征而言，它是指包括口语性成语、谚语、格言、歇后语、惯用语、俚语等品类在内的定型化或趋于定型化的简练习用语和短语。其中，泛指地方色彩较重的通俗性口语词的俚语，尚属外延比较宽泛的处于游移状态下的概念；有时指俗语其他语类，有时则专指方言土语、禁忌与口彩语、民间流行习语、粗俗语等民俗语汇，皆就具体内容随机而用。在此，仅就广义俚语而言，姑列为俗语品类。

民俗语汇，是各种反映民俗事象或涵化了民俗要素的语汇。一如俗语与俚语概念间的交叉，就作为语言材料这一功能特征而言，俗语亦堪谓民俗语言中的一种典型民俗语汇。但就形态构造特点而言，俗语以定型化或趋于定型化的简练习用语和短语形式为主体，即以“语”为基本特征；而民俗语汇则以词的形式为主体，即“词”为基本特征，其具体品类如：方言土语词，俗语词，詈语、秽语等粗俗语词，禁忌、口彩语，以及语词形态的民间秘密语、民间流行习俗、口头禅、非隐语性行业习惯语等。具体言之，民俗语汇是指那些以某种民俗形态或具体民俗事象的概念、性质、源流、特征乃至名称等为语义内容，以及与民俗有着某种特定联系的语词。

无论俗语还是民俗语汇，都是涵化了民俗要素的语言文化符号，这是民俗语言最本质的内部特征。民俗语言的外部特征，主要表现在其功能方面，是言语交际活动中最活跃、最富民间社会生活色彩的通俗语言材料。

在民俗语言之中，有许多是直接出自具体民俗事象的民俗语汇。

在此，且以“上梁”为例。“上梁”，本是房屋建筑过程之中的一道工序。但是，当形成了“择吉上梁”、上梁时厌胜、举行祛邪祈吉仪式等许多与之相关的民俗事象之后，它也就不再只是表示一道建筑工序的术语了，而是在不失本义的同时，被赋予了更为丰富的文化内涵，发生了符号意义的转换，它就被凝结、积淀成了一个用来表示一个特定民俗事象、一种建筑民俗仪式活动的典型的民俗语汇。在此文化背景下，这一简单的工序用语被赋予了浓重的民俗色彩。至今，在现代大都市的建筑工地上，仍然可以看到这种上梁仪式民俗的遗绪，甚至安装吊车，要给吊车系彩带，安装完毕还要燃放鞭炮。说到底，这样做的心理，仍不外乎是“祛邪祈吉”，期望平平安安。

历代文人墨客，出于对“上梁”这种民俗事象的认同，每每精心撰写以“祛邪祈吉”为基本内容的所谓的“上梁文”。于是，在中国古代很早就形成了一种独特的文章体裁“上梁文”。显然，这是一种与“上梁”这个民俗语汇同出一源的文体。据宋代王应麟的《困学纪闻·杂识》记载，中国古代上梁文体发端于北魏温子昇的《阊阖门上梁祝文》。明代徐师曾在中国文体学史上著名的《文体明辨序说》中写道：“上梁文者，工师上梁之致语也。世俗营构宫室，必择吉上梁，亲宾裹面（今呼馒头）杂他物称庆，而因以犒匠人，于是匠人之长，以面抛梁而诵此文以祝之。其文首尾皆用俪语，而中陈六诗。诗各三句，以按四方上下，盖俗礼也。……宋人又有上牌文，盖上匾额之词，亦因上梁而推广之也。”清代吴曾祺编纂的《涵芬楼古今文钞》将所辑录的由上古至清光绪年间的近九千篇文章，按照文体分作 13 大类 202 个子类。其中，第 13 类的第 12 子类，乃为“上梁文”。

显而易见，“上梁”这个民俗语汇由它凝结、载负的深厚的民俗文化内涵，尽管很早就进入了上层文化却一直不失民俗本色。但是，这并不意味着它的“永生不灭”。因为，现代文明正在淡化其民俗内涵和意义。同其他一些民俗语汇一样，它的消逝，是历史的必然。但是，把这种文化现象作为一项“人类口头和非物质遗产”事象，把围绕这个民俗语汇的全部民俗事象，完整地、真实地而且可以“原汁原味”地重复再现，保存到民族传统文化的社会记忆之中，则是非常重要的事情。

讨论民俗语汇问题，还应注意到，民俗语言的主体由俗语与民俗语汇两大语类构成。运用俗语和民俗语汇进行言语交际活动，或当其成为民俗语言艺术运用的民俗语言材料或文本要素时，均属于语言民俗学与民俗语言学共同关注的研究对象。因而，无论是在语言民俗学视野还是民俗语言学视野里，俗语与民俗语汇的关联和交叉也是不可避免的。

中国学术史上的民俗语汇研究

中国学术史上的民俗语汇研究，主要是收集、辑录和考释之类的训诂学视点的研究。从扬雄的《方言》算起，迄今已有2000多年的历史。在中国，用现代语言学方法进行方言研究，则是近年的事。然而，2000多年前，中国就成功地编著出了世界第一部方言比较词汇集：《輶轩使者绝代语释别国方言》(通常简称《方言》)。《方言》是今所见中国西汉时期及之前唯一的一部汉语方言研究专著。扬雄穷三十年编著的《方言》，记录了周秦至西汉末年的民间方言语汇，成为汉语方言研究的始祖。语言是民俗等民间文化的载体，作为民间口头语言的方言尤其是最直接、最基本的民间文化材料。“言为心声”，方言等民间口头语言尤其如此。

中国古代的历代帝王为政治需要素有“采风”的传统，“王者所以观风俗，知得失，自考正也”(《汉书·艺文志》)。《方言》正是扬雄所在时代政治需要的产物。就是说，中国的方言研究，从一开始就同民俗研究结合在一起了，始于采风活动。两千多年前人们就认识到了语言，尤其是方言与社会风俗文化的内在联系，乃至后来形成的传统训诂学始终注重在社会风俗文化中考察语言材料的传统方法，今人不能不受此影响，亦可见其源远流长。一如东晋常璩《华阳国志》卷十所云："此使（作者按：即'輶轩使者'，当时的采风官员）考八方之风雅，通九州之异同，主海内之音韵，使人主居高堂知天下风俗也。"亦如王莽天凤时刘歆致扬雄书云："今圣朝留心典诰，发精于殊语，欲以验考四方之事，不劳戎马高车之使，坐知傜俗。"扬雄《答刘歆书》说："其不劳戎马高车，令人君坐帷幕之中，知绝遐异俗之语。"可以说，《方言》是中国乃至世界上首次对语言与民俗进行综合考察的重要成就，是民俗语言学研究的滥觞。这要比19世纪末20世纪初博厄斯、马林诺斯基和克洛德·列维－斯特劳斯分别进行的对欧洲文明未到之地的风俗、文化、神话和语言的综合考察，约早两千年，是世界民俗语言学史上的一座科学丰碑，是中华民族对世界科学文化史的重要建树。

中国历史上的民俗语汇研究，大都体现在一些俗语辞书的编纂方面，主要是唐代以来的各种专辑、专门辞书（包括现代辞书学意义上的"准辞书"）以及笔记杂著。例如，唐代的《匡谬正俗》（颜师古）、《资暇集》（李匡文）、《刊误》（李涪），宋代的《释常谈》（佚名氏）、《续释常谈》（龚颐正）、《别释常谈》（施君英）和《古今谚》（周守忠），明代的《目前集》（佚名）、《俚言解》（陈士元）、《常谈考误》（周梦旸）、《询蒭录》（陈沂）、《俗言》（附《古今谚》，杨慎）、《谚原》（方以智）、《俗呼小录》（李翊）和《（增定）雅俗稽言》（张存绅）等。

清代以来，相关文献更多。例如《通俗编》（翟灏）、《直语补正》（梁同书）、《俚俗集》（福申）、《土风录》（顾禄）、《里语徵实》（唐训方）、《恒言录》（钱大昕）、《迩言》（钱大昭）、《恒言广证》（陈鳣）、《语窦》（胡式钰）、《常语寻源》（郑志鸿）、《玉雨淙释谚》（平步青）、《吴下谚联》（王有光）、《乡言解颐》（李光庭）、《江湖切要》（卓亭子）、《俗语纪始》（魏崧）、《谈徵》（外方山人）、《常谈叜》（易本烺）、《越谚》（范寅）、《古谚闲谭》（曾廷枚）、《证俗文》（郝懿行），以及《俗说》（罗振玉）、《俗语考原》（李鉴堂）、《俗语典》（胡朴安）、《通俗方言疏证》（孙锦标）、《俚语证古》和《方言音释》（丁惟汾），等等。

此外，还有发端于唐代李商隐、主要辑录歇后语的《义山杂纂》及其历代续仿之作，也可谓一支独特的民俗语汇“类义性编纂体例”的系列专辑。如，唐代的《敦煌写本杂钞》（佚名），宋代的《杂纂续》（王君玉）、《杂纂二续》（苏轼），明代的《杂纂三续》（黄允交）、《风俗粲》（徐树丕）、《西湖渔隐杂纂》（西湖渔隐主人）、清代的《杂纂新续》（韦光黻）、《广杂纂》（顾禄）、《纂得确》（石成金）、《金园杂纂》（方绚），等等，再加上未冠以“杂纂”名义的同类专辑，已经发现的，就有20余种。

在此，需要特别指出的是，上述所列举的历代这些文献，大多是迄今尚未进行整理的珍稀文本。同时，类似上述迄今尚未进行整理的珍稀文本，在中国汉籍全部民俗语汇历史文献中，占有相当的比例，亟待组织发掘、整理，使之成为中国民俗语汇研究的基本文本。除此之外，其他民族历史遗存的民族语言文字的民俗语汇文献，亦同样亟待进行抢救性的发掘和整理。

中国民俗语汇研究的现状与前瞻

钟敬文在主编《民俗学概论》第14章“中国民俗学史略”时注意到，“明清时期，文人学者做了许多归纳民俗语言的工作，连钱大昕、郝懿行这样的著名学者都参加进来，撰写了《恒言录》和《证俗文》等著作。他们经过亲自调查，记录和保存了一批当时活在群众口头的民俗语汇，为后人研究前代语言民俗的传承情况提供了第一手材料”。

著名方言学家侯精一教授根据数十年对自己家乡山西平遥方言民俗语汇的调查，撰写并先后在日本和国内出版了《平遥方言民俗语汇》，是迄今所见的中国当代第一部明确将“民俗语汇”作为书名的专著。《平遥方言民俗语汇》分婚丧、游艺、饮食、交际、自然现象、时令时间、农业、植物、动物、商业、交通、工艺、房舍、器具、身体、称谓、疾病医疗、衣服穿戴、文化教育、文体、动词、方位词、代词、形容词、副词、介词、量词、数词和拟声词29类（大类之下分设子类），辑录注释了4000余条平遥方言民俗语汇。

最近，有位历史学者在整理竹枝词时注意到“所见民俗语汇的复活和社会风习的重演”这一特别的民俗语言现象。该学者注意到，由于竹枝词作者往往有意回避奥雅，多注重借用民间俚言俗语抒情寄意，许多竹枝词作品因此也具有民俗语言史料的价值。读清末民初的竹枝词，可以发现一种特殊的语言现象，即与当时世势之演进、时局之动荡相应，社会出现了诸多新鲜的语汇。还有一种特殊的历史语言现象值得我们注意，就是看似僵死，久已退出社会生活领域的语汇，却在长眠之后，竟然可以当时势重新适合之时再复苏醒，又一次影响社会。竹枝词文句中若干当时流行的语汇，与现今民俗语言现象竟然完全相合。例如，“饭局”这个民俗语汇，早就见于宋人黄震《黄氏日抄》卷七八的《六月三十日在城粥饭局结局榜》和《七月初一日劝勉宜黄乐安两县赈粜未可结局榜》两篇文字。清末民初竹枝词文中“饭局”则属于一个复活了的流行民俗语汇。而这些语汇在中国大陆的社会生活中实际上已经消失了数十年。清末民初竹枝词所见民俗语汇于数十年之后再度复活者，还有“片子”（名片）、“集股”“红利”以及“太太”“小姐”等其他实例。清末民初兰陵忧患生撰《京华百二竹枝词》中有“一从实业重商权，集股纷纷嚷破天”句，其中“集股”一语，同样也是在中国大陆销声匿迹数十年之后，随着证券市场的复出又重新形成了“纷纷嚷破天”的声势。类似情形，又有罗汉《汉口竹枝词》所见“红利”这个语汇，即其中的第 60 首《水电公司》所咏：“汉皋创后倍繁华，水电今时用更奢。依旧公司无起色，不闻红利派东家。”

由此可见，清末民初竹枝词透露的若干民俗语汇在休眠多年之后又得以复活的民俗语言现象，反映了不同时期的社会风貌，具有较强的社会史料价值。

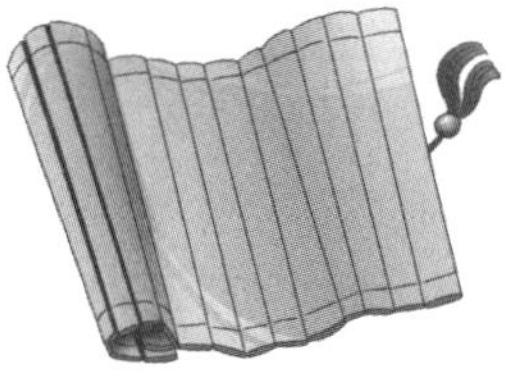

民俗语源

宋代以来的笔记之中，往往见到“俗语亦有所本”“俗语亦有所自”之类的记载。例如，陈正敏《遁斋闲览》云：“俗语有之曰：‘槐花黄，举子忙。’谓槐之方花，乃进士赴举之时。而唐诗人翁承赞有诗云：‘雨中妆点望中黄，勾引蝉声送夕阳，忆得当年随计吏，马蹄终日为君忙。’乃知俗语亦有所自也。”事实上，许多出自口头创作并约定俗成的俚语常言，尽管主要凭借口耳相传，甚至说“不登大雅之堂”，但仔细考辨起来，往往也会找到它的发生源头，并非无根之木、无源之水。

民俗语源，是语言民俗学和民俗语言学的一个共同的基本术语。包括俗词源在内的民俗语源之源，在于某些语词或民俗语言赖以生衍流变的民俗形态、民俗事象或民俗要素。考溯民俗语源均有助于正确把握语义及其文化内涵，同时也是借以考察社会风俗史、生活史别有洞天的史料文本。许多语词的民俗语源往往与同一种民俗形态、民俗事象或民俗要素有关，但未必是同出一种民俗语源的词族。关键性标志，在于其语义是否生衍于同一民俗语源。

社会文化史上的民俗语言“化石”

古往今来，诸多民俗事象的称谓、名称，大都历经约定俗成和历史的积淀，成为社会文化史上的民俗语言“化石”。

且以“咬春”和“大锅饭”为例。

先看“咬春”的称谓

清末民初有“沈阳三才子之一”之誉的缪润绂所撰《沈阳百咏》第47首竹枝词：“律转勾芒岁一新，东郊忙煞看春人；侬家别有春心在，不看迎春看断春。”原诗之后另有按语写道：“立春前一日，地方官于天齐庙前高搭彩棚，置芒神于内，兼尹京兆学使，届期前往迎春，卖痴呆者呼拥夹道焉。又，俗于立春日断萝卜，谓之断春。”何为“断春”呢？通过比勘《沈阳百咏》的不同版本，方得其解，原来就是民俗事象“咬春”。前引所据版本，是民国十一年（1922年）壬戌二月，著者“自序于含光堂”的最后一个整理订本。卷首刊有“潜园重订”《沈阳百咏》“壬戌春印”字样。然而，在光绪四年（1878年）刻本（署“钓寒渔人太素生撰”）版本中，“不看迎春看断春”以及按语中的“俗于立春日断萝卜，谓之断春”之“断春”，原本均作“咬春”。至于作者或整理者何以将早年版本中的“咬春”改作“断春”，有何理据，已难考知矣，只有留待方家解读。但是，其诗中所述民俗事象，确实是“咬春”习俗。

常言道，“一年之计在于春”，春天是生命与希望的象征。因而，作为二十四节气之一的“立春”，尽管在时序上正处于春季节日活动频繁、密集的时段，仍然格外被人们看重，丝毫也不敢马虎。全国各地，几乎都有名目繁多的“打春”节令习俗。其中，在各地流行比较广泛的，则是“咬春”习俗。

杜甫《立春》诗有“春日春盘细生菜……菜传纤手送青丝”之句，虽未见直接写入“咬春”字样，道的却实在就是“咬春”，并可证明唐代已有此俗。被《明史》

立传并誉之“善书、好学、有文”的明万历年间太监刘若愚，在所著《酌中志·饮食好尚纪略》中记述道：“立春之前一日，顺天府于东直门外‘迎春’，凡勋戚、内臣、达官、武士，赴春场跑马，以较优劣。至次日立春之时，无贵贱皆嚼萝卜，名曰‘咬春’。互相请宴，吃春饼和菜。以绵塞耳，取其聪也。”清代阳羡词派领袖陈维崧《陈检讨集》载：“立春日啖春饼，谓之‘咬春’。”富察敦崇《燕京岁时记》亦言：“打春即立春……是日富家多食春饼，妇女等多买萝卜而食之，曰咬春。”吴伟业《琵琶行》诗里也写道：“穿宫近侍拜长秋，咬春燕九陪游燕。”再如《山西通志·翼城县》：“立春啮萝卜数片，名曰咬春，取荐幸也。春盘春饼，繁华之乡间亦有之。”此外，清康熙年间编纂的《天津卫志》、乾隆年间编纂的《天津县志》以及光绪年间的《天津府志》，有一个完全一样的记载：“立春食萝卜，谓之‘咬春’。先一日，迎芒神，设宴啖春饼。”稍晚一些的《重修林县志》载称，河南林州有迎春、鞭春、咬春的习俗，“立春前一日，县官率属具威仪鼓乐，迎春于东郊，耕籍田，鞭土牛，具五辛盘，食春饼。颁送芒神、土牛画像，曰迎春。远近观者如堵。民国后礼废。民间于是日食薄饼、萝卜丝谓之咬春”。凡此可知“咬春”习俗非但流行广泛，而且源远流长。

或许是由于历史文献记载北方地区“咬春”的内容较多，现在的许多论述都说咬春是北方习俗，其实不然。据周密《武林旧事》记载，南宋时宫廷里也十分注重“咬春”活动，而且非常地考究，如“（春卷）翠缕红丝，金鸡玉燕，备极精巧，每盆值万钱”。再如明末清初的著名文学家费密之孙费轩，曾在扬州住过一段时日，感到当地借助吃萝卜来“咬春”的民俗十分有趣，于是写进了他的一首《梦香词》：“扬州好，记取应年时，伏火醇醪红似蜜，咬春萝卜紫于梨。端是费相思。”可见，“咬春”又称“吃春盘”“吃春饼”“吃春卷”等，是全国各地广泛流行的一种春季岁时节日民俗。

“春卷儿”实为“春盘儿”的变异，是“春饼”与“春盘儿”的“合二而一”。例如绍兴人吃的“春卷儿”，往往喜欢用冬笋、雪里蕻、肉丝、豆腐干、黑木耳以及金针菜等作馅，用春卷皮卷上吃，或油炸之后再吃。如果喜爱吃甜食，则另以细砂糖、麻芯、花生酥等甜料作馅，油炸吃。显然，那“春卷儿”的面皮儿，亦即

“春饼”的替代物或象征。

《汉语大词典》等有些工具书，在解释这个习俗时，往往都注明“旧时”之类字样，其实未免有点“画蛇添足”了，因为，这个习俗至今仍广泛流行于很多地方。这一点，还是《中国风俗辞典》的“咬春”条（第64页右栏）说得客观、得体——“民间至今尚有此俗”。

无论“断春”还是“咬春”，也无论“春卷儿”“春盘儿”还是“春饼”，作为一种“立春”时节的节令食俗，它的特定民俗含义，主要还是在于“迎新”，也有驱邪纳吉之义。《四民月令》谈道，“立春日食生菜，……取迎新之意”；李时珍的《本草纲目·五辛菜》也认为，“元旦立春以葱、蒜、韭、蓼、芥等辛嫩之菜，杂合食之，取迎新之义，谓之‘五辛盘’”。我想，这同东汉应劭《风俗通义》记载的吃所谓“五辛菜”俗信意义是一样的。所谓“五辛盘”，就是在盘中盛上葱、姜、蒜、韭菜、萝卜等五种带有辛辣味儿的蔬菜，俗信以为春初吃了这五种能够“发五脏气”的“五辛菜”就可以“祛除瘟气”，让生命借助春天的气势生机勃勃。而且，“五辛”又谐音“五新”，链接着喜迎新春的美好口彩。

这便是千百年来已经约定俗成的中国风俗史上所积淀下来的语言民俗活化石“咬春”。

再说“大锅饭”的民俗语源

当代中国经济体制改革的具体实施，大都是从“打破铁饭碗”“破除大锅饭”入手的，由此显然可以判定“大锅饭”“铁饭碗”这两个民俗语汇所代表的民俗形态为陋俗之属。然而，这两个民俗语汇尽管是出自现代汉语口语，但它们所代表的习俗却源远流长，而且并非从来即为陋俗。于此，则从民俗语言学出发考察其民俗语源来说明这个问题。

一般说来，“铁饭碗”是对终身职业或有稳定可靠经济收入的职业的比喻；“大锅饭”则指不论各人贡献大小或有无贡献均可理所当然地分享一份利益，都出自比喻式构词方法。若考其文献语源，尚未见于诸子百家、经史子集等汉语古文献中，而现代汉语辞书中较早将之收为词条的当为《现代汉语词典》等。像这类民俗语言的语汇，都存在考溯语源的问题。

“大锅饭”这个民俗语汇从其形成起即不是字面所反映的“用大锅所烧的饭”的意思，而是比喻性语义。谚语有“大锅饭，小锅菜”“大锅费水，小锅费米”之说，而“大锅饭”主要是汉族经济习俗以及与之关系比较密切的居住、饮食习俗、家族制度等民间文化的历史遗存。从原始社会起，家庭即以火为中心，至今世界上仍有许多民族或地区以灶或烟来计算户数，家庭的构筑是人类文化的缩影。常识告诉我们，多立一个锅灶即多费一把火。在中华民族漫长的封建社会中，由于生产力低下及生产资料私有制的制约，以及传统宗族观念和制度的关系，以直系血统关系组成的三世、四世乃至五世同堂的大家庭，成为维护生产资料集中使用和私有财产积累的典型血缘经济单位。在最高辈分家长的统治下，几代老小聚居生息，相互依存，共食大锅饭菜则积淀为传统的经济、饮居习俗形态。过去的几千年里，正是“大锅饭”这一习俗形态成为维系中华民族（主要是汉族）生息繁衍的基本制度。“大锅饭”历史如此悠久，虽然已于当代转化为陋俗，但要真正打破，不仅要从制度上采取相应措施，而且亦须帮助人们从民间文化的深层结构上考察其变化的历史必然性，增强人们的心理承受能力。与此联系较为密切的“铁饭碗”也类此情况。以碗进餐之俗在中华民族文明史上历史颇久，基于文献记载多可帮助我们考察其民俗语源。饮食之碗，古文献中写作“盌”“椀”等不一，如《方言》卷五“盂，宋、楚、魏、卫之间或谓之盌。盌，谓之盂，或谓之銚鋭。盌谓之櫂，盂谓之柯。”三国时曹植《曹子建集》卷三有《车渠椀赋》，如云“惟新椀之所生，于凉风之浚滨”。汉时许慎《说文解字》释“盌”为“小盂”，释“盂”为“饭器”。历代制碗材料有陶（泥）、石、木、铜、铁、金、银、玉、瓷等多种，今则以瓷为主。民间将职业或技能喻称饭碗，不只有象征牢靠的“铁饭碗”，尚有象征富有的“金饭碗”之说；相对“铁饭碗”又创制出“泥饭碗”之说，偶然用来指易打破和失去。从“铁饭碗”之出自饮食习俗这一民俗语源，亦反映着人们对历来谋生求食之艰辛的感叹，渴求一劳永逸的牢靠生计这一民俗心理正是这个语汇的深层意思。在社会生活安定的情况下，要“除掉铁饭碗”，在于改革旧制以除弊端，激发人们的竞争求进意识，止是社会进步所必需之举。与此情况相似的再如“茶话会”这由当代颇为流行的聚会新制所形成的一个语汇，据文献所载可考知其语源及其俗本身远非当代方有。宋代朱彧《萍洲可谈》卷一载：“太学生每路有茶会，轮日于讲堂集茶，无不毕至者，因以询问乡里消息。”宋方岳《秋崖小稿钞·入局》诗有句：“茶话略无尘土杂，荷香剩有水风兼。”均言聚会一处品茶清谈。甚至，僧人亦因袭此俗，以寺院中击鼓召集众僧饮茶谓“茶鼓”，虽不称“茶会”，事却相通。如王安国《西湖春日》诗中句：“春烟寺院敲茶鼓，夕照楼台卓酒旗”。陈造《江湖长翁诗钞·县西》亦载：“茶鼓适敲灵鹫院，夕阳欲压赭圻城。”此外，寺院作斋会时富户以茶汤助缘供应称“茶汤会”。宋吴自牧《梦粱录》卷一九《社会》：“更有城东城北善友道者，建茶汤会，遇诸山寺建会设斋，又神圣诞日，助缘设茶汤供众。”这虽与当代“茶话会”相去较远，然亦不失为其民俗语源的另一背景。

民俗语源解读

俗词源学所注重的民间传说口碑资料，即民俗语言文化的一种形态，亦属民俗的一种传承形式。民俗语源以语词或民俗语言赖以生衍流变的民俗形态、民俗事象或民俗要素为本，因而它也包容了俗词源，并扩大了探求语源的视野和史证范畴。无论有无直接的文献佐证，考溯民俗语源均有助于正确把握语义及其文化内涵。同时，也从相当程度上使一些考据摆脱掉因文献匮乏而孤立推断的困境。

许多语词的民俗语源往往与同一种民俗形态、民俗事象或民俗要素有关，但未必是同出一种民俗语源的词族。其关键性标志，在于其语义是否生衍于同一民俗语源。

民俗语源，是语言民俗学和民俗语言学的一个共同的基本术语。从民俗形态、民俗事象或民俗要素来追溯语源，考释其语义生衍流变和所关联的文化内涵、文化背景，是一种具有比较广泛应用前景的民俗语言学方法，其结果即民俗语源。可见，“咬春”和“大锅饭”都是中国社会文化史上的民俗语言“化石”。同时，其所赖以生成的民俗事象，即其民俗语源。民俗语源尤其是社会文化史上最重要的民俗语言“化石”。遍布各类社会生活中的民俗语源，即为社会文化史链条上的关键词群。

在现代语言学理论中，词源学是历史比较语言学的一部分，是研究词的形式、意义来源的分支学科。根据音近义通原理推求词源、考释词义，是汉语的一种传统词源学方法。例如《易·说卦》：“乾，健也。”又如《孟子·滕文公上》：“设为庠序学校以教之。庠者养也，校者教也，序者射也。夏曰校，殷曰序，周曰庠，学则三代共之，皆所以明人伦也。”如此以音同或音近词来训释词义由来的方法，亦即训诂学所说的“声训”。汉末刘熙所著《释名》，就是运用声训方法的第一部古代词源学专著。

中国古代训诂学家曾注意到某些语词词源同民俗的联系，如东汉扬雄为“令人君坐帷幕之中，知绝遐异俗之语”而考八方风雅著《方言》(见《答刘歆书》)。又如宋朱质《方言跋》所道，“五方之音，殊俗之语，莫不推寻其故，而旁通其义”。然而，尚未形成明确的“民俗语源”概念。

传统词源学方法，以文字资料为本，凭字词音形义推究语源。古人做诗词文章，多讲究用典，注重遣词用字要有所本、有其来历。这种崇雅尚古观念，致使推求民间俗语语源亦索本于前人经典文字。清钱大昭《迩言》自序中说：“夏谚、周谚，引于经传；齐鄙语引于《吕览》，邹鲁谚引于《汉书》。则浅近之言，亦圣贤所不废乎？夫今古一耳，古人所言，今人谓之古语；在古人自视，未尝不以为今语也。笔之于书，遂为故实。若然，则今人所为俗语，安知不为几千百年后之故实乎！”于是，他便“类此俗语、俗事之见于经史子集者，为《迩言》六卷，于以见一话一言，亦不可无所根据焉”，“务使里巷中只语片辞，俱合于古”。唐宋及明清文人笔记杂著之中，多有辑录经典文献使用俗语例证，通谓之“俗语有本”，亦即俗语语源。这种以见诸古人文字为语源或出处的主导倾向，不仅贯穿于中国俗语学史，亦是传统词源学的基本方法，即偏重书证文献中的语源。

民俗语源与词源学：以“措大”的民俗语源为例

有些语词的语源却是难以单凭史料及音形义演变规律所能考究清楚的。例如一些地名的由来，因为历经流衍，用字亦多变异不定，或为俗字，这便使传统词源学难以按常规方法考其语源了。

有的语词也是这样。例如旧时俗谓贫寒失意的读书人为“措大”或“穷措大”，唐李商隐《义山杂纂》中已有“穷措大唤妓女”（必不来）的记录。据唐李匡文《资暇集》卷下云：“代称士流为醋大，言其峭醋而冠四人之首；一说衣冠俨然，黎庶望之，有不可犯之色，犯必有验，比于醋而更验，故谓之焉。或云：往有士人，贫居新郑之郊，以驴负醋，巡邑而卖，复落魄不调，邑人指其醋驮而号之。新郑多衣冠所居，因总被斯号。亦云：郑有醋沟，士流多居其州。沟之东尤多甲族，以甲乙叙之，故曰醋大。愚以为四说皆非也。醋，宜作‘措’，正言其能举措大事而已。”当时及后世多写作“措大”，如宋曾慥《类说》卷四十引唐张鷟《朝野佥载》：“江陵号衣冠薮泽，人言琵琶多于饭甑，措大多于鲫鱼。”又如宋吴曾《能改斋漫录·议论》：“太祖曰：‘安得宰相如桑维翰者，与之谋乎？’普对曰：‘使维翰在，陛下亦不用，盖维翰爱钱。’太祖曰：‘苟用其长，亦当护其短。措大眼孔小，赐与十万贯，则塞破屋子矣。’”

李匡文将“醋大”正为“措大”，以之“正言其能举措大事”，一字之易，未免有失牵强，同其所指读书人的贫寒失意穷酸相的语义并无内在联系。在唐代仍不乏照作“醋大”之例，而且对其语源别有解说。唐高彦休《阙史·吐突承璀地毛》：“醋大知之久矣。”有注云：“中官谓南班，无贵贱皆呼醋大。”又唐苏鹗《苏氏演义》卷上：“醋大者，或有抬肩拱臂，攒眉蹙目，以为姿态，如人食酸醋之貌，故谓之醋大。大者，广也，长也。篆文‘大’字，象人之形。”两者皆以“醋”为本字，释源亦不离此字。语言付诸文字，考溯语源则当究其本字。鉴于汉字多具表音、表义功能或一字往往一义这一基本特点，因此同源字事实上便是同源词。正其本字是考其语源的重要环节和方法，可谓“正本清源”。以“醋大”谓穷酸相，关键词在于“酸”字，“酸”义缘“醋”而出。在其偏正结构中，“醋大”之“大”虽含广、长之义，篆文中又“象人之形”，实系如“船老大”之“大”那样的尊称语素，只不过于此反其“尊长”之义而用，被赋予了轻贱的语义色彩。“醋大”，犹谓“穷酸家伙”，但限以读书人为对象。“无贵贱皆呼醋大”，系因“醋大”本指穷酸、贫贱。一概称之，便“无贵贱”之别了。

显然，“措大”本为“醋大”。“醋”之所以衍为音近形似的“措”而假借之，则系民俗心理使然。民间忌言“醋”字，在其往往使人联想到“吃醋”或“酸寒”，令人尴尬或不悦，乃至径言醋为“忌讳”。宋代市语谓醋为“醯物”“苦酒”，行院中谓之为“哮老”，亦属此类。至于“醋大”之所以用来指读书人贫寒失意的酸寒相，便如苏鹗所说“如人食酸醋之貌”。

李匡文《资暇集》所举有关“醋大”来源的四种说法，虽其尽为否定，倒是属于词源学所谓的“俗词源”范畴。“俗词源”，又称“流俗词源”或“通俗词源”，是一种以联想或民间传说推定的词源。现代语言学多视俗词源为“错误的猜想”，或者认为“对于语言的作用不大，但它却为民间文学和民俗学提供了丰富的素材，是民间文学和民俗学研究的重要内容之一”。诚如传统词源学方法亦不乏牵强附会那样，《释名》的声训便多出主观推断，若非孤立静止地考察语源的话，俗词源学既有其不合理的一面，亦不乏固有的科学意义。在把语言视为一种特殊的社会文化现象的民俗语言学看来，俗词源也是考究民俗语源的重要线索和素材。

扬雄《方言》卷一中说道：“旧书雅记故俗语，不失其方，而后人不知，故为之作释。”钱大昭《迩言》自序中也说：“今人所为俗语，安知不为几千百年后之故实乎？”因是辑《迩言》。然而，由于崇雅避俗观念的作用和习而不察的关系，便不免给单凭文字记录来考求“俗语”的语义源流造成困难。事实上，单凭有限的直接书证进行考察，亦只能获得孤立或静态的结论。关于“措大”的语源考释，便说明这个问题。单就“措大”孤立而言，同书生失意的穷酸相并无直接关系，而有关“醋大”的传说对于考其语源无疑有颇富价值的启示；“醋”衍为“措”，便显示着民俗心理要素的作用。这种“俗词源学”（folk etymology）方法，同运用史实资料和依据音形义演变规律探求语源的普通词源学相比，区别在于它是以民间口碑资料为考究语源的出发点，具有独特的民俗语言美学价值。

克洛德·列维－斯特劳斯曾以“结构”观念贯通语言与民俗；爱德华·萨丕尔亦曾提出“语言也不脱离文化而存在，就是说，不脱离社会流行下来的、决定我们生活面貌的风俗和信仰的总体”而存在；当代亦有些语言学者明确将语言视为文化的组成部分和支柱。凡此，均体现了文化人类学“语言文化”概念的科学内涵。从这一基点出发，民俗语言学的“民俗语源学”，正在为语言学的词源乃至为社会学、历史学、宗教学、民俗学等科学领域全方位地考释词源词义提供一种新方法和新视点。

“锦标”词系民俗语源与词族

许多语词的民俗语源往往与同一种民俗形态、民俗事象或民俗要素有关，但未必是同出一种民俗语源的词族。关键性标志，在于其语义是否生衍于同一民俗语源。例如，“大锅饭”的语义衍生于家族聚居同食的传统民俗，“铁饭碗”的语义则衍生于职事民俗。因而，它们不属同源词族。相反，“醋大”却同“吃醋”“争风吃醋”“醋坛子”等，构成同一民俗语源的词族。这是因为，其语义生衍及文化内涵均源自“醋”所蕴含的嫉妒、穷酸这一民俗心理产生的民俗语义。

同样，“锦标”与“保镖”就字面而言似乎是风马牛不相及的两个语词，一旦考清其民俗语源，却可发现两者不仅属于共同民俗语源的同一词族，而且还是一个同源词众多的大词族。

为此，我们先看一下“锦标”及与之相关联的语词。除另行注明者外，释文均见《现代汉语词典》1978 年 12 月第一版，或 1989 年 4 月出版的《现代汉语词典补编》（含补义）。

锦标　授给竞赛中优胜者的奖品，如锦旗、银盾、银杯等。

锦标赛　获胜的团体或个人取得锦标的体育运动比赛，如国际乒乓球锦标赛。

锦旗 用彩色绸缎制成的旗子，授予竞赛或生产劳动中的优胜者，或者送给团体或个人，表达敬意、谢意等。

招标 旧时兴建工程或进行大宗商品交易时，公布标准和条件，提出价格，招人承包或承买叫作招标。

投标 旧时承包建筑工程或承买大宗商品时，承包人或买主按照招标公告的标准和条件提出价格，填具标单，叫作投标。

夺标 夺取锦标，特指夺取冠军。【补义】承包人或买主所投的标被招标者选中。

中标 投标得中。

显然，“锦旗”“招标”“投标”“夺标”等语义的生衍，均同“锦标”和“锦标赛”直接相关，或谓由其派生而来，是同源词。事实上，考其民俗语源，这一词族乃出自中国古代的竞舟夺标游艺民俗。

竞舟游艺民俗由来已久，早在南朝梁宗懔《荆楚岁时记》中记端午节时已提到“是日，竞渡”。对此，隋杜公瞻注云：“五月五日竞渡，俗为屈原投汨罗日，人伤其死，故命舟楫拯之。”清翟灏《通俗编》卷三一“龙船”条引注《荆楚岁时记》时亦道：“竞渡惟以迅疾争胜。”关于竞舟游艺民俗，学界尚有争议，一种意见认为早在屈原投江之前业已形成，以此纪念这位爱国诗人是后来插入的民俗意义。即或从屈原投江算起，这一民俗亦有2300多年的历史了。不过，有关竞舟争夺锦标的记载，大量见于唐宋以来的史料。个中，清人翟灏便依据文献断定此俗的形成早于屈原时代。且看其《通俗编》卷三一“龙船”条所议：“《述异记》云‘吴王夫差作天池，池中造龙舟，日与西施为水戏’，此事尚出屈原前。《晋书·夏统传》‘会上巳，士女骈填（阗），贾充问统能随水戏乎’，则其戏演于三月上巳。《武林旧事》言‘西湖探春者，至禁烟为最盛，龙舟十余，彩旗叠鼓，交午曼衍，粲如织锦’，而述端午之胜，不言龙舟，见其时犹但于三月为之也。”可见，所言有据。

唐元稹《竞舟》诗云：“楚俗不爱力，费力为竞舟。买舟俟一竞，竞敛贫者赇。年年四五月，茧实麦小秋。积水堰堤坏，拔秧蒲稗稠。此时集丁壮，习竞南亩头。朝饮村社酒，暮椎邻舍牛。祭船如祭祖，习竞如习雠。连延数十日，作业不复忧。君侯馔良吉，会客陈膳羞。画鹢四来合，大竞长江流。建标明取舍，胜负死生求。一时欢呼罢，三月农事休。”诗中感叹竞舟影响农事，足见当时此俗颇盛。其中所谓“建标明取舍”之“标”，即所树立的用作获胜奖励的锦标，亦即白居易《和春深》诗第十五首中所说的“齐桡争渡处，一匹锦标斜”。刘禹锡亦有《竞渡曲》记云：“沅江五月平堤流，邑人相将浮彩舟。灵均何年歌已矣，哀谣振楫从此起。扬桴击节雷阗阗，乱流齐进声轰然。蛟龙得雨鬐鬣动，螮蝀饮河形影联。刺史临流褰翠帏，揭竿命爵分雄雌。先鸣馀勇争鼓舞，未至衔枚颜色沮。百胜本自有前期，一飞由来无定所。风俗如狂重此时，纵观云委江之湄。彩旗夹岸照蛟室，罗袜凌波呈水嬉。曲终人散空愁暮，招屈亭前水东注。”其中“揭竿命爵分雌雄”，便指竖立锦标并悬赏鼓励竞舟争雄。其“竿”，亦即“标竿”，宋人笔记中述之甚明，详见后文。

南宋临济宗的虚堂智愚《虚堂和尚语录》卷九禅录中有云：“向道是龙刚不信，果然夺得锦标归。”其中的“夺锦标”，便为竞舟夺标，而此语乃唐人卢肇及第后观龙舟竞渡所赋诗句。事见五代王定保《唐摭言》和宋计有功《唐诗纪事》。《唐摭言》卷三《慈恩寺题名游赏赋咏杂记》载：“卢肇，袁州宜春人，与同郡黄颇齐名。颇富于产，肇幼贫乏。与颇赴举，同日遵路，郡牧于离亭饯颇而已。时乐作酒酣，肇策蹇邮亭侧而过；出郭十余里，驻程俟颇为侣。明年，肇状元及第而归，刺史以下接之，大惭恚。会延肇看竞渡，于席上赋诗曰：向道是龙刚不信，果然衔得锦标归。”［这里“夺锦标”一语双关，既指竞舟夺标得胜，亦用以隐喻卢肇状元及第，后世便又以“夺标”喻称考中状元。］

五代时，竞舟夺标又有“打标”之称。清人俞樾《打标》诗中吟道：“我读《江南录》，竞渡曰打标。借以习水战，不唱迎神谣。”诗中的《江南录》，即宋龙衮《江南野录》，是书云：“嗣主许诸郡民竞渡。每端午，较其殿最。胜者加以银碗，谓之打标。”宋马令《南唐书·后主书》亦载：“保大中（李璟保大年间），许郡县村社竞渡，每岁端午，官给彩缎，俾两两较其迟速，胜者加以银碗，谓之打标。”就此，翟灏《通俗编》卷三一“打标”条按语认为，“此亦竞渡但争迅疾之证”。同时，亦可知，此间夺标获胜除可得锦旗外，尚有银碗为奖。也就是说，所谓“锦标”不止指锦旗，尚含作为获胜奖励的其他奖品，夺标亦在于争取这些标志争雄得胜荣耀的诸奖品。

至宋代，又出现了与此相关的“付标”“标竿”“标赏”“争标”“得标”等，均见诸有关史料文字。宋叶适《水心文集》卷六《永嘉端午行》诗中云：“行春桥东峙岩北，大舫移家住无隙。立瓶叵罗银价踊，冰衫雪裤胭脂勒。使君劝客亲付标，两朋予夺悬分毫。起身齐看船势侧，桡安不动涛头高。古来峥水斗胜负，湖边常赢岂其数？岸腾波沸相随流，回庙长歌谢神助。”孟元老《东京梦华录》卷七《驾幸临水殿观争标锡宴》：“驾先幸池之临水殿，锡宴群臣。殿前出水棚，排立仪卫。近殿水中，横列四彩舟……又以旗招之，则诸船皆列五殿之东，面对水殿排成行列，则有小舟，一军校执一竿，上挂以锦彩银碗之类，谓之‘标竿’，插在近殿水中。又见旗招之，则两行舟鸣鼓而进，捷者得标，则山呼拜舞。并虎头船之类，各三次争标而止。”吴自牧《梦粱录》卷一《八日祠山圣诞》载：“初八日，西湖画舫尽开，苏堤游人，来往如蚁。其日，龙舟六只，戏于湖中。其舟俱装十太尉、七圣、二郎神、神鬼、快行、锦体浪子、黄胖，杂以鲜色旗伞、花篮、闹竿、鼓吹之类。其余皆簪大花，卷脚帽子，红绿戏衫，执棹行舟，戏游波中。帅守出城，往一清堂弹压。其龙舟俱呈参州府，令立标竿于湖中，挂其锦彩、银碗、官楮，犒龙舟，快捷者赏之。有一小节级，披黄衫，顶青巾，带大花，插孔雀尾，乘小舟抵湖堂，横节杖，声诺，取指挥，次以舟回，朝诸龙以小彩旗招之，诸舟俱鸣锣击鼓，分两势划棹旋转，而远远排列成行，再以小彩旗引之，龙舟并进者二，又以旗招之，其龙舟远列成行，而先进者得捷取标赏，声喏而退，余者以钱酒支犒也。”周密《武林旧事》卷三《西湖游幸》：“龙舟十余，彩旗叠鼓，交午曼衍，粲如织锦。内有曾经宣唤者，则锦衣花帽，以自别于众。京尹为立赏格，竞渡争标。内珰贵客，赏犒无算。”耐得翁《都城纪胜·舟船》：“西湖春中，浙江秋中，皆有龙舟争标，轻捷可观，有金明池之遗风。”又汪元量《西湖旧梦》诗称：“帝城官妓出湖边，尽做军装斗画船。夺得锦标权遗喜，金银关会赏婵娟。”是知南宋之际已有女性参加竞舟争夺锦标。高斯得《西湖竞渡游人有蹂践之厄》诗亦尽述竞舟夺标盛况，其中写道：“杭州城西二月八，湖上处处笙歌发。行都士女出如云，骅骝塞路车联辖。龙舟竞渡数千艘，红旗绿棹纷相戛。有似昆明水战时，石鲸秋风动鳞甲。抽钗脱钏解佩环，匝岸游人争赏设。平章家住葛山下，丽服明妆四罗列。唤船吹入里湖来，金钱百万标竿揭。倾湖坌至人相登，万众崩腾遭踏杀。”

入元代之后，竞舟夺标仍然风行。宋末元初的黄公绍曾作有《端午竞渡棹歌十首》，其第七首写道：“棹如飞，棹如飞，水中万鼓起潜螭。最是玉莲堂上好，跃来夺锦看吴儿。”“夺锦”者，即竞舟争夺锦标。元张宪《端午词》亦写道：“五色灵钱傍午烧，彩胜金花贴鼓腰。段家桥下水如潮，东船夺得西船标。棹歌声静晚山绿，万镒黄金一日销。”是知获得锦标之后，又有时再行相互争夺。

及至明清，竞舟夺标风依旧颇盛。明李东阳《竞渡谣》中写道：“湖南人家重端午，大船小船竞官渡。彩旗花鼓坐两头，齐唱船歌过江去，丛牙乱桨疾若飞，跳波溅浪湿人衣。须臾欢声动地起，人人争道得标归。年年得标好门户，舟人相惊复相妒。两舟睥睨疾若仇，戕肌碎首不自谋。严诃力禁不得定，不然相传得瘟病。家家买得巫在船，船船斗捷巫得钱。”清嘉庆二十二年（1817年）增刻本《长沙县志》卷十六所载恰印证了诗中所说：“五月，端午……坊市造龙舟，竞渡夺标，俗以为禳灾，实吊屈原之遗意也。屡示禁止，此风以息。”是知其间竞舟夺标民俗活动除纪念屈原外，特别突出了去瘟禳灾的意义，这一点恰亦是巫术信仰古风之遗存。而且，此间又有“抢标”一说与“夺标”同义并行，如李斗《扬州画舫录》卷十一载：“龙船自五月朔至十八日为一市。……龙舟执戈竞斗，谓之‘抢标’。又有以土瓶实钱果为标者、以猪胞实钱果使浮水面为标者，舟中人飞身泅水抢之。”显然，其“抢标”亦即“夺标”，个中的“抢”与“夺”为同义词素。

综上可见，唐代以来“逮标”“锦标”“夺标”“打标”“付标”“标竿”“标赏”“争标”“得标”“夺锦”“抢标”等诸语词，均源出于传统竞舟游艺民俗，并以“锦标”之“标”或“锦”这一语素为构成同源词系统。以唐人卢肇状元及第后观竞舟赋诗为典故，后世用“夺标”喻称考中状元，仍未脱离其所出的民俗语源。现代所说的“招标”“夺标”乃至“中标”，亦均由此语源生衍而出，轨迹明显。“中标”表面似可令人联想到试箭射中“标的”，但其“标”这一词素并无靶、的之类意义，而是从作为锦旗、奖品这一意义转生而成。也就是说，它们仍属“锦标”词系（图 3–1 ~ 图 3–3）。

图 3-1 山西平遥清咸丰五年（1855 年）创建的同兴公镖局旧址门面

资料来源：刘磊．中原地区传统村落历史演变研究[D]．南京：南京林业大学，2016：108．

图 3-2 赊店广盛镖局

图 3-3 荣宝斋制作的清代镇远镖局刻花铜盒

“保镖”词系民俗语源与词族

“保镖”，或作“保镳”，通常是指“旧时有武艺的人受雇护送财物或保护雇主人身安全”，以及“从事保镖之事者”。

由于镖师（保镖业从业武士）有许多善用飞镖，“镖”或“镳”字亦正指这种便携的兵器，加之武侠文学作品中镖师又大都是使飞镖的好手，于是世人便产生一种印象：保镖的当然要精通镖术，“保镖”这个名目便是由此而来。其实，完全是一种误解，或无意识的附会。

据清光绪二十年（1894年）便进入北京八大镖局之一的会友镖局从业的著名镖师李尧臣《保镖生活》一文说：“一般都知道，有些镖行的人能使飞镖，因此有人以为镖局的得名，就是使用飞镖的缘故，这实在是一种误会。所谓保镖是指保送的财物、银两，所以装着财货、银两的车辆就叫镖车；财货银两被贼截去，就叫丢了镖。镖局的镖旗、镖号，都是因此命名。至于飞镖，不过是一种武器罢了。镖行的人未见得人人能使飞镖。”那么，“镖局”“保镖”究竟从何得名呢？只有搞清其语源方可解开此谜。

刘师古在《闲话金瓶梅》中谈道：“中国史上有保镖一行饭吃，是由于清初山西人有了‘票号’汇兑行业。票号又是顾亭林、傅青主等人发起的反清复明之秘密组织。因此才有武林高手的保镖，负责运送银两汇兑业务。……故是，如《金瓶梅》中所称的‘标行’，是‘镖局’的另一通称。”读之，显然所说自相矛盾。试问，若《金瓶梅》中的“标行”系“镖局”的另一通称，那么又何以说保镖一行为清初以来票号运送银两汇兑业务而生呢？明万历前即已存在的事物反倒以清朝事物为源头，本末倒置了。假设镖行源于为票号保镖，世人倒亦可猜测其命名由来或可同“镖”字所含的“票”字有关了，就如因镖师有善用飞镖所附会的那样。

事实上，“标行”并非“镖局”的另一通称，而是其正字的本来称谓。也就是说，保镖之“镖”本为“标”字，镖局之“局”是清朝才用于这一行业的经营组织称谓。迄今所知，中国镖行并非形成于清朝的票号保镖。其主要文字资料的根据亦正是《金瓶梅》中关于西门庆开设“标行”的记述。请看如下三例：

员外道：“你们却不晓得，西门大官家里豪富泼天，金银广布，身居着右班左职。现在蔡太师门下做个干儿子，就是内相、朝官，那个大与他心腹往来。家里开着两个绫缎铺，如今又要开个标行，进的利钱也委的无数……”（第55回）

话说西门庆那日陪吴大舅、应伯爵等饮酒中间，因问韩道国："客伙中标船几时起身？咱好收拾打包。"韩道国道："昨日有人来会，也只在二十四日开船。"（第66回）

这文嫂方说道："县门前西门大老爹，如今见在提刑院做掌刑千户，家中放官吏债，开四五处铺面：缎子铺、生药铺、绸绢铺、绒线铺，外边江湖又走标船，扬州兴贩盐引，东平府上纳香蜡，伙计主管约有数十。……"（第69回）

审之明万历年间所刊《金瓶梅词话》，以及清代张竹坡以《新刻绣像批评金瓶梅》为底本加以改易、评论刊行的《皋鹤堂批评第一奇书金瓶梅》，其"标行""标船"之"标"均不作"镖"，却悉属后来所写"镖行""镖船"的同义语。

至清朝，有关镖行事物，虽"标""镖"间用，但仍以用"标"字为常见。如吴炽昌《客窗闲话·难女》："余舅金氏，以大海之洋行业，自置洋船五，在东西洋贸易。每船必有标客，以御盗贼。甲子春，船将开行，大宴标客，招优演剧，甚盛设也。标客自然首坐，傲睨一切。"袁枚《新齐谐·董金瓯》："吾父某亦为人保标，路逢僧耳，与角斗，不胜而死。"清黄轩祖《游梁琐记·王天冲》亦有"拨干仆标队卫之"之语。又如清末梁启超《中国地理大势论》："燕齐之交，其慓悍之风犹存。至今响马标客，犹椎埋侠子之遗。"同时，亦有写作"镖"者，如高士奇《天禄识余·马头镖客》，文康《儿女英雄传》第32回中的"走镖这一行"。

值得指出的是，清朝有关镖行"标"与"镖"间用的情况，竟然在一部佚名氏手写本《江湖走镖隐语行话谱》中得以集中反映。是书凡十一处用"走镖"之类者，有五处写作"标"字。如"齐云获愿，祁明走标，徐忠访友""走镖者，英雄也"等为同义混用。

民初以来迢至当今，"保标"之类举凡标行事物的"标"字，几乎通作"镖"字，并以此为规范流行开来。于是，便为人们考释"保镖"语源和索解镖行源流与命名由来障以扑朔迷离的雾翳，成了一个连镖师自身亦不曾解开的历史之谜。

汉语史上，由于种种因素产生的以音同音近字代本字的通假字现象颇多。以"镖"代"标"，即属同音假借。在以"镖"借代"标"的600多年历史过程中，清代处于其本字与假借字混杂间用的过渡阶段。就通常所知，一个假借字历经约三百年的时间才被确定为后世的通用正字，并使后人几乎认定为本字，是不少的。根据通假字的衍变生成规律，以“保镖”代“保标”这一语言事实的本身，便是其本字为“标”的一种逆向佐证。究其成因，当然即上述误以为镖行、保镖得名于镖师善用飞镖的附会和讹传，从而掩盖了其语源本出自古代竞舟夺标这种游艺民俗的历史本来面目。

“保标（镖）”一语的生成，系相对竞舟活动的“夺标”而言。宋曾巩《南湖行》诗云：“夺标得隽唯恐迟，雷轰电激使人迷。”说明至宋代业已有双音词形式的“夺标”正式进入文字记录，而此前虽已形成这种语义，但所见文字者却多为“夺……锦标”或“夺……标”之类语式。“夺标”一词的出现，便为诸如“保标”等语词的生成提供了可以对应联系的对象条件。根据上下、大小、多少、反正、胜负等无穷的事物对应逻辑，同“夺标”相对应的自然是“保标”了。

在前述有关竞舟活动的史料中可以发现，历代夺标争雄相当激烈，乃至“刁竞如刁雠”“胜负死生求”（元稹诗），常有“东船夺得西船标”（张宪诗）、“舟人相惊复相妒”或“两舟睥睨疾若仇，戕肌碎首不自谋”而“严诃力禁不得定”（李东阳诗）之类相妒仇斗之事发生。至于设水上浮标由“舟中人飞身泅水抢之”者，其难免发生纠纷殴斗。得标之后，在离开赛场之前尚需保标。因而，尽管有关文字史料未见“保标”字样，却是客观存在于竞舟夺标活动中的必然事实。这一点，是“保标”一词生成直接民俗语源所在。

一如唐以后借卢肇状元及第之后观竞舟夺标赋诗为典，兼用“夺标”隐喻及第或投标得中等义，镖行将其护卫对象隐喻为“锦标”或“标”也是直接源自竞舟过程中相对“夺标”而言的“保标”行为。保镖作为一种社会职事现象，是相对和为防御有人劫掠夺镖而产生的。从符号学视点而言，保镖业及其诸名目正是以竞舟夺标、保标诸事象为隐喻和生衍而来，其民俗活动是符号的能指成分，保镖职事则是符号的所指成分。

竞舟夺标民俗活动产生了与之相关的一系同源词族，保镖职事行为亦产生有与当行活动相关的一系同源词族，从这两系同源词族各自符号语义的内在联系上，亦十分清楚地显示着其本来属于共同民俗语源这一事实。如例：

锦标、标 竞舟民俗指用以奖励、犒赏获胜者的锦旗和奖品及相应的荣誉；镖行用指受雇护卫的对象，如人、财、物资等。

标旗 本竞舟民俗的锦标；镖行用指镖局门首或镖车、镖船及中途宿地悬插的写有镖局字号的旗帜标志。

标号 本竞舟活动中擂鼓呼喊助威兼统一水手行动的号子；镖行走镖途中喊镖号除兼具扬威及镖旗功能外，亦是一种内部联络暗号，如《江湖走镖隐语行话谱》所载："走镖者遇事先要开口，先喊小号'哈武'二字。在店内，收更时叫起，喊'哈武'二字，一齐都起来了。……出店走了，喊'哈武，跟帮一溜溜了，哈哈武我'。"喊镖号又谓"喊趟子"。

标船 本竞舟民俗夺标者驾驶的船只，如龙舟、彩舟等；镖行用指装载所护卫的人财物资的运输船只。

标车 本于标船；镖行用指陆路装载所护卫的人财物资的运输车辆。

标客、标师 本竞舟民俗的夺标者，也是获胜得标后的保标者；镖行用指当行从业者，即保镖的武士。

标头 本竞舟民俗的舵手、老大或水手头领；镖行用指镖师中的头领，俗称"大伙计"。

标队 本竞舟民俗的夺标船队；镖行用指陆路护运人财物资的一行人等。

走标 本竞舟民俗的夺标；镖行用指行程保镖。

失标、丢标 本竞舟民俗夺标未成或得标后被别方抢走，如"东船夺得西船标"；镖行用指所护卫的人财物资被人劫去。

抢标、劫标 本竞舟民俗的夺标或失标；镖行用指劫掠镖师所护卫的人财物资。

标行 本竞舟民俗夺标活动；镖行用指当行职事及其经营组织，例如镖局。

从竞舟民俗到保镖职业活动，均以"夺标"与"保标"的对抗性为核心。上述两系词族的对应语义的生成轨迹，亦不外如此。其生成、对应的前提，即同源于竞舟夺标游艺民俗。一如有些通假字仍在沿用，"保镖"之"镖"虽非本来正字，但既已经约定俗成通行开来并不妨碍正常的言语交际，当然也就没有必要将其硬行改正以求规范。试图强制性纠正已为社会广泛认同的事物，除特别必要条件者外往往徒劳无益，事实上也很难实行。不过，通过考释索解其民俗语源，非但可在词源上正本清源，尚有助于弄清事物的本来历史，进而正确把握其语义和文化内涵，具有重要的科学意义。

科学实践表明，民俗语源学方法不只适用于民俗语言及其相关现象，也不限于缺乏直接的语源文献史料可据的语词，而且并非如流俗词源学那样只注重民间传说。所以，其视野宽阔、资料丰富而具有广泛的应用价值，从而成为语言学、民俗学及许多相关科学领域所共享的一种科学方法。这也是语言民俗学和民俗语言学因其学科性质（如多缘性）所决定的一种应有贡献。

俚词俗语的民俗语源

以李商隐《义山杂纂》、王君玉《杂纂续》和苏轼《杂纂二续》为代表的“杂纂体”，是纂辑历代民间俚谚俗语的庞大民俗语言系列。《文献通考》引巽岩李氏曰：“用诸酒杯流行之际，可谓善谑。其言虽不雅驯，然所诃诮，多中俗病。闻者或足以为戒，不但为笑也。”南宋陈振孙《直斋书录解题》将其入子部小说家类，云：“唐李商隐义山撰，俚俗常谈鄙事，可资戏笑，以类相从。今世所称杀风景，盖出于此。又有别本稍多，皆后人附益。”鲁迅《中国小说史略》也认为，“《义山杂纂》……书皆集俚俗常谈鄙事，以类相从，虽止于琐缀，而颇亦穿世务之幽隐，盖不特聊资笑噱而已”。鲁迅先生特别注意到，“方言土语里，很有些意味深长的话，我们那里叫‘炼话’，用起来是很有意思的，恰如文言的用古典，听者也觉得趣味津津。各就各处的方言，将语法和词汇，更加提炼，使他们发达上去的，就是专化。这于文学，是很有益处的，它可以做得比仅用泛泛的话头的文章更加有意思”（《且介亭杂文·门外文谈》）。其“很有些意味深长的话”“炼话”，亦即民俗语言艺术。民间乃至文人雅士，一向有着使用俚谚俗语这些民俗语言的语言民俗。俚谚俗语等民俗语言，大都有其特定的民俗语源。有的出自相关民俗事象，有的后面跟着民间传说或掌故。这些民俗事象、民间传说或掌故，多属其民俗语源。

这里，且以“冷板凳”与“走过场”和“跳槽”与“走穴”为例，考察俚词俗语的民俗语源。

出自传统戏曲行业习俗的俗语“冷板凳”与“走过场”

先说“冷板凳”。清代著名的世情小说《醒世姻缘传》第一回中有一段话说：“有一班女戏常远包在家中，投充来清唱龙阳。”现代小说《胡琴的风波》里也写道：“我就走到后台叫演员们给大家清唱一下，谁知他们都不愿意清唱。”这所谓的“清唱”，就是我们平常所说的那种无须演员化妆和众多乐器伴奏的演唱。而“清唱”，正是明代民间俗语所说的“冷板凳”。据明代戏曲家魏良辅在《曲律》这部古代戏曲理论著作中记载：“清唱，俗语谓之冷板凳，不比戏场藉锣鼓之势。”显然，当时之所以把“清唱”说成是“冷板凳”，就在于演出时没有更多的声势，演出场子里面那些乐器演奏者的座位都是空着的，相对于有乐器伴奏的热烈气氛也未免显得清冷，因而就被形象地说成是“冷板凳”了。在当今的现实生活里，通常用“坐冷板凳”来比喻处于清闲冷落的境地，或是受到冷遇。现代著名小说《暴风骤雨》的作者周立波在他的另一部小说《山那面人家》中写道：“我与其坐冷板凳，听那牛郎中空口说白话，不如趁空来看看我们社里的红薯种，看烂了没有。”作家周立波这里的用法，当然是指前一个比喻，即处于清闲冷落的境地。至于后一种比喻用法，早在明代戏曲中就已经出现了。例如著名的《渔樵闲话》剧第二折里写道：“不如此者，纵有经天纬地济世奇才，且丢冷板凳上坐地。”清代著名戏曲家李渔在《怜香伴·毡集》中也是这样用的：“下官自从选了这个穷教官，坐了这条冷板凳，终日熬姜呷醋。”又如现代著名作家李六如在长篇小说《六十年的变迁》的第一卷中写道：“在座的杨王鹏是同湘军的王隆中一路来的，然而这一群，除蒋翊武和蔡大辅以外，没有人理睬他，任听他瞪着两只眼珠坐冷板凳。”在学术界，至今广为流传着一副关于“坐冷板凳”的对联，上联是“板凳要坐十年冷”，下联是“文章不写一句空”。大意是说，做学问要耐得住寂寞，只有这样才能积累深厚的功底，下笔写文章时也就不会满纸空话无所根据了。说起来，这副对联还有个由来。知识渊博的中国第一代马克思主义史学大师范文澜先生，不仅自己一生治学持之以恒，十分刻苦，还经常这样勉励年轻的学者。他说，“做学问不是简单的事情，要下苦功，慢慢地来”，要肯于“坐冷板凳”，而且“一坐就需十年”，也就是要有持之以恒的精神才能有所成就。同时，范先生还教导年轻学者写文章要言之有据，不能发空议论。他还发表了一篇题目就叫《反对放空炮》的文章，在历史学界产生了很大的影响。后来，著名的元史专家、南京大学韩儒林教授在一次同范文澜先生就治学问题进行长谈之后，把范先生的一贯治学精神概括为上述对联的十四个字向学生们宣讲。从此，这副关于冷板凳的对联就在学术界广为流传，成为鼓励过几代学人的著名的座右铭。而且，这也是“冷板凳”这个贬义俗语的正面褒义用法的一个范例。

现在再来说说“走过场”这个俗语。所谓“走过场”，通常是比喻做事情例行公事似的敷衍了事，或是只注重形式而不顾实际效果地做表面文章。

那么，“走过场”这个用语的本义又指的是什么呢？说起来也十分简单，这个俗语本来是传统戏曲行业使用的一个行业用语，是指演出时戏曲中的“跑龙套”角色出场后很快就又从另一侧下了场，其表演形式主要就是在演出的舞台上经过一下。相传清代的乾隆皇帝巡游一处名叫盘山的景色时，曾经在山上一边观赏戏班子演戏，一边与随行的大臣们吟诗赋对。其中有副对联，“三五人可作千军万马，六七步如行四海九州”，十分形象地概括了传统戏曲“走过场”这种艺术表演形式。由于这种表演过程中角色大都没有唱腔或对白，也没有更多的什么具体情节，只是象征性地做个样子而已，因而人们就把它借作“做事情例行公事似的敷衍了事，或是只注重形式而不顾实际效果地做表面文章”的比喻，十分形象，也很浅显易懂。例如赵树理在《十里店》这出剧的第一场中写道：“那不过是走过场！哪一回你也不同意，结果还不是哪一回都放了吗？”在现实生活中，除特定需要外，“走过场”都是一种极不负责任的形式主义做法。反对形式主义，就包括了反对走过场。此外，类似出自传统戏曲艺术的俗语还有“跑龙套”“花架子”等。

源自市井生活的俚语“跳槽”与“走穴”

20 世纪 80 年代以来，“跳槽”与“走穴”是在中国社会生活中使用频率较高、经常在新闻媒体上出现的两个词语。这是两个常常褒贬不一的常用词。

先说“跳槽”。“跳槽”，从字面上看，可以认为原本是从牛、马等大牲畜换个槽子吃草料生发而来。在旧时，指改换生计行当或从业的单位，与今天的用法比较接近。不过，明代学者杨慎认为，这个俗语出自魏明帝对女色喜新厌旧的历史典故。他在《升庵诗话》中记述说，魏明帝刚刚称王的时候，曾经纳虞氏为妃子；等到他正式登基继位时，就宠爱起毛氏而废了虞氏；再后来，又因郭夫人得宠，赐死了毛氏。因此，在元代的传奇作品中都把魏明帝见异思迁的行为叫作“跳槽”。显然，这是因为马跳槽吃草现象而生发的一种隐喻，是用马儿不断变换槽子吃草来比喻魏明帝在女色面前喜新厌旧、见异思迁的行为。在现代，“跳槽”这个词，通常有两个意思。一是指改换恋爱对象或离婚。更多的则是指变换工作或者行当。作家艾芜在《人生哲学的一课》中，就是这样的用法，他写道：“但说到三年才得满师，就令我有点作难了。然而，一转念：不要紧，住三四个月或者一年半载就跳槽吧。”在现代社会文明中，在遵守有关法律和社会道德规范的前提下，任何变换恋爱对象或是离婚的“跳槽”做法，都是正当的、无可非议的。至于工作选择方面的“跳槽”，应当说是一种择业的自主权，是择业的自由，也是市场经济条件下人才流动的必然产物。世界上许多国家的企业或用人机构，在招聘、选择专门人才时，都把应聘人曾经“跳槽”的次数作为一个基本的考察条件。“跳槽”的次数越多，也从另一个方面说明了你的工作能力。看来，有能力者经常跳槽，也是自身能力的一种展示方式，未必不是好事。

现在，再来说说“走穴”。关于“走穴”，在《人民日报》1989 年 4 月 5 日的一篇文艺生活新闻里，已经说得十分清楚明白了。报道说：“这样的文艺晚会都对外标明一个或几个主办单位。实际上，晚会大多是由某几个人组织的。人们把这样的文艺演出称为‘走穴’，把‘走穴’的组织者或经纪人称为‘穴头’。”1989 年 4 月 24 日的《新民晚报》也有一篇类似内容的报道：“今天一些影星、舞星、歌星，包括节目主持星等群星，也到下面‘走穴’，也可能站在‘野台子’上热闹一番。然而，人们不无惊讶地发现，他们的光彩往往被过重的市侩气熏黑了。”其实，如今所谓的“走穴”，原本是旧时代江湖艺人的行话，意思是变换卖艺活动的地方。旧时，类似的行话还有“开穴”，是指外出旅行或谋生。旧时北京、天津等北方地区的江湖艺人又把“走穴”叫作“走马穴”，意思仍然差不多。例如，一代著名评书艺术家连阔如在《江湖丛谈》中说：“江湖人管今天在东，明天在西，不靠长地方，满处乱跑的流动性质的生意，调侃儿叫作走马穴。”显然，“走穴”和“走马穴”的意思，都主要是指不断变换演出活动的场所。至于为什么叫“穴”，学界的解释不一。一种说法认为，是出自对古代生活方式“穴居”的引喻；所以又引申出“穴群”这个词，意思是聚众盘踞，梁启超在《生计学学说沿革小史》这部书的第十章中谈道，“可见当时蒙干涉之余害，武人教师，穴群唯蠹，无状滋甚”。旧时艺人组团到各地演出，也是一种“穴群”活动的形式。可见，这样说自有其一定的道理。另一种说法认为，“走穴”的“穴”，应当写作“踅摸”的“踅”。因为，这个“踅”字含有来回走、盘旋或绕圈等意思。例如清人小说《姑妄言》卷五写姚泽民想道：“八人我已得六，那两个可肯放过他？须得设一网打尽之计方妙。时常在秋院中去走踅。”到底应当用哪个字，还是以约定俗成为好。既然前一个说法能自圆其说，有一定道理，大家又都这样用习惯了，就写作“走穴”了。20世纪80年代初，人们对演艺界传统的“走穴”现象的重新出现议论纷纷、褒贬不一。其实，演艺界的走穴是艺术的市场化行为，是在市场经济条件下繁荣文化艺术的一种必然渠道，无可非议。不过，社会所允许并鼓励的是，遵纪守法、规范化的“走穴”活动。

从上面的介绍可见，“跳槽”与“走穴”之所以成为人们褒贬不一的两个词，一方面，在于它们的“出身”似乎都很“低贱”，原本都是旧时下层社会的行话；另一方面，在现实社会生活中这两个词所标志的行为、活动，往往因为有失规范而受到舆论的谴责。所以，随着市场经济的发展和对“跳槽”与“走穴”活动及行为的不断规范，这两个词的贬义色彩或用法，必将逐渐淡化。

命名与称谓语俗

命名等人生礼俗与语言民俗

古往今来芸芸众生，世俗生活之中，上至旧时的帝王权贵，下至平民百姓，每个人几乎都要经受人生礼俗的洗礼。诸如诞生礼仪（含取名、寿诞等）、十二生肖与“星座”、成年仪式、嫁娶婚俗、丧葬等名目繁多甚至是烦琐的种种习俗礼仪，这是人人都要经历的民俗。

《荀子·正名》云：“名无固宜，约之以命。约定俗成谓之宜，异于约则谓之不宜。”且以姓名、取名为例。

姓名，即人的姓氏名字，是十分重要的称谓之一。萌生于原始部落时期的姓氏，是所出生家族的特号。中国古代男子称氏，女子称姓，是氏族社会的产物。从母系氏族社会转为父系氏族社会后，姓则改从男，氏为女用，古婚俗，氏同姓不同婚姻可通，姓同氏不同婚姻不可通。秦汉以后，姓氏合而为一。据明代学者顾炎武考证认为，从汉代司马迁著《史记》起，将姓氏混在一起。

汉族称谓语俗将姓氏与名字结合为一体，使其成为代表某一具体个人的称谓符号：姓名。尽管姓名仍有血缘关系的痕迹，但“名”成为“姓名”中更重要的构成部分。一般地说，姓是继承性质的，是标志宗族群体的符号。古今虽有改姓之例，却大都不能不带有继承、沿袭的性质。至于名字则不然，尽管有着相应的取名用字习俗惯制的制约，却相对具有较大的选择性、任意性。旧时取双字名的模式多为“姓氏＋行辈字＋名”，例如山东蓬莱北王绪村一支曲姓家族现仍流传的行辈用字歌诀：“春岁克（秉）守，顺（凌）和（厚）大有，天开文运，福禄荣久。”至今孔、孟等姓氏的行辈用字仍十分典型，天南海北，尚可清晰分辨辈分。

汉语中，除名字外，还有别号、小名、学名、诨名、谥号等多种称谓语俗。别号，又叫别字，旧时于名和字外而另取的称号，两字、三字或三字以上不等，亦不像字与名那样具有字义上的联系，称呼别号比称字讳名的尊敬程度还要高，有的一个人有号多种。例如北宋文学家欧阳修字永叔、号醉翁，又号六一居士；苏轼字子瞻、号东坡居士。小名，即乳名、小字，俗谓奶名。取小名是人生礼仪中的一项重要礼俗。旧俗取乳名十分郑重，有的地方由生父携带糖、饼之类请村中长者、族中有威望者取名，名字要与长辈亲属的名字避讳，通常取吉字做名，如贵儿、祥儿、小龙、虎仔，但在民间更多地取“贱”名，或带有符咒意味的名，以求免灾，容易抚育。如“小狗子”“猫仔”“小牛”及“锁柱”“拴柱”等。

取名，要讲究名字的质量。以《随园诗话》《子不语》等著作闻名于世的清代大学问家袁枚说，“人之所以异于禽兽者，以其好名也”。注重名声、名气、名誉，是人的一种美德。不过，无论英名、美名、芳名、威名还是名士、名流诸名人，首先都必须有其自身的名字，否则人群无以分别个体的人，名誉也就没有了着落。因而，中国人历来很讲究取名。屈原《离骚》开篇第三句话便津津乐道，“父亲仔细揣度我的生辰，于是赐给我相应的美名，名正则，字灵均”。

世人讲究取名之道，不止在于它是相互区别的一种简单符号，更重要的还是一种标志文明程度的文化现象。依《礼记》所载，古代一般习惯是“幼名，冠字”，即人出生三个月取名，男子至 20 岁弱冠成人、女子 15 岁许嫁行笄礼时另于名外取字，故有“名字”之说。而且，生前称名，死后称讳，对尊长之名亦讳直呼，相互间亦称字而讳名以示尊重。有些民族取名，采用父子连名、母子连名或舅甥连名的形式。此外，还有乳名、别名、号，乃至笔名、艺名等，这些均属有关取名、用名的习俗惯制，是一种文化制度。名字蕴含着社会、家庭及个人的文化背景和心理，主要表现在取名的出典、寓意和感情色彩等方面。为此，历代都总结归纳了一些取名的方法和程式。《左传》上说，鲁国的大夫申繻总结的五种取名方法是有信、有义、有象、有假、有类，即参照人的生理特征、天赋意气、身体形貌、假借品物名称或亲缘情形来取名。当鲁桓公姬允的太子出生时，请申繻去取名。鉴于太子出生的时日、地点与桓公相同，于是这位后来的鲁庄公的姓名就叫了姬同。此外，申繻还提出六项取名禁忌规则，就是不要以国、官、山川、隐疾、牲畜和器币之名命名。他说，若不注意这些，难免带来用名的麻烦。例如，因晋僖侯名司徒，宋武公名司空，均属以官为名，帝王之名“神圣”不可更易，于是便只好将这两个官职改称为中军和司城。汉语汉字是取用不尽的取名资源，无论何时何种方式，关键在于赋予特定的寓意。胡适为二男一女取名的用意，都是对人的纪念。长男名为祖望，是纪念去世不久的老祖母；次子思杜，是纪念他的老师美国哲学家杜威；女儿素斐，是纪念好友莎菲（陈衡哲）。而且，胡适子侄辈排行用字本是“恩”，但因避讳祖父世恩的名讳而改成了字形相近的“思”。注重名字是特别的文化符号，取个富有文化内涵有意义的名字，于己于人于社会都有意义，切忌轻率随意。此感言之一。

老子道，“无名万物之始，有名万物之母”。取名是为了人与人之间的区别，很难设想世人皆无名字状况下的社会是个什么样子。法律保护公民的姓名权不受侵犯，因为它是人在社会生活中的一种主要标识。命名者都极愿为被命名人取个吉祥如意、寓意深刻、呼之上口的好名字，于是在此心理作用下出现了不同历史文化背景中的趋同重名现象。早在南北朝时，南朝梁元帝萧绎就编出了一部中国历史上最早的《古今同姓名录》。清代汪辉祖编的《九史同姓名略》，从《旧唐书》至《明史》九种史书中辑录出同姓名人物 29000 多个。至民初，彭作桢编的《古今同姓名大辞典》，已收录从上古至 1936 年 403 个姓氏的同姓名 1600 个、56700 人。据近年的统计，北京市曾一度同时有 13000 多名刘淑珍，10100 多名王淑珍，10000 多名张淑英，8000多名王淑英。在上海，光是1968年至1971年，就有3397个新生儿取名为王伟，仅1971年11月21日这天就诞生33名。至于不同历史年代取名“卫东”“永红”“要武”之类的，就更难以详尽统计了。历史上一些望族编制本族谱系行辈用字，就在于避免谱系内各行辈的混乱和重名问题。例如，曲阜孔子家族谱系是由乾隆皇帝确认的“希言公彦承，宏闻贞尚衍，兴毓传继广，昭宪庆繁祥，令德维重佑，钦绍念显扬”，以及1920年经孔氏第76代衍圣公孔令贻后续的“建道敦安定，懋修肇益常，裕文焕景瑞，永锡世绪昌”。但是，这还未能从根本上解决一个泱泱大国众生重名的问题。此外，赶时髦取洋名、怪名，也是时下一种值得关注的潮流。重名给社会生活秩序带来混乱，给个人也造成许多不应有的麻烦、苦恼、纠纷；洋名、怪名呢，也因有伤大雅而污染社会风尚。如何规范取名，确实有必要纳入科学研究范畴。政府亦当制定相应法规。否则，长时下去，可是不得了。那么，现在每天都有数万初入人世的新生儿要取名，也只好奉劝为之取名者，亦当三思而后行，严肃认真地取个富有品位、独具匠心的优秀名字，对受名者和社会都负一点责任。此感言之二。

深化姓名学研究、普及相关科学知识，不止当代十分必要，对子孙后代也极为有益。因为芸芸众生时刻伴随不同的姓名符号，现代文明需要科学地对姓名符号进行规范，姓名符号也要成为一种文明的标志。讲求名字品位，提高名字质量。

亲属称谓语俗与亲属关系

称谓语俗是一种约定俗成的传承的符号系统。以汉语为主体的中华民族一般称谓习俗的符号系统，是一个内涵和层次非常丰富的结构体系，亦即中华民族称谓习俗的一般结构系统。它主要包括亲属称谓和类亲属称谓语俗。亲属称谓，包括父系称谓、母系称谓和姻系称谓。类亲属称谓，或言拟亲属称谓，主要为社交称谓和非亲属称谓。非亲属称谓，含姓名、人称、职事以及仿亲属称谓。此外，还有语用活动中形成的语境称谓，如敬称、谦称、昵称、谑称、贬称、讳语、婉称等。

亲属称谓是建立在亲属关系上、以血缘联系为基础的亲属之间相互称呼的名称、叫法。它是以本人为轴心（或谓中心）的确定亲属与本人关系的标志，是由历代婚姻关系所构成的男女双方亲族关系的排列次序结构而成的。

亲属称谓语俗反映着几千年的传统文化观念。亲属称谓的坐标是个纵横交错、相互交织的网络。在这些以血缘关系为基础的称谓语俗四周，辐射、附着了直系以外的非血亲、旁系、庶出等亲属、类亲属称谓。家族规模越大，经济、政治地位越显赫，亲属称谓语俗的社会作用也越显著。这一点，在《红楼梦》这部著名小说中表现得很典型、很深刻。

绰号等社会称谓语俗与社会关系

类亲属称谓，或谓拟亲属称谓，主要为社交称谓和非亲属称谓，许多出自仿拟亲属关系的称谓。非亲属称谓、社交称谓和职事称谓，统属于社会称谓。

拟亲属关系的社交称谓，诸如街坊邻里之间所谓的“大叔”“大妈”“大姐”“大哥”，以及“阿姨”“月嫂”“的哥”等。其特点是，仿拟亲情，拉近相互关系。

职事称谓，是社会成员之间根据各自从事的职业以及不同职务、职衔相互称呼的语俗。职事称谓是比较典型的非亲属称谓，是脱离了家庭、血统关系的社交称谓。《称谓录》除卷一至卷八为亲属称谓外，其余二十四卷所载之皇室、职官、民间诸行百艺、三教九流等，多可视为职事称谓。其中，皇族称谓是兼有亲属称谓和非亲属称谓双重属性的称谓礼制。

出自职事称谓的社交称谓，亦可用以表示对人的尊敬。例如，“师傅”这个由职事称谓演化而来的，如今已经泛化了的社会称谓。

再说一种社会称谓语俗：诨号。

作为名字变异形式的混号，是一种特殊的社会称谓。

混号、混名，亦即绰号，现代口语俗称“外号”。旧时市井常言，“没有外号不发财”。清赵翼《陔余丛考》卷三十八载：“世俗轻薄子，互相品目，辄有混号。《吕氏春秋·简选篇》夏桀号‘移大牺’，谓其多力能推牛倒也，此为混号之始。”春秋时，晋献公灭虞，虏得虞大夫百里奚，以为秦穆公陪嫁之臣。奚以为耻而逃至宛，被楚人所执。秦穆公闻其贤，以五羖羊皮赎回，后委以国政，人称“五羖大夫”。唐李义府处世奸猾，人号“笑中刀”“李猫”“人猫”。《旧唐书·郑綮传》载：“綮（音 qìng，一读 qǐ）善为诗，多侮剧刺时，故落格调，时号‘郑五歇后体’。”宋王珪多年任宰相只是“取旨、领旨、传旨”，人送绰号“三旨相公”。一部《水浒传》，一百单八将之间的称谓结构，生动地展示着中国传统的拟亲属称谓和社会称谓语俗。其称谓结构，定格了各自的身份以及相互关系。

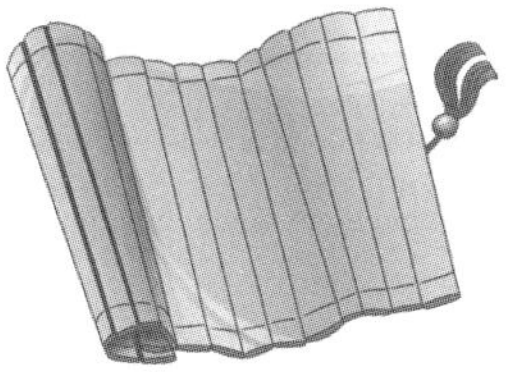

禁忌、口彩与咒语

禁忌与口彩

禁忌语及相应的口彩语，是除咒语外的又一种源自宗教信仰的民俗语言智慧产物，是不容忽略的语言民俗。

因为语言中的禁忌而产生语言避讳现象，进而伴生了“口彩”。这是人类社会特有的一种同语言、宗教、民俗、历史、心理、美学、民族、哲学等多种社会现象有着密切联系的语言民俗现象，直接或间接地反映在语言现象或言语活动中。

《说文解字》释“噤”云：“口闭也，从口，禁声。”因忌讳而不能直言，但总要采用适当方式或说法迂回地将信息传达出去，于是产生了丰富多彩的禁忌语和口彩语，既实现了言语交际的目的，又可满足不同文化背景中人们的潜宗教意识或外在的宗教习俗制约。换言之，禁忌语与口彩语是一种源于宗教意识而又力求超越其妨碍言语交际的折中式结果。相当多的口彩语，都是对某些禁忌语或犯忌事物的化解与补救。随着时间的推移和社会自身运动的规范，尽管大量的民间禁忌语仍不乏原始宗教的胎记，但同现代宗教习俗中属于戒规范畴的禁忌语之间，已出现了比较明显的分野状态，民间禁忌语已多属俗信性质。

例如“筷子”，即因汉族饮食习俗而产生的独特的口彩性民俗语词。“筷”因禁忌习俗从“箸”变异而来，则同汉语这种语言的固有特点发生了内在的联系。明陈士元《俚言解》卷二：“俗讳，各处有之，吴楚为甚。舟中讳‘住’……谓‘箸’为‘快儿’；……”其中既有吴楚风俗的因素，也含方言读音的因素。此例通过对“快子”（今通作“筷子”）等方言俗语的考释及引证，典型地反映了我国古代文化中一种带有迷信色彩的习俗，即禁忌。古语道“入境问俗”，为什么要问俗？主要是各地风俗习惯中大都有着各种各样的禁忌语言习俗。

与语言禁忌相关联和对应的，是“口彩”。口彩，亦作“口采”，即吉言、吉语、吉利话。这是各类习俗惯制中最为古老而又普遍存在的语言民俗。

“口彩”多以谐音取“吉”，作为一种美好的追求和诚挚祝愿的寄寓载体。春节期间，家家户户都要备一道必不可少的菜，即鱼。“鱼”者，意在谐音之“余”。人们祈愿吉祥有余，岁岁有余，因而辞旧迎新之际，“鱼”（余）尤珍贵。有些地区的风俗，宴客时不能吃鱼头、鱼尾，只可吃鱼段，既是有“余”（鱼）的象征，也表示总是有头有尾，有好的开头，也有好的结尾。有的地方宴客只许吃一面鱼肉，不可以翻过鱼身吃另一面，否则将无“余”（鱼）了。有的地方取“芋头”的“芋”与“遇”谐音，在年三十夜烧芋头吃，祈望“遇”（芋）到好人；亲人远行，以芋头汤饯行，也是意在遇到好人、遇到所要找的人，一切顺心如愿。至今各地仍常可见到春节倒贴“福”字的习俗，因为“到”与“倒”谐音，见者问主人：“你家福到（倒）了”，正合其意，故意发问成为客人对主人的尊重、祝福。

清代梁绍壬《两般秋雨庵随笔》卷七有段议论口彩的文字，言简意赅又有例证。梁氏记云：“口采，吉语也。宋高宗自建康避入浙东，至萧山，有拜于道左者。上问为谁？对曰：‘宗室赵不衰。’上大喜曰：‘符兆如此，吾无忧矣。’见《挥麈后录》。赵丞相鼎当国，有荐会稽士人钱唐休者，赵适阅边报，见其名，因不悦曰：‘钱唐遂休乎？’因竟弃置不用。见《鸡肋编》。中兴君相，俱沾沾于谶语之吉凶如此，无怪近日杭人，动辄须讨口采也。”所谓“讨口彩”，亦即求个吉利话。

梁氏所举两例均属语言巫术迷信的谶语口彩，其引证的宋高宗例为吉谶口彩，后例系表现赵丞相对被其视为不吉利谶语的嫌恶忌讳心理。两例一正一反，恰好道出了禁忌避讳与口彩的对应关系。因禁忌而产生委婉避讳，也可生成口彩，但二者未必有渊源性关系，而是对应的、孪生的民俗语言文化形态。

古往今来，世事沧桑，人事纷纭，相应于各种物质生活、精神生活需求的口彩亦丰富多彩，成为社会生活中一种习见的基本语言民俗事象。口彩犹如一部社会生活的百科全书，可以从中看出社会各层面的民俗文化心理和时代风貌。

概要论来，中国汉语文化的口彩，主要有如下数种类型。

一是语讳口彩，即以口彩替代讳语。按发生学分类法，语讳口彩又可分作避凶就吉、避恶就善、避俗就雅、避卑就尊等诸般情况。明陆容《菽园杂记》卷一载，当时吴中地区民间“舟行讳‘住’、讳‘翻’，以‘箸’为‘快儿’，‘幡布’为‘抹布’……讳‘恼躁’，以‘谢灶’为‘谢欢喜’”云云，皆避凶就吉或避恶就善的语讳口彩。明陈士元《俚言解》卷二引述《遁斋闲览》所记，称落榜为“康了”的幽默趣事，亦属此类语讳。据载：“柳冕应举多忌，谓‘安乐’为‘安康’，忌‘乐’‘落’同音也。榜出，令仆探名，报曰‘秀才康也’。世传以为笑。”各地流行的语讳口彩颇多，大多集中在疾病死亡或灾难方面。例如，江苏如东县谓成年人故去为“老了”，谓尸体为“元宝”，谓药为“糖包儿”，谓药壶为“太平铫子儿”，谓棺材为“寿器”，谓向遗体告别为“看富贵”，谓失火为“被禄”等。

二是喜庆口彩。在人们的社会生活中，诸如婚嫁、寿诞、岁时节日、职务升迁、商铺开张、乔迁等，均为要庆贺的喜庆事。甚至，人之老亡亦谓之“老喜丧”，又有“红白喜事”之说。喜庆事尤其注重讨种种吉利口彩。婚嫁迎娶礼俗，讲究“夫妻恩爱，白头偕老”“早生贵子，儿孙满堂”；寿诞口彩，常见者为“福如东海，寿比南山”“福寿如意”等；年节等岁时节日口彩更多，如“四季平安，百事大吉”“吉庆有余”“年年大吉”“抬头见喜”等，倒贴“福”字则在于讨个“福到”的谐音口彩；职务升迁、加官晋爵，要说“福禄双全”“平步青云”“万事如意”“鹏程万里”；商铺、作坊开张，最重“发利市”，以求“开市大吉”；乔迁新居，乃“乔迁之喜”；等等。汉语文化的独特艺术品类——楹联，融汇了不胜枚举的喜庆口彩。

三是交际口彩。宋朱熹《孟子集注》注释《孟子·万章下》“敢问交际何心也”语云：“际，接也。交际谓人以礼仪币帛相交接也。”事实上，在社会生活中，语言是最重要的交际工具。运用口彩，是增强某些交际效果的常见手段。经验告诉人们，要办好某件事，尤其是有求于人的事，见面要多讲“拜年话”。讲“拜年话”就是以好言好语、吉利话取悦于人，其中多有口彩，均需见景生情、就人就事、因时因地脱口而出，又要贴切、自然。总之，喜闻口彩，是人们交际活动中极为重要的民俗心理。书信中的“时绥”“俪安”“冬祺”“安康”等传统祝颂辞，均属交际口彩。

四是命名口彩。在此，且略说人名、地名和物名。构成中国人名字及别号的要素有许多种，但就寓意取向来讲，多以托名祈祉为本，并讲求字雅音美，如吉、寿、财、福、祯、祥、祺、禄、禧之类。某兄弟四人的单名依序为“有福发财”四字，可见其寓意之明确。有的地方有取丑名为乳名的风俗，究其用意仍是祈祉求吉。《颜氏家训·风操》云：“名以正体，字以表德。”曹操，字孟德，语出《荀子》“夫是之谓德操”句；元代戏曲家高明，字则诚，取义《礼记》中的“诚则明矣”句。就连梁山108位英雄好汉的江湖绰号，虽未必典雅，却也几乎都具口彩性质，如豹子头林冲、浪里白条张顺、赤发鬼刘唐、插翅虎雷横、锦毛虎燕顺等。一方所居，社会共用的地名，亦讲求吉利字眼。旧时北京有些老胡同名称不甚典雅吉利，则逐渐改为音近的今名。如臭皮胡同改为寿比胡同，驴市胡同改为礼士胡同，苦水井胡同改为福绥境胡同，干鱼胡同改为甘雨胡同，张秃子胡同改为长图治胡同，鬼门关胡同改为贵人关胡同，牛血胡同改为留学路，王寡妇斜街改为王广福斜街，宋姑娘胡同改为颂年胡同等，旧地虽已约定俗成，而改变后的新地名却更能迎合人们趋吉祈祥的民俗心理。给物命名，虽有“名正言顺”原则，但也多讲口彩。例如，太平鼓、美人痣、鸳鸯剑、芙蓉糕、长生果、聚宝盆、百宝箱、四彩礼等。又如商业字号用字，有人将常用的56个字编为一段七言谣诀：“国泰民安福永昌，兴隆正利同齐祥，协益长裕全美瑞，合和元亨金顺良。惠丰成聚润发久，谦德达生洪源强，衡义万宝复大通，新春茂盛庆安康。”字字句句，皆为口彩。

五是吉祥物口彩。将某一物视为吉祥物或设定其为吉祥的象征标志，赋予相应的口彩寓意，即吉祥物口彩。这是一种非言语形式的副语言习俗形态的口彩。远古的图腾，是原始的吉祥物，乔继堂《中国吉祥物》将其分作动物、植物、器物、神人、符图5种类型，吉祥物口彩亦大体如此。例如，龙是神话吉祥动物，旧时北京、山东等北方地区在阳历二月初二“龙抬头”日有所谓“引龙回”的造型口彩。明沈榜《宛署杂记·民风一》：“乡民用灰自门外蜿蜒布入宅厨，旋绕水缸，呼为‘引龙回’。”又清修《乐陵县志》卷三：“二月朔日为中和节，唐时为金钱会，今人但以二日为春龙节，取灶灰围屋如龙蛇状，名曰‘引钱龙’，招福祥也。”植物吉祥物口彩，如以枣、栗子（或荔枝）谐音取义“早立子”吉言。器物者，如作为陈设的葫芦瓶，谐音取“福禄平安”之义；瓶中插有如意，即“平安如意”。神人者，如以和合二圣形象寓“和谐美好”口彩，以女仙麻姑手捧蟠桃谓“麻姑献寿”，主司姻缘的“月下老人”早已成了媒妁的代称。再如符图口彩，如祥云、盘长、双喜、方胜、缠枝、八回纹等，各自有许多吉祥言语环境，犹如口彩链。吉祥物口彩，又以见于饰物者居多。例如，端午节臂饰五彩绳以祈吉驱邪，原本出自“长命缕”习俗。宋陈元靓《岁时广记》引《岁时杂记》云：“端午百索，乃长命缕等物，遗风尚矣，时平既久，而俗习益华，其制不一。”

六是行为口彩。以人的举动行为象征某种口彩寓意的行为口彩，也是副语言习俗形态的口彩。中国许多地区有所谓“走百病”一类民俗。明刘侗、于奕正《帝京景物略》载：“（元夕）妇女相率宵行以消疾病，曰走百病，又曰走桥。”俗信以为可消疾祛痛保平安，故又称作“走平安路”或“踏太平”。《金陵岁时记》载：“正月十六日登城，谓之踏太平，亦云走百病。”旧时商铺开业亦有许多行为口彩。旧时北京当铺开张这天，小伙计挑出幌子后，先不放当客进门，而是等掌柜在鞭炮声中用算盘敲三下柜台并朝外摇三摇，然后便由三位新徒充作童子上柜作象征性交易以讨“开市大吉”的口彩。一个童子捧一锭银元宝，名叫“利市元宝”；一个童子抱一只瓷瓶，取义“平安吉庆”；一个童子执一柄三镶如意，象征“吉祥如意”。三童子诵贺词向掌柜道喜，然后开出1、2、3号当票，便是“开张大吉”了。早些时候还有所谓“吉祥当”之举，由一人举一条白腰土黄布裤子来当二两白银，谓“金银宝库”，收当后即收存作为镇库吉物。

七是数字口彩。谐音取义是造成口彩的主要形式，尤以数字口彩最为典型，兼具了语言崇拜和数字崇拜文化的遗风。《易·系辞上》云：“凡天地之数五十有五，此所以成变化而行鬼神也。”时下数字谐意口彩以“六”为“禄”，以“八”为“发”，以“九”为“久”，并变化组合造出“一六八”的“一路发”口彩，又以“五一八”为“我要发”，皆随意附会而来。事实上，即或不采用谐音方式，亦存在许多与数字相关的口彩。例如：一路顺风、一帆风顺，二龙戏珠，三阳开泰，四季平安，五福捧寿，六六大顺，七彩云霞，八面威风，龙生九子，十全十美，百事大吉，千军万马，子孙万代，等等。

除上述七种外，还有生产口彩、隐语口彩等，不一而足。构成口彩文化的语言形式，字、词、句、谣、诀、歌不等，但语义都在于吉利和美，反映了世人祈吉趋利的基本民俗心理。毋庸讳言，口彩同原始宗教迷信有着千丝万缕的关系，迄今仍不失迷信色彩，但作为一种调节民俗心理平衡、寄托人类本能的美好愿望的民俗语言文化形态亦有相当的积极意义。科学正在净化和淡化口彩中的迷信和消极成分。科学意识会使传统口彩文化更切合社会的民俗心理，使其变得更为健康而丰富多彩。

“吉祥号码”与数字崇拜

一般说，数字是一种枯燥的符号。用默默数数来催眠，早就是一种人所熟知的常识了。然而，一旦它被人为地赋予某种特定含义或色彩，那情形就需刮目相看了。

君不见，一个本来极其寻常的数字“8”，就因为在某些地区方音中与“发”谐音，被视为预示着发达、发迹、发财的“吉祥号码”。相反，因“4”与“死”发音相近，则被看作“晦气数”。

数年前，我曾在一本杂志上注意到，香港这座大商埠是很看重吉祥号码的。有的商店，径以“168”为店名，取其方言谐音既是祈愿自家生意“一路发”，又可取悦于顾客作为招徕，实在是一举两得。有的豪华公寓，在建造时即安排成 168 个单元，求租的房客果然踊跃。于是，一些含有所谓“吉祥数字”的“幸运车牌”，便成了高价拍卖的抢手货。

一块弹丸之地，兴再大的风也难生多大波浪。但要是大江南北风一吹，难免成浪潮。“吉祥号码热”，时下方兴未艾，一个普通的电话号码，一块寻常的车牌，即因其沾了“吉祥数”的光而身价陡然倍增，三万、五万、十几万元也有抛金竞争者。甚至，门市开张、开工奠基也刻意追求“吉日良辰”，8 月 8 日报纸的广告版面也成了不惜重金角逐的吉祥日广告战场。究其实，不外是讨一个“发财”的口彩。作为一种民俗语言文化现象，口彩与禁忌往往孪生和相伴。

《红楼梦》中金钏对宝玉说道：“金簪子掉在井里头，有你的只是有你的。”意思是说，你应该获得的东西总会得到的，强求或心急都无济于事。市场经济中的竞争自是一种规律，成功要靠才智胆识和脚踏实地的奋斗进取赢得。“吉祥号码”，顾名思义，不过是一种人为地用以寄托美好愿望和祈愿好运的数字而已，光凭讨口彩是难以有所成就的。没有实实在在的努力奋斗，无论花多少钱争购来的口彩也不过是阿 Q 式的自欺欺人，甚至是亏本之举。

有人说，争购“吉祥号码”是在激烈的商品竞争中向世人显示实力，是一种特殊的广告形式。闻之未免给人以用巧言遮掩迷信心理之感。同那些内容实在、效果深入的广告相比，这种“广告”未免空泛乏味，其代价也未免太昂贵了些。如果将购买“吉祥号码”的数万或数十万元巨金直接投入商品生产或职工的福利之中，其作用和效应显然比讨口彩要大得多。这个经济账，恐怕都会算。如此做“广告”，值得吗？

说起来，“吉祥号码热”，不过是古老的数字崇拜民俗遗风在当今商品经济大潮中的翻版。在古代，“数”有时是特指占卜之类的方术的。战国时代的《楚辞·卜居》中即说：“数有所不逮，神有所不通。”“算数”之“算”的别体“祘”，由两个“示”字构成；据汉代许慎的《说文解字》所释，“示”乃“神事也”。也就是说，中华民族的数字崇拜突出地表现为有关数的占卜活动。古代的“术数家”，即以有关天文、历法和占卜的学问为其本事。在原始宗教、术数以及佛教、道教的作用下，生活中的许多数字越发变得神秘起来，并衍生出无数有关数的崇拜与禁忌民俗。

祈愿吉祥如意，避凶趋吉，是人类本能的社会心理，无可非议。试问谁会希望整日生活在凡事不顺的煎熬之中呢？不过，凡事总有其“度”，否则即有失于规范、限度。关于数字崇拜的民俗，亦不例外。世上许多民俗事象，其作为民俗、陋俗乃至恶俗的界定，即在于这个“度”上。这个“度”，主要体现在对社会生活是否有益无害，是利多弊少还是弊大于利。择定婚期，尚双忌单习俗，表达着对婚姻和美的良好祝愿，顺乎人意，可谓积极健康。然而，如若刻意追求基于生辰八字、生肖迷信等演绎出的所谓“吉日良辰”，则未免愚昧无聊了。

“吉祥号码”的数字，同社会生活中各种数字一样，其本身不过是普通的量或序的自然符号，即如可以用某一数字特指某种事物那样，如“1号首长”“6号座位”之类，吉祥与否并非其固有意义。给数字人为地附加某种意义或感情色彩，以表示对美好事物的祈愿，无可厚非。然而，希图由“吉祥号码”来把握人生和事业成败的命运，则不能不说是一种迷信，一种愚昧无聊之举。古来向有以财物敬神、媚神旧俗，因而俗有“钱可通神”之语。试想，若花巨金购来的“吉祥号码”真有改变人生命运的魔力，其余万事岂不就毫无意义了吗！还要什么真才实学、勤奋努力和奋斗竞争呢！说破了似乎浅显可笑，事实不就是这么个道理吗！看来，“吉祥号码”主宰不了人生命运和事业成败，要进取唯有靠聪明才智和百折不挠、脚踏实地的艰苦奋斗，由此赢得吉祥如意。

市场经济的大潮迅猛澎湃，给无数青年朋友造就了施展才干抱负的历史机遇，也将随时击破许多迷茫痴盼的空想吉祥之梦。其实，面对“吉祥号码热”也不必过于忧虑不安。因为，我们古老的传统文化中更多的还是优秀遗产，何况现代科学也在不断增强辨风正俗这一古老传统的活力。真正的“吉祥数”是事业成功与社会前进的美妙音符。“吉祥号码热”，不过是社会经济发展大潮中的一个变调的不谐音符而已。

俗语

俗语雅趣

在汉语文献里，“俗语”一词始见于西汉司马迁《史记·滑稽列传》所附褚少孙补写的《西门豹治邺》文中：“民人俗语曰：‘即不为河伯娶妇，水来漂没，溺其人民’云。”在此，“俗语”指的是民间流传的说法。至西汉刘向《说苑·贵德》和班固《汉书·路温舒传》引述路温舒写给汉宣帝信中的话：“故俗语云：‘画地为狱，议不入；刻木为吏，期不对。’此皆疾吏之风，悲痛之辞也。”在此，“俗语”则是指今日民间口语中流行的通俗、形象的定型语。不过，由于其概念比较模糊、宽泛，同时也用以指方言土语。如北魏郦道元《水经注·濡水》：“濡水……西北入难河。‘濡’‘难’声相近，狄俗语讹耳。”唐代刘知几《史通·杂说中》亦云：“所以晋楚方言、齐鲁俗语，六经诸子载之多矣。”这种情况，西方语言中亦然。如美学家朱光潜在《艺文杂谈·〈但丁的“论俗语”〉》文章里写道：“他（但丁）所谓俗语，就是与教会所用的官方语言（拉丁语）相对立的各国人民大众所用的地方语言。”

鲁迅在《且介亭杂文·门外文谈》中谈道："方言土语里，很有些意味深长的话，我们那里叫'炼话'，用起来是很有意思的，恰如文言的用古典，听者也觉得趣味津津"；"年深月久之后，语文更加一致，和'炼话'一样好，比'古典'还要活的东西，也渐渐的形成，文学就更加精采了"。鲁迅先生所说的"炼话"，即俗语。我国宋代著名的政治家、文学家欧阳修在他的《归田录》中写道："俚谚云：赵老送灯台，一去更不来。不知是何等语？虽士大夫亦往往道之。"足见这一俗语在当时流行之广，至今民间仍然流传着"赵巧送灯台，一去不回来"的说法。

俗语是一种滋生于民俗文化深厚土壤的民俗语言形态，其在言语交际中的独特修辞力量和作为语言化石的社会功能，已越来越受人们喜爱。

各民族语言中都存在无数经久不衰的俗语，就在于这是一种充分吸收了民俗营养的语言形态，是民俗为之注入了旺盛的活力。可以说，无论俗语语言形式怎样变化，单就其所涉内容来看，几乎可以说没有一个俗语是超脱于民俗之外的。例如：老皇历翻不得，十冬腊月，驴年马月，是有关岁时习俗的俗语；吃老本，插杠子，三天打鱼、两天晒网，木匠多了盖歪房，武大郎卖棉花——人熊货软，是有关职业、生产习俗的俗语；穿小鞋，扣帽子，穿衣戴帽、各好一套，穿新鞋、走老路，王母娘娘的裹脚布——又臭又长，玉皇大帝的帽珠——宝疙瘩，是有关服饰习俗的俗语；炒鱿鱼，老油条，闭门羹，吃小灶，不蒸包子蒸（争）口气，一斤肉包只饺子——好大面皮，骑毛驴吃豆包——乐颠馅了，吃菜吃心、听话听音，是有关饮食习俗的俗语；开天窗，挖墙脚，不知哪头炕热，隔着锅台上炕，隔窗户吹喇叭——名声在外，是有关居住习俗的俗语；抬轿子，拦路虎，车到山前必有路，坐轿号丧——不识抬举，骑驴看唱本——走着瞧，是有关交通习俗的俗语；牵红线，打光棍，为人做嫁衣裳，少是夫妻老是伴，捆绑不成夫妻，大姑娘坐轿——头一遭，吹鼓手娶亲——自吹自擂，是有关婚嫁习俗的俗语；帮倒忙，打圆场，两面光，千里送鹅毛、礼轻情意重，画虎画皮难画骨、知人知面不知心，冤家宜解不宜结，是有关交际习俗的俗语；怀鬼胎，抱佛脚，断香火，半路出家，不做亏心事、不怕鬼敲门，大水冲了龙王庙——一家人不认一家人，螺蛳壳里做道场——施展不开，是有关迷信、俗信、宗教等习俗的俗语；耍把戏，吹鼓手，乱弹琴，唱对台戏，马后炮，围棋盘里下象棋——不对路数，桌子底下放风筝——起手不高，是有关游艺习俗的俗语等。此外，还有相当数量的俗语是人类与自然界斗争经验的精练总结，如：人勤地不懒，黄土变成金；三春不如一秋忙。从基本特质来看，俗语虽有谚语、格言、歇后语、惯用语等多种品类，却都具有民俗的口头性、传承性、社会性、民族性、地方性、变异性等特质，是一种常见而习用的民俗语言形态。当代新兴人文科学民俗语言学，就是以对俗语的科学考察与研究为起点，逐渐形成的。

从另一层面来看，俗语又是人生的一面镜子、社会生活的语言化石。透析俗语，可以从中了解与印证不同民族、不同地区、不同时代人们的各种心理定式、价值取向，乃至社会政治文化背景、科学技术水平。从一定意义上说，一部有价值的俗语汇编，就是社会的一部小型百科全书。因而，收集、发掘俗语，去粗取精，一直是人们乐而不疲的富有科学意义的工作（图 6–1 ~ 图 6–5）。

图 6–1　清代俗语题材烟画
《不入虎穴不得虎子》

图 6–2　清代俗语题材烟画
《不上高山不显平地》

图 6-3　清代俗语题材烟画
《只要用心读，何愁书不熟》

图 6-4　清代俗语题材烟画
《若要工夫深，铁杵磨成绣花针》

图 6-5　清代俗语题材烟画
《燕雀岂知鸿鹄志》

关于“俗语”“俗语词”等概念

关于“俗语”

生于公元前一百多年的司马迁是西汉时人，与生于东汉建武八年（公元 32 年）的班固，两人相去约一个半世纪。然而，尚无文献可以充分佐证汉语中这两个见诸文献较早的“俗语”概念，即分离于这一百多年间。而且，《汉书》中这种（也是今世所沿称的）“俗语”形式，在司马迁笔下已经出现，如《史记·白起王翦列传》：“太史公曰：鄙语云，尺有所短，寸有所长。白起料敌合变，出奇无穷，声震天下，然不能救患于应侯。王翦为秦将，夷六国……然不能辅秦建德。”这里所说的“鄙语”，即班固所说的“俗语”，名称各异，但内容形式却是一致的。

事实上，班固所说的这种“俗语”形式，远在传说孔子删订过的《诗》《书》《礼》《乐》等典籍中，即多见采录引用。而且，俗语作为民间口头语言材料，其为书面语所吸收、采用很久以前就已经存在并流行了。这中间，存在着一段迄今未被科学家以定量分析手段精密测算出的时间间隔。这段时间间隔，至少包含两个交叉层次，一是付诸文字载录，一是为“雅言”吸收。

各种“俗语”，向为人们喜闻乐用，“雅言”最终并未能将之排斥到底，但关于俗语的研究，却一向比较冷门，未能正式进入科学系统的轨道。关于俗语的性质、价值、流变的科学考察与分析，远非语言学或其他哪一门学科所应孤立完成的工作。在构建“民俗语言学”基本理论框架过程中，笔者根据俗语所具有的“民俗语言”这一基本属性，提出了“中国俗语学”的概念，试图为俗语研究找出一条虽非唯一的、却应是最基本和最重要的途径。事实上，“民俗语言学”学说，正是在俗语及俗语辞书的研究基础之上，逐渐发展成熟起来的。

鉴于学界关于“俗语”的许多问题迄今尚众说纷纭，没有一个比较统一的意见，在此即十分有必要阐明“俗语”及“俗语辞书”概念的内涵与外延。作为一家之说，主要是以民俗语言学学说为基本思想，其基础，则是中国俗语辞书的历史材料与历代关于“俗语”所指的范围的事实。基本原则，既要运用现代科学理论，又不能削足适履或牵强附会地改变积淀而成的历史事实。同时应该说明的是，“中国俗语辞书史”的“中国”，也是一个习惯用法，在此主要是就汉语俗语而言。

英语通常将汉语中的“俗语”一词译作 common saying，或 folk adage。在英语中 common 含有公共的、共有的，普通的、平常的，或粗俗的、低劣的之类语义。在汉语中，“俗语”也是由“俗”和“语”两个语素构成的合成词。“俗”的基本语义之一是“习俗”，如《礼记·曲礼上》“入国而问俗”；《史记·李斯列传》“孝公用商鞅之法，移风易俗”。汉许慎《说文解字》亦称：“俗，习也。”各地习俗不同，流行的俗语也因地区而存在诸多差别。汉语的“语”，取义亦很丰富。古人以自言称“言”，与人谈论为“语”，如《礼记·杂记下》“三年之丧，言而不语”。注称：“言，言己事也；为人说为语。”同时，亦指谚语、成语之类定型化的语言材料，如《谷梁传·僖公二年》：“语曰：唇亡则齿寒。”又如《礼记·文王世子》：“语曰：乐正司业，父师司成。”此外，还用以指语言、辞句，乃至“窗疏眉语度，纱轻眼笑来”之类非言语的交际方式。

就历代流传的汉语俗语的大量事实来看，俗语是一种已经定型化或趋于定型化的简练习用语汇或短语，具有民俗语言那种较强的口语性和通俗性。汉语俗语的具体品类，既包括口语性成语，也包括谚语、格言、歇后语、惯用语、俚语，乃至方言和隐语行话。也就是说，汉语俗语的内涵十分丰富，略显繁杂。之所以如此，是因为其“俗”这一特性，是民俗语言材料的一个较大方面。这种语言事实，是历史积淀的结果，远非可以按照某种主观模式去加以硬性规定的事物。既然它在概念上已经铸就了如此“宽泛的性格”，就没有必要以某一“狭义”的理解来勉强其就范了。否则，势必脱离汉语俗语的实际。吕叔湘《中国俗语大辞典》序谈到，谚语“是典型的俗语”，强调的正是“俗语”之“俗”，亦即其口头性这个最基本的属性。温端政《汉语语汇学》基于“语”有雅俗之分的语言事实提出，“汉语语汇里为群众所创造并在群众口语中流传，具有口语性质和通俗性的语言单位”。显然，这个基点更切合汉语“俗语”的语言事实。

在笔者的有关论著中，曾几次引用美国人类学家兼语言学家爱德华·萨丕尔提出的一个科学命题，这就是："语言有一个底座。说一种语言的人是属于一个种族（或几个种族）的，也就是说，属于身体上具有某些特征而不同于别的群的一个群。语言也不脱离文化而存在，就是说，不脱离社会流传下来的、决定我们生活面貌的风俗和信仰的总体。"萨丕尔这个著名的论断之所以成立，是因为其以语言事实为基础，这个语言事实即语言文化的历史事实。例如在汉语文化中，关于俗语的称谓五花八门、名目繁多，如迩言、俚言、俚语、俚谚、常言、常语、常谈、方言土语、乡言、乡谚、恒言、恒谚、俗言、俗谈、直语、里语、传言、俗谚、古谚、古语、谚语、里谚、俗话、里言、街谈巷语、野谚、鄙语，等等。光是歇后语这一种俗语品类，就有多种叫法，如隐语、藏词、俏皮话、廋辞、缩脚语、譬解语、巧言、言子、坎子、打皮壳、谐谑语等。有的是从其某一特点、属性来命名的，有的是就其六性范围而言，也有的是笼统称谓。用的最普遍的说法，却是"俗语"。这一现象，也是由汉语文化固有传统这个"底座"决定的。这就为我们比较客观地认识汉语俗语，提供了一个颇有价值的视点。

按照现代语言学一般理论，将谚语、格言、通俗成语、歇后语、惯用语之类统统划属俗语的不同品类，还算可以为人接受。但若将方言甚至民间秘密语也列属俗语范畴，则未免会有异议。

关于"俗语词"

俗语词，一般指古籍文献记录、流传下来的古代口语语汇、方言语汇之类。中国古代汉语俗语辞书不下百余种。如《释俗语》《方言》《释常谈》《俚言解》《目前集》《通俗编》《土风录》《恒言录》等。郭在贻在《俗语词研究概述》中谈道："其实，俗语词研究应该在汉语词汇史的研究中占据重要地位，因为古汉语的全部词汇绝不仅存在于历代的雅言——规范化的书面语中，还存在于历代的口头语，即方言、俗语等中。研究汉语词汇史不能无视这些方言俗语词，否则便不能认识汉语词汇的全貌。"俗语词较之俗语，偏重俗语中的词汇和定型化的词组，不含俗语中的短语；俗语词虽不尽为俗语，却占其较大比重。两者你中有我、我中有你，交叉但不等同。俗语中的俗语词，一般多为俚语。《辞海》(1979年版)释“俚语”云：“通俗的口语词，俗语的一种。带有方言性。”其实，俗语作为口语的一个通俗语类，又何尝不带有地方性和方言性特点呢。其地方性特点一方面因地方风俗习惯、民俗语源、民间传说而异，另一方面则有方言差别。曹聪孙《中国俗语选释》附录收有《俗语概说》一文，论述了八个问题：俗语是什么和不是什么；俗语正名；俗语的社会性；俗语的民族性；俗语的句法结构；俗语的修辞方式；俗语的活用；俗语的生命力。文章说，俗语是语言活动中具有广泛的适应性、口语的通俗性和完整的述谓性的语句，是由固定的语言单位组成的封闭性结构，是在口头上流传的一种具有典型意义的通俗的话。俗语不是什么呢？文章提出俗语不是俗语词、不是惯用语、不是成语、不是歌谣、不是歇后语、不是专业用语、不是江湖秘密语。诸“不是”中除不是歌谣、不是专业用语和江湖秘密语外，余者多不敢苟同，一如前面所述。此外，文中提出，“俗语，是语言中熟语风格分化的一个品种。熟语包括惯用语、成语、格言、歇后语等，俗语也是它的一种”，亦不能苟同。

俗语词，是古代文献中所记录的古代的口语词和方言词之类，比如《世说新语》中保存的六朝口语词，敦煌变文中的唐五代口语词，元曲中的大量口语词和方言词。过去学术界对这些俗语词的研究，无论从汉语词汇史的角度看，还是从传统训诂学的角度看，都是做得很不够的。有些古代的俗语词，虽已在后来的书面语中消失了，但在某些方言词汇中可能还“活”着。利用方言词语，可以解决一些俗语词研究中的难题。《董西厢》中有“台孩”一词，其确切含义是什么，各家解释很不一样，有的解作“骄傲”，有的解作“气宇轩昂”，有的解作“板起面孔”，均觉不甚贴切。而在今河北、山东一带方言中，“台孩”有“大方、安逸”之义，用这个意思来解释《董西厢》及其他出现于元剧中的“台孩”，十分妥帖。“台孩”，元曲中又写作“胎孩”“抬颏”等。上面的解释是对的。在东北方言中，现仍是个流行口语，不仅老年人用，年轻人也这样讲。笔者以为，按其语义考本字，或以“泰和”为是。

郭在贻先生说：“古代人的口头语词，也叫俗语词。”俗语词，是相对“雅语词”(书面语汇)而言口语性的通俗语词汇，是语言词汇系统的重要组成部分，是历代“书面语词汇得以不断丰富的重要来源”。我们通常认为：包括成语、谚语、歇后语、惯用语、俚语等在内的，区别于书面语且具有口语性质的词语，都是俗语词。明清民歌当中大量的极具特色的俗语词，为近代汉语词汇研究提供了宝贵的资料，这些特殊词汇对汉语词汇史、大型语文辞书编纂以及古籍的校勘整理大有裨益。《明清民歌时调集》中大量的俗语词还有待我们进一步去研究，前人的俗语词研究把重点放在了明清笔记小说上，且取得了显著的成就。其实明清民歌对于俗语词研究更是一份不可忽视的宝贵资料，让我们把目光聚焦在这不朽的文化遗产上，全面挖掘明清民歌中蕴藏的大量俗语词及其释义的丰富材料，这将对汉语词汇史、大型语文辞书编纂以及古籍的校勘整理起到巨大的促进作用。

鸽子天生一对火眼金睛，目光特别锐利，又天赋一个灵敏的小头脑，记忆力特别坚强。养鸽子的人家，只要在鸽棚旁边立一面小小的旗帜，被他们看熟在眼里，就深印在脑际，永远不会忘记了。

上海城隍庙东园茶馆里，从前有一个鸽会，每逢三六九为会期，凡是养鸽子的人，都带了鸽子到此处去赛会；他们来的时候，将鸽子装在六角式网笼内，赛会已毕，便开笼放鸽，鸽子先在天空翱翔一周，以后便分南北东西，大家觅着归途，自回主人家去了，主人刚出庙门，鸽子早已到棚里了。最奇怪的，是张三李四的鸽子，同时放在天空，却能不相混杂的各归洞府，从来不会迷失路途。

船夫摇橹，以手向外挤曰“推”，向内挽曰“扳”。摇橹是一种手法，无论或推或扳，须轻重平均，船首始能直向前进，这与开汽车的舵盘一样，推扳得重一点，船头就要转弯，极容易与别船相撞闯祸，所以上海人对于碰不得的东西，手指不能乱触者谓之“推扳不起”，这句俗语，就起源于船夫的摇橹。

向商店买东西，买客请求让价，也说“阿好推扳一点”？店家或说：“稍些推扳”，或说，“推扳勿起”。这个“推扳”，乃指货物的定价，像船头的直驶，不能有一些弯转，“推”送出也，“扳”涨进也，言价目之或上或落，其实是不通的话，店主应说“扳一点”，顾客应说“推一点”才对，若顾客教店家“扳价”，或店家教顾客“推价”，这成了君子国的做买卖了。

上海人称好东西曰："勿推扳"，是言东西有一定价值，不许打一些折扣。

人在发脾气的时候，旁人劝他，也说"推扳一点"，这就是劝人"顺风篷不要扯得太足"之意，凡事总要留一个转弯的余地。

人心没有知足的，只想捞进，不肯掏出，合股份做生意也要凑成功"进宝数"，年年接财神进门，却不想将财神送出门去，所以人人只知道"扳进来"，而不想"推出去"。马路上挂的许多"大推盘"招牌，都半是虚伪的门面话，实际上是想借此"扳俏价"。

"推扳推扳"，是上海人嘴里的口头禅，其实是只扳勿推，人人想提高自己的身价，就是人人想扳俏价，所以乡下人都往上海都市里钻，大家都想做长衫阶级，到上海来吃洋行饭，以至于弄得农村破产，失业恐慌成了严重问题，"救了田鸡饿死蛇"，只好大家在上海"死蛇迸"，拼得大家同归于尽。

社会好像是一座避风雨的墙壁，应当通力合作，保持着墙壁的重心，大家才有倚靠，无奈自私自利的分子太多，都想独占这座靠山，你也往自己身边扳，我也往自己怀里扳，扳来扳去，终有一天哗啦一声响亮，将墙壁全部扳倒，弄得大家鸭屎臭才肯罢休。

扳倒了墙壁，累得大家不能蔽风雨，于别人果然无益，然而受损害最大的还是那动手扳者的自身，因为那墙壁坍下来时，第一个定是先压着他，向外推的人反压不着砖头，扳得最高兴的人，砖头也压得最重，这叫作"自扳砖头自压脚"。

"祸福无门，惟人所召。"就是"自搬砖头自压脚"的注脚，社会上被砖头压痛脚的人，都半是用自己的手去扳下来的砖头。

"物必自腐，然后虫生，人必自侮，然后人侮之"。做人如此，立国也是如此，休说十年生聚，十年教训的好听话，只要把自己人火拼的时期减短十年，眼前的国难也不至于如此严重。

老朽分子说："吃小亏，就是占大便宜。"因为想占小便宜，才去亲自动手扳砖头，结果还是压痛了自己的脚，这是人人意料得到的事，但是无论如何聪明人，定要到砖头压上脚背，嘴里喊了"阿唷滑"以后，才想着"早知今日悔不当初"的古语。六国不能合纵到底，终被强秦各个击破，当初不肯吃小亏，将来难免吃大亏。

商鞅变法，自己死于手订之法下，这是自扳砖头自压脚的好榜样。“剃人之头者，人亦剃其头。”古今以来这种例子太多了。

现代俗语辞书概要

现代俗语辞书

古代俗语辞书是现代汉语辞书发展之源。自五四运动以来，由于新文化运动的兴起，白话文的提倡，尤其是新中国成立以来语言科学事业的繁荣，加之出版、印刷业的进步，这些都为现代俗语辞书在前代基础上创造空前水平奠定了坚实的基础。现代俗语辞书发展的最显著特点：①体例日臻完善，如在编纂规模、词条选择、编排、释义、溯源、书证、注音、编制索引，乃至版面设计、装帧等方面，都逐渐体现了科学化。②分工日细，种类丰富多彩。由于科研分科的日趋细致，兼之俗语所涉学科的不断增多，如民俗学、民间文学、词汇学、语义学、熟语学、训诂学、方言学、翻译学、社会语言学、民俗语言学等，俗语辞书的编纂也因而分工越发细致和专门（专题）化。例如谚语辞书类型的，近几年就先后出版有《汉语谚语辞典》（江苏古籍出版社出版。这是综合型的），《体育卫生谚语》（董天恩编，人民体育出版社出版），《儿童谚语》（白云编，广西人民出版社出版），《江西农谚》（江西人民出版社出版），《语言之花——动植物山水喻谚语》（耿文辉编，辽宁人民出版社出版），《蒙古族谚语》（内蒙古人民出版社编辑出版），《凉山彝族谚语》（杨植森等编，四川民族出版社出版），《中外谚语选》（上海人民出版社编辑出版），《常用谚语600条（汉英法德语对照）》（王国忠等编译，商务印书馆出版）等多种。③实际应用价值不断提高。许多俗语辞书在组稿编撰、出版之先，就对其书的性质、读者对象、使用范围、应用价值和学术价值，乃至发行量等都作了明确的规定和充分估计，在编排体例、编制索引类型等方面作出相应安排，保证其成书后的实际应用性。④在编写方式上，有个人单独编写的传统方式，也有两人、三人乃至多人合作的集体编写方式。根据具体情况和实际需要，个人编写和集体编写两种方式将长期并存。这种分工合作、集体编写俗语辞书的情况，是古代俗语辞书史上所没有的。可以预言，这种集体编写方式在今后将被更多地采用。集体编写往往具有兼取多家学说、质量好、出书快等优点，同一人单独编写方式各有千秋。

清末民初，西学引进，尤其是“五四”新文化运动以来，至中华人民共和国成立，这几十年中国内颇出了一些俗语辞书。这里仅选其中成就较大、具有一定科学价值，或较有影响的几种作一简要介绍。

1949年以来的俗语辞书

这几十年俗语辞书发展尤为迅速，品种类型繁多。这里仅选释一小部分比较有代表性的举例如下。

《金元戏曲方言考》，徐嘉瑞著，商务印书馆1948年初版、1956年修订再版。录金元戏曲中方言俗语六百多条，逐条释义疏解，所引书证均注出处。是现代这类专著的开山之作，虽疏误不少，但首创之功不能忽略。

《元剧俗语方言例释》，朱居易著，商务印书馆1956年出版。是书比前书收条稍多些，有一千多条目，释义简明，例证也比前书多而详尽。书后附有引用及参考书目。

《诗词曲语辞汇释》，张相著，中华书局1953年出版。是书汇集唐宋以来诗词曲中特殊语词标目537个，分八百余条注释意义及用法，详引书证。这些语词大都是当时方言俗语中的虚词、实词。一词多义者又列附目，全书附目达六百多个。1980年中华书局又出版了王瑛《诗词曲语辞例释》，其实际上是张书的续补。标目184个，附目123个，分为234条。体例同张书。《诗词曲语辞汇释》也是现代重要的语义学专著之一，很有实用价值，影响颇著。

《敦煌变文字义通释》，蒋礼鸿著，中华书局1959年初版，1962年第三版增订本，上海古籍出版社1981年新一版。是书分释称谓、释容体、释名物、释事为、释情貌、释虚字六类，计200多条敦煌变文中的方言俗语词汇，考释词义并详引变文书证。这是目前唯一的一部考释敦煌变文俗语的专门辞书，于国内外颇有影响。

《小说词语汇释》，陆澹安著，中华书局1964年出版，上海古籍出版社1979年新一版。上海锦绣文章出版社2009年《陆澹安文存》新版。是书自64种古代、近代通俗小说中选录通俗语词（包括部分谚语、歇后语、惯用语）八千多条，释义简明，引证详备，如一语多义则分别释义、援例。其中知道方言地区者即注出。书末附有《小说成语汇纂》，按字头笔画多少为序辑录了二千条通俗成语、谚语、惯用语、歇后语等俗语。

《戏曲词语汇释》，陆澹安著，上海古籍出版社1981年出版。上海锦绣文章出版社2009年《陆澹安文存》新版。是书系《小说词语汇释》的姊妹篇，体例亦同。正文辑录、考释古代戏曲中的俗语语汇六千多条，附录的《戏曲成语汇纂》录有俗语三四百条。

陆澹安先生上述两部著作卷帙较大，内容丰富，功力不凡，成果显著，颇有影响，很有实用及学术价值。

中国社会科学出版社1983—1990年陆续出版了顾学颉、王学奇合著《元曲释词》1~4册，是书收词以元杂剧为主，散套、小令为辅，以南戏、诸宫调、明清杂剧、话本、小说为佐证，旁参经史子集和笔记杂著。释词时考察词义的古今变化，用音韵原理，以音统形、就形析义。其中包括许多谚语、歇后语等俗语。仅第二册就收词五千余条、44万字。这是又一部重要的专门古代俗语词典。语文出版社2002年12月出版了300余万字的王学奇、王静竹《宋金元明清曲辞通释》，是书归类科学，考证精到，引例广博，可谓本专题领域一部重要的集大成专著。

除上述外，现代比较重要的俗语辞书还有：任明著《北方土语辞典》（上海春明出版社1952年出版），傅朝阳著《方言词例释》（通俗读物出版社1957年出版），金受申《北京话语汇》（商务印书馆1961年出版），北京大学中文系语言学教研室编《汉语方音字汇》（文字改革出版社1962年出版）、《汉语方言词汇》（文字改革出版社1964年出版），陈子实编《北平歇后语（谐后语）辞典》（台湾大中国图书股份有限公司1971年出版），无锡师范学校编写组编《汉语谚语词典》（江苏人民出版社1981年出版），中山大学中文系编写组编《汉语谚语小辞典》（广东人民出版社1982年出版），宁榘著《古今歇后语选释》（湖北人民出版社1982年出版），李孟北著《谚语歇后语浅注》（云南人民出版社 1980 年出版），欧阳若修著《歇后语小词典》（陕西人民出版社 1982 年出版），邱崇丙著《俗语五千条》（陕西人民出版社 1983 年出版），温端政等合编《歇后语词典》（北京出版社 1984 年出版），以及《普通话、潮汕方言常用字典》《广州话方言词典》《普通话闽南方言词典》等，上述都是比较专门的方言辞书。还有一些选编辑录俗语、谚语、歇后语等的科普性书籍，如刘代文等编《群众语汇选编》（山西人民出版社 1983 年出版），成都市群众艺术馆编《四川成语谚语歇后语韵本》，广西人民出版社陆续出版的《智慧的花朵：外国谚语选》（及其续辑）、《歇后语选辑》（及其续辑）等。俗语专集收录最丰富的当数中国民间文学研究会资料室主编、兰州艺术学院文学系 55 级民间文学小组编的《中国谚语资料》（上海文艺出版社 1961 年出版，内部发行）。是书分上、中、下三大册，辑有谚语四万五千八百多条，附歇后语三千多条。另有李兴望、闵彦文合编的《歇后语大全》（甘肃人民出版社 1983 年出版），辑录歇后语一万一千多条。这两种集子是迄今收录谚语、歇后语最丰富的专书。

至于近些年出现的《汉英成语词典》《德语成语词典》《俄汉成语辞典》《汉法成语词典》《俄语成语释源》《汉日成语谚语对译》，以及各地编写出版的普通话方言词汇对照手册之类的读物等，都是现代出现的特殊类型的俗语辞书。

另外，也可以把每一部方言词典都看作是一部那一方言地区的俗语词典。因为俗语多具地方特点，是人文地理等在当地语言中的反映。由此可以说，近年来各地编写的方言志（如《昌黎方言志》）、方言调查报告，《方言》杂志发表的各种方言词汇表、方言纪略等，均应被视为特殊类型的俗语辞书。

总之，现代俗语辞书的发展水平是俗语辞书史上以前任何一个时代都不能比拟的，速度空前，成就空前，硕果累累，而且正继续发展着。

在日本，汉学研究源远流长，关于中国俗语的研究也是由来已久，成果浩繁。这些反映在俗语辞书的成果方面，也自然是硕果累累。远的不论，单就日本的江户幕府时代以荻生徂徕和冈岛冠山为代表的所谓“唐话尹”，就进行有关中国古代俗语的研究，其中俗语辞书类型的著作不少，有些汇辑在近年（日本）古典研究会编、长泽规矩也著，东京汲古书院出版的《唐话辞书类集》（全书二十集，1971

至1976年出齐）中。例如第四集中的《尔言解》，第五集中的《常话方语》，第十、十一集中的《俗语解》，第十五集中的《小说字汇》，第十六集中的《中夏俗语薮》，第十七集中的《俗语译义》等。像这种由日本学者编纂的中国俗书辞书，近些年来颇有一些。例如：

《北京官话俗谚集解》，铃江万太郎、下永宪次编著，大阪屋号1925年出版。

《北京俗语儿典》，下永宪次编著，1926年出版。

《满州土话解说》，1937年出版。

《北京话集解》，1928年出版。

《北京土语集》，1951年油印本。

《改编中国俗谚4000首》，鸟居久靖编，系中国谚语研究资料之三，1962年油印本。

《江南语语汇集解》，宫田一郎编，1963年清末文学言语研究会（会报单刊2）油印。

《歇后语汇编：中国的谐谑语》，川濑正三编，东京，明善书店1969年出版。

《中国方志所录方言汇编》，九册，波多野太郎编，横滨市立大学1963年至1972年影印。

《诸录俗语解》，波多野太郎编，横滨市立大学1961年影印，出自《横浜市立大学紀要》，总第123期，中国白话研究资料丛刊之一。是书原撰人和成书年代不详，原为钞本，分上下两卷，是一部选释十四种禅家语录中民间俗语的专著。据称此书为日释龟洋法师弟子在京洛（京都）某相国寺中抄写校订的。波多野太郎编印的这个自己家藏抄本据说也是比较完备的本子。这个影印本附有发言索引和笔画索引，检索比较方便。是书释词旁征博引，对于考释、研究古代俗语很有参考价值。像这种由日本学者编著的中国俗语辞书，历代都有一些。其中成书比较早的还有一部《(画引）小说字汇》。

《(画引）小说字汇》，一册，秋水主人（事迹未详）编著，有日本宽政三年（乾隆五十六年，即1791年）刊本、大阪书林刊本等。这是一部最早的中国通俗小说词典，也是比较重要的日本学者编写的中国俗语辞书。是书从一百六十多种中国十七、十八世纪流行小说中，辑汇了四千六百多条口语通俗语汇，援引有关资料作出必要的注释。条目依汉字笔画排列。是书取材的百余种小说中，有不少今已亡佚，由此更增加了其利用价值。

日本学者编写的各种类型索引是颇得我国学界好评的。有些东西，我国尚未编制专题索引，日本的汉学家们就已经编出来了。其中当然包括一些辑录俗语条目的专题索引，如《古谣谚谚语检索》（中国谚语研究资料，鸟居久靖、大久保真编，1961年油印本），《敦煌变文集口语语汇索引》（入矢义高编，1961年油印本），《社会小说小额语释及索引》（太田辰夫编，1969年印），《中国古典戏曲语释索引》（大阪市立大学文学部中国语学中国文学研究室编，名古屋采华书林1970年印），《小说词语汇释发音索引》（鸟居久靖编，1964年明清文学言语研究会油印），《金瓶梅词话语征索引》（1968年明清文学言语研究会编印），以及《中国小说戏曲词汇研究辞典：综合索引篇》（波多野太郎编，1956年至1961年作为横滨市立大学纪要印行八册）等，均可视为不完全型（内容不全是）或特殊类型的俗语辞书。

至于日本翻印刊行的中国俗语辞书也是不少的，其中卷性较大而又很重要的，当数长泽规矩也编修，东京汲古书院1974年至1977年影印出版的《明清俗语辞书集成》五大册。是书辑录中国明清和清末民初印行的二十种专著。其目录如次。

第一辑，六种：①《俚言解》；②《（新刻徽郡原版诸书直音）世事通考》；③《土风录》；④《直语补证》；⑤《常言搜》；⑥《异号类编》。

第二辑，两种：①《称谓录》；②《通俗常言疏证》。

第三辑，七种：①《谈徵》；②《正音撮要》；③《里语徵实》；④《（新刻）官话汇解便览》；⑤《军语》；⑥《新名词训纂》；⑦《俗语探原》。

第四辑，一种：《（增定）雅俗稽言》。

第五辑，四种：①《目前集》；②《常谈考误》；③《常语寻源》；④《证俗文》。

新俗语及俗语词典

在中国俗语学史上，汉语关于俗语的称谓达几十种之多，前文提及如：俗谚、俚谚、成语、古语、迩言、俗语、方言等；比较专门的尚有藏词、廋辞、歇后语等。前面的若干种称谓，既有现在作为单一俗语品类的专称，亦有泛指成语、谚语、格言、歇后语、惯用语、俚语等各俗语品类的通称，或有过这种泛称的历史用法。汉语关于俗语称谓的纷繁复杂，反映了关于俗语概念的认识过程和形成的历史。现在我们在文章中见到的一些颇为文绉绉的成语，认真考溯其源，大都来自当时民间俗语，经过文人加工整理，多失口语风格，其斧凿之痕恰成辅证。如“看见骆驼说马肿背，少见多怪”这个俗语，在《牟子》引谚中写作“少所见，多所怪，睹橐驼言马肿背”。

俗语兼具民俗语言和口头文学双重属性，在扩布、传承和运用中，或有变异、消亡，而且亦在不断创造、滋生着。语言发展史是条“渐变”型的缓缓流淌的河流，相对比较稳定。相对语音、语法而言，词汇则是语言历史长河中最为活跃的波浪。新词汇不断创造出来的同时，旧词新义也不断出现。俗语作为汉语的一种蕴藏极丰富的特别语汇资源，亦在时时出新。这也是俗语这种民俗语言形式的旺盛生命力所在。新词新义现象已引起了语言学家、语文辞书学界的重视。《辞书研究》不仅先后刊出了一些这方面的文章（如吕叔湘先生《大家来关心新词新义》、刘向军《新词新义与语文词典的收词》），而且率先开辟了《新词新义》栏目。我大体浏览了《辞书研究》《中国语文天地》和《汉语学习》等几种语文、辞书刊物的“新词新义”栏目内容，看到其中颇有一些现代俗语（或称新俗语）语汇。例如：开口子、关系户、小字辈、老大难、踢皮球、闲言碎语、一把手、一刀切、大包大揽、牛郎织女、气管炎（妻管严）、小儿科、大锅饭、排忧解难、关系学、炒买炒卖等。这些以成语、惯用语品类形式出现的俗语，或源于当代现实社会生活（如“妻管严”），或具有悠久、丰富的民俗语源底蕴（如“大锅饭”），但都活跃于当代社会生活，具有特定的时代性语言意义，通俗、凝练、生动、形象、鲜明，为人民所喜闻乐道。这些新俗语（包括这里未谈到的新谚语、新格言等俗语），有的虽带地方色彩（如“炒买炒卖”），但大都从口语进入了书面语，不只文艺作品中常可见到，亦活跃于新闻、政治语言之中，以汉民族语言的俚俗特点，登上了民族共同语的“大雅之堂”。普通语汇中的“新词新义”现象已引起了方家注目，开专栏，编专门辞书；而民俗语言中俗语的“新词新义”现象仅有一部分被选进前者是远远不够的，亦当给予足够的重视才是。新俗语的采集、整理，不仅是语言学的课题，也是民俗学、社会学尤其是民俗语言学工作者颇有理论意义与实际应用研究价值的课题之一。清代的钱大昭以考释当时俗语为主旨编纂了俗语辞书《迩言》。今天，我们尤应编写出具有现代科学水平的若干部新《迩言》来。这是一项历代相承、接续不断的科学研究课题。我们重视新俗语、编纂新俗语词典，不只具有当代言语交际、语言规范的应用价值，还同深化新俗语研究一样，具有历史性的文化科学意义。这的确是应当引起学界重视的课题，应当提高我们的责任心和增强紧迫感。

俗语的形成是个创造兼约定俗成的过程。俗语的扩布、传承与运用，又是个筛选、簸扬和优化的过程。采集、研究和编纂俗语词典，是尤其兼具筛选、簸扬和优化、规范的系统工程。俗语作为一种民俗语言现象，多与方俗结缘，有些俗语的地方性则较强。唐刘知几《史通》卷十七《杂说中》就“王劭《齐志》多记当时鄙言”而“对曰”：“古往今来，名目各异。区分壤隔，称谓不同。所以晋、楚方言，齐、鲁俗语，《六经》诸子，载之多矣。”“斯并因地而变，随时而革，布在方册，无假推寻。足以知氓俗之有殊，验土风之不类。”俗语的约定俗成属于自然性的规范过程，是消极式的规范，以科学方法进行优化、规范，则是个积极式规范过程。编写俗语辞书，即属于这种科学的、积极式规范手段之一。最近，笔者在思考、探索中国俗语学和民俗语言学的工作中，有幸读到史式同志继《汉语成语研究》《太平天国词语汇释》之后，与赵培玉同志合作编著的《汉语新成语词典》，浏览后很为他们的工作成绩感到高兴。这部书中的“新成语”，基本上是汉语的现代俗语。其《说明》中阐述的思想就比较有见地。在此摘录一点：

实际上，任何一种语言中的成语，其主要的来源都是民间口头熟语与谚语，汉语也不例外。文言中的许多老成语，也都来自民间。例如：《战国策·赵策》：“鄙语曰：见兔而顾犬，未为晚也；亡羊而补牢，未为迟也。”《史记·秦始皇本纪》：“野谚曰：前事之不忘，后事之师也。”《汉书·贾谊传》：“里谚曰：欲投鼠而忌器，此善喻也。”《典论·论文》：“里语曰：家有敝帚，享之千金。”引文中所说的“鄙语”“野谚”“里谚”“里语”，正是指的民间口头熟语和谚语。既然古代作者记载下来的民间口头熟语与谚语可以称为成语，那么现代作者记载下来的民间口头熟语与谚语当然也可以称为成语。

古今的界限应该打破。一条成语，不论产生在五四运动以前，或者五四运动以后，不论是从文言中继承下来的，或是现代作者从口语中吸收来的，应该一视同仁，平等对待，承认它们都是汉语中的成语。根据这样一条原则，就有大量的新成语可以得到承认，能和传统的老成语取得同样的地位。

这里，作者所谓“新成语”都是什么呢？试看《汉语新成语词典》所收条目：唉声叹气、挨板子、按下葫芦浮起瓢、八不挨、八竿子打不着、八九不离十、八面光、八字没一撇、白热化、百分之百、摆架子、拜年话、板上钉钉、半半拉拉、半路出家、半夜吃桃子、棒槌打人手抚摸、棒打不回头、抱粗腿、抱佛脚、抱住斧子一边砍、背包袱、背黑锅、背死人过河、逼着公鸡下蛋、鼻子大压着嘴、鼻子碰鼻子、笔杆子、闭起眼睛说瞎话、变色龙、蹩脚马、病病歪歪、不尴不尬、不管三七二十一、不起眼、不是鱼死就是网破、不自由毋宁死、吃老本、吃了砒霜药老虎、扯后腿、出洋相、穿小鞋、传声筒、吹喇叭、打电话、瓜无滚圆人无十全、好心当驴肝肺、归里包齐、横眉冷对千夫指、春蚕到死丝方尽、打里打外、乡里狮子乡里舞等，凡三千余条。显然，或成语，或谚语，或歇后语，或惯用语、俚语，偶有格言，尽为俗语。一部好的词典，要具有科学性、知识性、规模性、新鲜性兼相对的稳定性，这样才会具有权威性。俗语词典亦当如此。我认为，《汉语新成语词典》的主要成绩和作用，一是为读者释难解疑，提供有关知识和线索；二是对俗语的积极规范作用。一个从方言俗语进入现代汉语通语的“拆烂污”，虽已常见于书籍报刊，但并非社会上各种职业、各文化层次的读者都读得懂。然而，六七种成语、惯用语和俗语词典的释文都难尽如人意，而且注音、释义中各说纷杂歧出，令人莫衷一是。但这部新成语词典的释文相比之下则显得既简洁而又精详，请看：

[拆烂污（cā làn wū）] 吴方言，指做事不负责任，致使事情糟到难以收拾。在吴方言中，称解大便为“撒污”、稀屎叫作“烂污”。拆烂污的本义就是“拉稀屎”，现在常用的含义由此比喻得来。正如北方口语把一个人不好好干活称为“拉稀”。“拆”字在普通话中本应读为 chāi，在吴方言中则读为 cā。这条成语来自吴方言，习惯上读为 cā。高晓声《李顺大造屋》：“自家人拆烂污，说多了也没意思。”

所见几种收录这个条目的成语、惯用语、俗语词典释文均嫌简略，注音或取普通话读音，或取吴方言读音，于此则显欠妥、欠详了。这时应该交代给读者关于“拆烂污”的起码的一些知识。《汉语新成语词典》对俗语的规范作用于此也可见一斑了。而且，同《现代汉语词典》的释文相比，又独具俗语辞书的特点，显示出专门语文辞书与普通语文辞书的区别。《现代汉语词典》的释文是：

[拆烂污（chāi làn wū）]〈方〉比喻不负责任，把事情弄得难以收拾（烂污：稀屎）。

由此亦可想到，普通语文辞书既收录俗语，虽不能要求其具有专门俗语词典的全部功能、特点，但亦兼有对俗语的规范责任，这是义不容辞的工作。因为，俗语的纯洁与规范，是民族语言的纯洁与规范的组成部分，而且任务尚显更艰巨一些。

俗语这种民俗语言性质的语汇系统，与民俗文化如同鱼水，有着天然之缘。很多俗语不唯有其文献语源可寻，尚有其独特的民俗语源可探。在《从民俗语源略谈“大锅饭”》这篇文章中，我试从历史民俗形态探寻、考释了“大锅饭”这一俗语的民俗语源。我想，如果俗语辞书，包括现代新俗语辞书，在释义中适当向读者交代一些相关的民俗语源和典故知识，不仅会增加俗语词典的信息量，也将提高其学术价值和应用价值，使之兼具可读性。尽管俗语辞书通常作为专门语文辞书出现于读者面前，但基于俗语的固有性质和特点，这样要求俗语辞书的作者亦不属非分和牵强。事实上，这正是一千多年的中国俗语辞书史的一个传统特点，是中国古代许多汉语俗语辞书作者已经在探索和实践了的一种俗语辞书编纂方法，一种应予肯定和继承的科学方法。

古人考释俗语兼及民俗，实际在于考释民俗语源，然而仅系肇始，尚未总结出切实的科学理论与方法。因而，俗语加释民俗语源还有待民俗语言学及俗语学研究的深化。《汉语新成语词典》已经做出了很有意义的尝试性工作，可喜可贺，同时也期望继此之后出现更有特色、更加完善的俗语辞书，使俗语辞书真正兼具民俗语汇词典或特种风俗词典的功能。

于此，仍想论及的，是“俗语”与“雅语”的关系。“成语”在汉语中是个后起的概念，明代丘濬《故事成语考》为较早，至清代概念才明晰起来。然而人们似乎有一种看法，认为俗语一旦被“成语”吸收，才“修炼成仙”成为雅言而登堂入室，否则仍属“下里巴人”。其实不然，这是一种误解或偏见。姑且不论古汉语中“成语”大都源于“野语”“俚言”，现代汉语中所谓“新成语”的现代俗语，不都活跃于文学作品、政治语言等大雅之堂吗？究其实质，还是正名为“俗语”才是本来的面貌、贴切的称谓。俗语是民间文化（亦即“下层文化”或称“俗文化”）的有机组成部分。民间文化是民族文化的基础和土壤，直接影响并作用于“上层文化”（亦即“雅文化”）。语言何尝不是这样，历来通语、官话都是在其地方变体的基础上形成的。由此，俗语作为一种源源不绝、取之不尽、用之不竭的民俗语言资源，不断为通语雅言输送充满活力的新鲜成分，亦是极其自然的（图 6–6 ~ 图 6–10）。

民俗语词与俗语掌故

“黄胖”并非“黄疸病人”

1921 年 8 月 25 日，鲁迅致周作人信中说：“我译カラセク《斯拉夫文学史》译得要命了，出力多而成绩恶，可谓黄胖搡（chōng）年糕，但既动手，也不便放下，只好译下去，名词一纸，望注回。”[1] 其中，“黄胖搡年糕”是一条歇后语，意思是费

1　鲁迅 . 鲁迅书信集 [M]. 北京：人民文学出版社，1976:39.

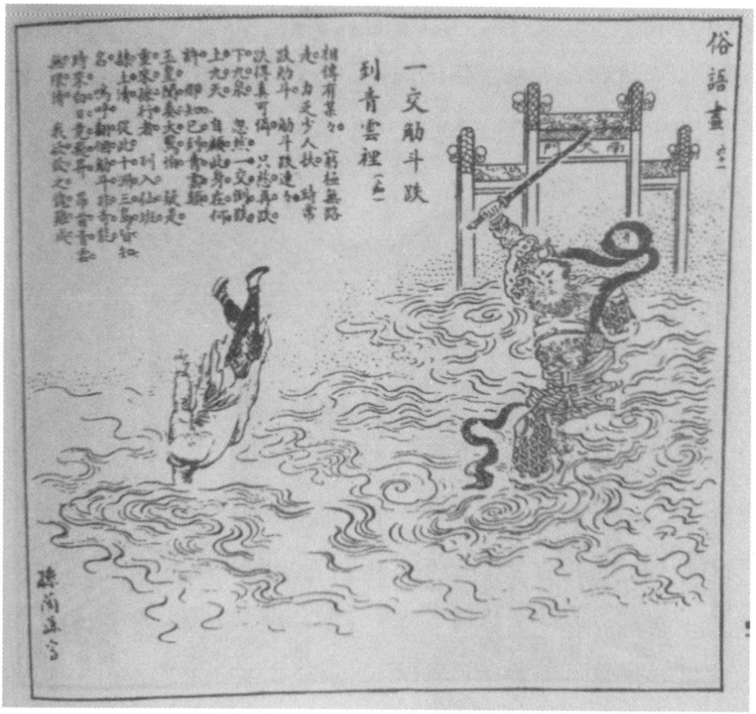

图6-6 清末民初《图画日报》的《俗语画·一交筋斗跌到青云里》

图6-7 清末民初《图画日报》的《俗语画·有钱使得鬼推磨》

图6-8 清末民初《图画日报》的《俗语画·月亮里提灯空挂名》

图6-9 清末民初《图画日报》的《俗语画·熟皂隶打重板子（只爱财）》

图6-10 清末民初《图画日报》的《俗语画·丑新妇难免见公婆》

力不得好。那么，何为“黄胖”呢？对此，《鲁迅全集》第十一卷中的释文是：“黄胖捶年糕，绍兴一带的歇后语，吃力不讨好的意思。黄胖，黄疸病人。”[1]在此之前出版的倪大白编著的《鲁迅著作中方言集释》亦称：“黄胖捶年糕（绍兴话）：黄胖病人面黄体肿，全身无力。捶，即舂，舂年糕是一种很费力的劳动。黄胖捶年糕，比喻费力不讨好。”[2]笔者拙撰《鲁迅著作中的歇后语浅探》文中述及这一歇后语时沿用了上述关于“黄胖”望文生义的解释。实际上“黄胖”本是一种玩具泥娃娃。

宋孟元老《东京梦华录》卷七《清明节》载：“都城之歌儿舞女遍满园亭，抵暮而归，各携枣錮、炊饼、黄胖、掉刀、名花、异果、山亭、戏具、鸭卵、鸡雏，谓之门外土仪。”宋叶绍翁《四朝闻见录》戊集有“黄胖诗”：“韩（侂胄）以春日燕族人于西湖，用土为偶，名曰黄胖。以线系其首，累至数十人，游人以为土宜。”

1 鲁迅．鲁迅书信集 [M]. 北京：人民文学出版社，1981:392.
2 倪大白．鲁迅著作中方言集释 [M]. 沈阳：辽宁人民出版社，1978:70.

宋庞元英《谈薮》亦载："韩侂胄暮年，以冬月携家游西湖……席间有献牵丝傀儡为土偶负小儿者，名为迎春黄胖。"宋张仲文《白獭髓》所载与此略同，并又为明李翊《戒庵老人漫笔》卷一"游春黄胖诗"中所述及："《白獭髓》记：开禧权臣因赐南园新成，会诸朝士，席间分题，有赋《游春黄胖》诗云：'两脚捎空欲弄春，一人头上又安身。不知终入儿童手，筋骨翻为陌上尘。'以为一朝士姓俞所作。又《怡颜录》载韩侂胄以冬日游西湖，寘宴南园，席间有献迎春黄胖者，命其族子院判赋诗，云：'脚蹋虚空手弄春，一人头上要安身。忽然线断儿童手，骨肉都为陌上尘。'二诗一也，而不同如此。"其"陌上尘"，即土。再如清人平步青《霞外捃屑》卷五《黄胖游春》所记，与上述大略相同。

凡此可见，早在宋代即有以泥娃娃为"黄胖"之说，并且当时即以为"土宜"，亦即西湖土产，是一种背负小儿游春形象的泥偶；其取意：背孩子游春，费力不讨好，与"黄胖掿年糕"（亦即泥娃娃背着孩子春年糕）取意相同。由此可知，"黄胖"并非"黄疸病人"。而且，作为绍兴方言歇后语的"黄胖掿年糕"，又当是出自宋代以来杭州俗语"黄胖游春"的流变。俗语大都浅显易明，却由于其作为民众语言现象，又往往具有一时一地的特定民俗语源及含义，尤不可望文生义。又如清人顾禄《广杂纂·得意》云："斗赚绩弗输。"我在《杂纂七种》校注中对此注云："全句意为：同人赌赛连连取胜。"[1]后从《太仓州志》（民国八年排印本）所载得知，吴方言中，"蟋蟀曰赚绩"。即知所注不确切，当改"斗蟋蟀不输"（因而"得意"）。顾氏系清朝吴县人，太仓县亦属吴语区，其照录吴俗语亦属自然。脱离民众语言的具体背景条件，往往会发生望文生义式的谬解。借此顺便刊误，并愿与人共引为鉴戒。

"抬轿子"小考

《山海经·海外南经》《博物志·外国》《淮南子·地形》以及元代周致中的《异域志》卷下等，均谓东方海上有"贯匈（胸）国""穿匈（胸）国"，其国民或谓

1 李义山等撰，曲彦斌校注．杂纂七种 [M]. 上海：上海古籍出版社，1988:156.

“穿匈（胸）民”，“其为人胸有窍”。而且，《异域志》卷下尚云，由于“穿胸国”民其“胸有窍”，因而有个习俗，“尊者去衣，令卑者以竹木实贯匈抬之”。也就是说，“贯匈（胸）国”地位高者出行，通常由仆役用竹木穿过胸窍抬着代步，就像抬轿子似的。于是，也就有了把“抬轿子”的由来附会于此，实属荒谬无稽之谈。清人俞正燮的《癸巳类稿》卷十四有篇《轿释名》，是篇四千多言的长文，专门考释轿子的历史和官私用轿制度、风俗。考证得颇为烦琐，不过，其开篇所言，“轿者，车深舆，无轮有后辕者也”。说得还是很切当的。近人杨荫深在《事物掌故丛谈》的《居住交通》篇中，也有一个考据“舆轿”的专题，考释得亦颇为翔实。这些均毋庸赘述于本文，简略言之就是。

轿车或小轿车，是现代汉语对小汽车的特有称谓。车就是车，又何以称之“轿车”呢？尚需从“轿”说起。明唐顺之（荆川）所撰《稗编》云，“古称肩舆……即今轿也”。中国以轿代步之俗，可谓源远流长，至迟于两汉时即已流行。《汉书·严助传》“舆轿而隃领”注：“臣瓒曰：‘今竹舆车也，江表作竹舆以行是也。’……此直言以轿过领（岭）耳。”此后，即以“轿”为肩舆的通称，如《世说新语·简傲》记王子猷“肩舆径造竹下，讽啸良久”。又如宋王铚《默记》所载：“艺祖（赵匡胤）初自陈桥推戴入城，周恭帝即衣白襕，乘轿子，出居天清寺。”

宋吴自牧《梦粱录·顾觅人力》载：“凡顾倩人力及干当人，如解库掌事，贴窗铺席……轿番、小厮儿、厨子、火头、直香灯道人、园丁等人，更有六房院府判提点，五房院承直太尉，诸内司殿管判司幕士，六部朝奉顾倩私身轿番安童等人，或药铺要当铺郎中、前后作、药生作，下及门面铺席要当铺里主管后作，上门下番当直安童，俱各有行老引领。如有逃闪，将带东西，有元地脚保识人前去跟寻。”可知，宋代时业已形成了“轿夫”业行会组织。

古代的轿子有二人抬的，乃至四人、八人抬的不等，皆因乘轿人的等级、用途而异，故轿子又分若干形制种类。汉语中最早命名为“轿车”的，则是一种畜力木轮车，因布帐车厢开关似轿而得名。至近代，小汽车传入中国，随着畜力轿车的销迹而将其名转让给了小汽车，留在人们印象中最深刻的，唯有以人抬行代步的轿子了。而自有轿子以来，则必有人抬轿，渐渐则使抬轿子成为一种职业，即轿夫。汉代服虔《通俗文》曰,“举振谓之抬”，说的是“抬”的初义。“抬轿子”一说的雏形，可见于《京本通俗小说·碾玉观音》:“叫两个当值的轿番，抬一顶轿子。”

近人孙锦标《通俗常言疏证·流品·抬轿》引明田汝成《西湖游览志余》语云:“成衣曰‘戳短枪’，抬轿曰‘扱（音 chā，向上举）楼儿’。”锦标接续释云，“今人则云‘扛楼子’也”。清翟灏《通俗编·识余》亦有同样记述，“江湖人市语尤多，坊间有《江湖切要》一刻，事事物物，悉有隐称。诚所谓惑乱听闻，无足采也。其间有通行市井者，如官曰孤司，店曰朝阳，夫曰盖老，妻曰底老……成衣曰戳短枪，抬轿曰扱楼儿，剃头曰削青”云云。检视《江湖切要·工匠类》得见,“成衣：单线通；甲札。缝衣匠：双线通。做帽人：水线通”；在《经纪类》得见，“挑扁担：天平生。抬轿：兜力；押生”，而未见《通俗编·识余》所录之“成衣曰戳短枪，抬轿曰扱楼儿”。看来,《通俗编》和《通俗常言疏证》所引，均当出自明田汝成的《西湖游览志余》。然而，考至今本《西湖游览志余》，却未见这些记载，未知其故，或是二位所据版本今已不存。

如今，虽然轿子已成为民族传统文化中的古董，但在民间俗语中留下了它的遗存，即“抬轿子”。探寻俗语“抬轿子”的民众语源，首先是源自中国古代以轿代步之习俗惯制。现代所说“抬轿子”并非取其字面意义，而是喻指社会风尚中人际关系的一种互相吹捧、互相利用，以求得一点好处的恶习。

“荤破素猜”说“疲软”

清代石成金《传家宝·群珠》里，有解说“于事无济”的所谓“二多”:“浮躁多败事，疲软多废事。世人之病，只此二件。总之，于事无济。”显然，“疲软”则无济于事。这是毋庸置疑的了。

在汉语史上，“疲软”曾经有数个语义相近的用法。

其一，如梅尧臣《希深惠书言与师鲁永叔子聪几道游嵩因诵而韵》诗云:“欧阳称壮龄，疲软屡颠踣；竞欢相扶持，芒屩资践蹂。”此后，多有沿用此义者，如洪昇《长生殿·刺逆》:“又因爱恋段夫人，酒色过度，不但弄得孤家身子疲软，连双目都不见了。”又恽敬《与赵石农》：“敬久官南中，腰脚疲软。”是指疲倦乏力。

其二，如《晋书·刘颂传》：“今世士人，决不悉良能也，又决不悉疲软也。”曾巩《将军制》：“今阅士之艺，朕皆亲临，拔其异能，而汰其疲软。”李贽《答焦漪园书》：“真英雄子，画作疲软汉矣；真风流名世者，画作俗士。”就此，按照《汉语大词典》的释义，是指“拖沓无能”（卷八，第309页）。且使用这个取义者，还可举出一些书例。如晁补之《鸡肋集》卷二四《上皇帝论北事书》：“今日陛下建学设科，使为士者知兵；颁教立法，使为兵者知战，十有余年，惰慢疲软之气既复拯矣。”显然，“惰慢疲软”亦即“拖沓无能”者也。

其三，吴敬梓的《儒林外史》还有个用法，似与上述意义略有不同。是书第一回《说楔子敷陈大义　借名流隐括全文》中，知县时仁发心里想：“老师既把这个人（指画家王冕）托我，我若不把他就叫了来见老师，也惹得老师笑我做事疲软；我不如竟自己下乡去拜他，他看见赏他脸面，断不是难为他的意思，自然大着胆见我，我就便带了他来见老师，却不是办事勤敏？”对此，当年的南京师范学院中文系本书整理组注云：“疲软：软弱无能。和下文的‘勤敏’，都是官场考绩的用语。”也就是说，这里的“疲软”与“勤敏”语义对应，当指“软弱无能”。

其四，亦即时下的用法了，是在市场经济大潮中翻滚出了新的比喻性用法，用以指“市场疲软”，亦即货币汇率呈下降趋势，或是商品销售势头不旺盛。

画虎不成反类狗

所谓“画虎不成反类狗”，通常的意思，是用来比喻因弄巧成拙而贻笑大方，或者是比喻事与愿违、反而把事情弄糟了。著名作家茅盾先生在小说《蚀·动摇》中写道：胡国光忽然怨恨起这江湖术士来，他心里想：“都是这张铁嘴骗人，现在是画虎不成反类狗。”意思就是弄巧成拙。再如苏州评弹《老地保》“只怕画虎不成反类犬，热心肠反惹大祸灾”，说的是事与愿违。同这个俗语相类似的，还有成语“欲益反损”和俗语“烧香引来了鬼”等。

宋代僧人释普济，在著名的佛教经典《五灯会元》中记录的一首小诗，十分有趣地写道："达摩（原作'达磨'）携将一只归，儿孙从此赤脚走。借他朱履代麻鞋，休道时难事掣肘。化鹏未遇不如鹍，画虎不成反类狗。"清代学者蒋超伯认为，"画虎不成反类狗"这个俗语，曾经是汉代最早流行的"里语"，所说不错。范晔在《后汉书·马援列传》中写道："杜季良豪侠好义，忧人之忧，乐人之乐，清浊无所失，父丧致客，数郡毕至，吾爱之重之，不愿汝曹效也……效季良不得，陷为天下轻薄子，所谓画虎不成反类狗者也。"与马援故事以及这个俗语相关的还有成语"画虎刻鹄"。所谓"鹄"，就是人们常说的"鸿鹄之志"中的"鹄"，"鹄"就是现在我们平常说的天鹅。据《东观汉记·马援传》记载，马援在《诫兄子严敦书》中说道："时下担任'山都长'的龙伯高，为人廉洁公正、谦谨厚道；而'骑越司马'杜季良为人豪侠好义，无论什么人都能与之同乐。尽管我对他们都很敬重，但是我希望你们向龙伯高学习。因为，即或你们未必学成像龙伯高那样高尚，也只能是'刻鹄不成尚类鹜'（鹜，就是俗话说的野鸭子）；与之相反，你们若学季良不成，就难免会落得'画虎不成反类狗'的下场，成为被人耻笑的轻薄子了。"

蒲松龄在著名的《聊斋志异·胭脂》中，则把"画虎不成反类狗"简化成了"画虎成狗"，"身已许君，复何吝惜，但恐画虎成狗，致贻污谤"。又作"画虎不成反类犬"，"犬"就是狗，语言色彩上似乎稍微"文"了一点，属于同义替代。最早见于唐代刘知几《史通》第一卷："君懋（mào）《隋书》，虽欲祖述商周，宪章虞夏，观其所述，乃似《孔子家语》，临川《世说》，可谓画虎不成反类犬也。"此外也有写作"画虎不成反类其狗""画虎不成反倒类犬""画虎翻成犬"或"画龙不成反为狗"的；或者把它缩略去后半部分化作歇后语式的用法，干脆说成"画虎不成"，早在北齐颜之推的《颜氏家训·学艺》中就已有此用。

为什么只说"画虎不成反类狗"而不说画别的什么"不成反类狗"呢？譬如在动物学上虎属猫科，其外貌还有相像之处，那么为什么不说成"画猫不成反类狗"呢？这就要说到这个俗语的民俗语源了。首先，中华民族是一个具有悠久的龙虎文化信仰的民族。从上古时代的以虎为图腾的氏族部落算起，就形成了源远流长的有关虎的各种民俗文化。早在汉代，便有了在门首画虎祈吉辟邪的习俗。于是，相沿成习，在许多地方至今仍然保留着这种古老的民俗事象。民间有古老的画虎辟邪民俗，历代画家们的虎画也是中国文化史上的一大艺术景观。宋代大文学家欧阳修在《归田录》中，就记载了宣州地方有一个以画虎为业著名于世的包氏家族，在这个画虎世家中，以包鼎画的老虎最为著名。

在现实生活中，“画虎不成反类狗”的事往往也是难以避免的。如欲避免“画虎不成反类狗”，就需反其道而用之，为人做事就不要好高骛远，要脚踏实地地正确评价自己，量体裁衣、量力而行。

磨刀不误砍柴工

所谓“磨刀不误砍柴工”，通常的意思是如果事前的准备工作做得充分的话，那么非但不会影响工作的正常进展，反而可以更加顺利和加速事情的进程，会产生事半功倍的效果。在我国山西省南部的晋南地区太行山一带民间，至今还流传着一个外地鲜为人知的有关“磨刀不误砍柴工”这句俗语的优美传说。民间传说，当初七仙女下凡嫁给了董永之后，不觉也触动了六仙女渴望人间美好生活的思凡之心。于是，她驾着祥云遍游各地区寻找她心目中向往的那个“董郎”。这天，她游至太行山麓，发现山里有一对樵夫兄弟正在砍柴，这对汗流浃背的年轻樵夫生得眉清目秀、一表人才，然而衣衫褴褛，不觉爱怜之心油然而生，于是按落云头走上前去。那砍罢柴正要回家的两位樵夫，是一对名唤大宝、二宝的孪生兄弟。二宝眼见一位美女翩翩而来，就打笑说：“哥哥，你瞧，那是谁家的姑娘寻你来了！”哥哥却毫不理会地挑着柴担边跑边说：“天都这么晚了，快赶咱们的路吧，当心遇上妖怪！”然而，就当他们兄弟俩刚刚跨进门槛之际，那六仙女也跟着进了门。大宝诧异地连忙进里屋去请老娘出来，二宝却是赖着脸皮同六仙女搭起讪来。六仙女没有理睬他，竟呜咽起来。看见大宝搀着老娘走过来，六仙女当即上前深深拜了一拜说道：“小女随爹爹逃荒落难至此山中，不意爹爹为保护女儿，让女儿不受老虎伤害，自己却葬身虎口，小女无奈只好尾随着两位哥哥来到贵府，还望老妈妈收留。”老妈妈一听，连忙安慰说：“姑娘不要太难过了，明天就让我两个儿子进山打虎为姑娘报仇。”六仙女赶忙答道：“谢谢老妈妈安慰，那老虎早就不知去向了。只是如今小女孤苦伶仃一个人举目无亲，但求老妈妈做主为我寻个善良厚道的农户人家嫁过去，也好安身。”老太太闻之也很是高兴，当晚同姑娘一起睡下时，便悄悄地探问姑娘可愿意做自己的儿媳妇，姑娘面带羞涩地答道，“就凭老妈妈做主是了”。这下子，老太太虽然十分欢喜，却也不免作难起来。按道理，应当招为大儿媳妇，若这样，那生性奸猾刻薄、事事都惯于争上风的二宝岂能忍让？还不得弄出事来？思前想后，老太太想出了一个办法——让这兄弟俩明天仍去山里砍柴，说定谁砍得又多又快，姑娘就嫁给谁作媳妇。第二天，心眼多的二宝还没等天亮就独自起床，上了柴禾比较嫩软好砍的南山。大宝呢，有意谦让弟弟，故意把柴刀磨了又磨，然后才不慌不忙地奔往北山去砍坚硬的老柴。然而，由于大宝的柴刀磨得十分锋利，尽管他上山迟，老柴又硬，等到天黑，他已砍了一整担柴挑回家。反观二宝却因为柴刀太钝，嫩柴湿而韧不好砍，直到很晚才挑了半担柴回到家来。老太太见状就说，既然这样，那只好让你大宝哥哥拜花堂成亲啦。这时，正中下怀的六仙女也笑道：这真是“磨刀不误砍柴工”啊！从此，就有了“磨刀不误砍柴工”这句广为流传的俗语。

六仙女思凡寻郎这个民间神话传说，尽管是抑恶扬善、美丽动人，但也总归是传说。事实上“磨刀不误砍柴工”这个俗语完全是人们从实际劳动中总结出的一种经验之谈，反映着古时砍柴劳动的一种相关习俗。不过，作为广为流传的俗语，人们更主要用它比喻一个朴素的道理，那就是开头我们说过的——无论做什么事情，如果事前的准备工作做得充分的话，那么非但不会影响工作的正常进展，反而可以更加顺利和加速事情的进程，事半功倍。让我们记住这个美丽的神话传说，也一起记住这个“磨刀不误砍柴工”的道理。

有缘千里来相会

所谓“有缘”，就是有缘分，有机缘。常说的“缘分”，就是由于以往的因缘而产生的现在的机遇。在佛教里，所谓的“缘”，一是指色、声、香、味、触、法六缘，亦即“尘缘”；二是指因缘，即以事物的生起、坏灭的主要条件为因，其他的辅助条件为缘。明代冯梦龙辑录的民歌《挂枝儿·缘法》里说："有缘千里会，无缘对面遥。"实际上正是对"有缘千里来相会"的简缩化用。

所谓"有缘千里来相会"，通常的意思是，人和人之间存在着一种缘分的关系，如果互相有缘分的话，无论相距多么遥远也总会有机会相识、相逢。在实际生活里，往往用这个俗语来形容男女之间的恋情或婚配，并且说成"有缘千里来相会，无缘对面不相逢"。例如著名的中国古代白话小说集《清平山堂话本》中有个《董永遇仙传》的故事，就是这样的用法。书中的仙女对董永说道："非奴自贱，因见官人是个大孝之人，故此情愿为妻，你到反意推却！岂不闻古人云：'有缘千里能相会，无缘对面不相逢？'"在著名的市井风情小说《金瓶梅》里，用法相似，尽管只说出了前半句，不过意思还是一样的。第九十八回书中的爱姐对陈敬济说："奴与官人，一缘一会，也是二十六岁，旧日又是大老爷府上相会过面。如今有幸遇在一处，正是有缘千里来相会。"到了现代，这个俗语仍然为人们喜闻乐道。例如现代作家萧军在小说《五月的矿山》第九章里写道："真是'有缘千里来相会'，咱们弟兄真不简单，在这里又碰到了。"也许正因这个俗语流传广泛，各地也流行着多种"版本"的民间传说。尽管传说中的人物、情节有所不同，但有一个共同的媒介，那就是一只神猿，都是取"缘"与"猿"的谐音而来。在吉林的前郭县一带，还流传着一个类似的以婚姻为故事情节的传说，讽刺了嫌贫爱富的姑娘与"穷光蛋"小伙子"无缘"。这些都说明，这的确是一个流传十分广泛的常用俗语。我们衷心地祝愿天下有缘人都有幸相识、相逢！

源自《红楼梦》作者曹雪芹的歇后语

《红楼梦》同《三国演义》《西游记》《水浒传》一道，被视为中国文学四大名著，是享誉世界的伟大作品，广泛流传到海内外。其间，产生了不计其数的相关俗语和优美的民间传说。其中，源自《红楼梦》的歇后语就有许多。例如，"贾宝玉出家——看破红尘""焦大不爱林妹妹——有自知之明""贾宝玉看林妹妹——一见如故""贾宝玉娶亲——不是心上人""贾宝玉的游魂——误入迷津""刘姥姥进大观园——长见识”“刘姥姥出大观园——满载而归”，等等。歇后语是汉语所独有的一种幽默有趣的俗语品类，一向为人们喜闻乐道。如果再联系有关的民间传说，则更加妙趣横生了。今天，我们就来谈谈北京香山一带流传的与《红楼梦》作者曹雪芹相关的三个歇后语和传说。

《红楼梦》出自清代作家曹雪芹的笔下。相传曾在香山居住的曹雪芹，是个颇有个性的人，无论日常衣着穿戴，还是平时的笔墨活动，都往往与众不同，很特别。曹雪芹不仅能写作，而且是个不错的画家，相传他作画的画法就异于常人。一般人作画都是一笔一画地追求细致、逼真，而他却是常常将墨往纸上一泼，然后就横涂竖抹得黑乎乎一片，猛然看不出画的是什么，只有仔细琢磨，才越看越有韵味。写字亦如此。这天，他应香山三教寺老方丈之邀，为老爷殿题写一块通常用笔无法写的“千秋长存”四个特大字的大匾。只见曹雪芹并不用笔，而出人意料地用棉花球蘸了墨先往匾上双线勾边，然后用墨填满，四个大字遒劲大方，别具一格，令人称奇叫绝。久之，当地就传开了一句歇后语，叫作“正白旗的曹雪芹——真特别”。曹雪芹排行老二，加之性情特别，人们背地里就戏称他为“个二爷”。当时，曹雪芹同其他满族旗人一样，有时也喜欢弄个鸟笼子养养鸟什么的。说起来不仅他本人性情特别，就连他养的鸟也个性十足。曹雪芹养了一只看起来十分普通的“蓝靛颏”小鸟。别看那小鸟个头儿不大、貌不惊人，毛色也不怎么华丽动人，但是叫声却带着水音儿，格外婉转动听，还会拉着长声打嘟噜呢，可谓一鸣惊人。北京土语把能说会道叫作“会哨”。人们联想到不仅曹雪芹能说会道、性情特别，他养的鸟也这般特别会叫，就编了句歇后语叫作“个二爷的蓝靛颏——特能哨”。

《红楼梦》中的许多故事，香山一带的当地人大都能讲上几段，有的还能用大鼓词唱出来呢。当地民间传说，《红楼梦》里贾宝玉的故事，大都是作者曹雪芹小时候的事儿。因而，他们干脆就管曹雪芹叫“贾宝玉”。要说起这“贾宝玉”自小到大的身世，也真是够坎坷的了。相传，“贾宝玉”小的时候曹家十分富裕。朝廷规定再富有的人家房产也不准超过百间，当时曹家的房子就多达 99 间，仆从佣人上百个。后来不知出了什么事，弄得家破人散，被叫作“贾宝玉”的曹雪芹也妻死儿亡、缺衣少食，住进破烂的小西屋去，专心写他的《红楼梦》。自小就肩不会担担、手不能提篮的他，不时地还得想方设法喝两盅小酒儿，贫困潦倒艰难度日，才40多岁时，书还没写完，就贫病交加而死。联系到他这一生大起大落的坎坷经历，当地编了个歇后语，叫作“贾宝玉住进了小西屋——到哪儿说哪儿”。意思是，人生不易，走到哪步说哪步的话，要正视现实才是。大约20年前，香山一位老人向人讲这个故事的时候，那朴素通俗的说法，尤其有益于今天我们对这个歇后语的理解。他说：“我小的时候，四王府的老人常提起‘贾宝玉’在营子里喝酒写书的事儿。谁家要是遇到过不去的事，生活有了困难，别人就劝他说‘贾宝玉住在小西屋——到哪儿说哪儿’吧！”

虽然上述三个歇后语的意思分别是“真特别”“特能哨”和“到哪儿说哪儿”，但联系有关曹雪芹的传说，就显得别有情趣了。

挂羊头，卖狗肉

在日常生活中，人们通常用“挂羊头，卖狗肉”来比喻用好的或人们所能认同、接受的事物作为幌子，实际上却是表里不一、名不副实。显然，这个俗语，出自源远流长的用实物作为招幌的商业民俗。实物招幌，就是直接把所经营的商品实物陈置或悬挂出来作为招徕顾客的标识。“挂羊头，卖狗肉”，是由肉铺悬挂并非所卖商品的实物招幌而来。在我国的河北容城一带，至今仍流传着一个有关“挂羊头，卖狗肉”的民间传说。相传很久以前，有位名叫张城的山西商人特爱吃狗肉。这年，张城贩马途经一座小镇，在狗肉馆酒足饭饱之后，又花了十两银子买下一只大黄狗带着上路。不承想，还没走出多远，他就醉倒在草丛里酣睡起来。这时，早生歹意的狗肉馆掌柜已经追了上来，急于去解张城腰里鼓鼓的钱袋。不料那只刚刚换了主人的大黄狗却死死地护着不许他靠前。掌柜便索性点着了四周的茅草。大黄狗急切地用嘴叼张城的衣服，无奈他醉得太深怎么也不醒。没办法，大黄狗就反复跑到附近河沟把全身弄湿，再疾奔回来滚灭张城周围的大火。然后它就又冷又饿地守候在主人身边，直到那狗肉馆掌柜无可奈何地离去，它也筋疲力尽，倒在主人身边死了。等到张城酒醒之后，尽管他弄不清起火的原因，却清楚是身边这只原本买了预备吃肉的大黄狗救了自己一命。于是，他重新跑回那家狗肉馆，倾尽囊中所有把那里预备杀了吃肉的狗全部买下放生，然后买了若干只羊要掌柜从此把狗肉馆改成羊肉馆，并亲手砍下一颗羊头挂在门前作为幌子。不承想那贪得无厌不守信义的掌柜，竟然照旧经营狗肉生意，只是恐怕张城回来发现，仍然虚挂着那个羊头幌子罢了。从此，“挂羊头，卖狗肉”这个俗语就流传开来。

不过，传说终归是传说。事实上，这句俗语有文献可证的出典非常早，而且最先见于先秦典籍时的说法是“悬牛首，卖马肉”，也就是“挂牛头，卖马肉”。《晏子春秋·内篇杂下一》载：“君使服之于内，而禁之于外，犹悬牛首于门，而卖马肉于内也。”后来，在汉代又略有变化，那就是《续汉书·百官志三》注补引《决录注》中记载的“世祖赐丁邯诏曰：‘悬牛头，卖马脯，盗跖行，孔子语。’”这个俗语竟然出现在一朝天子的金口中。直到宋代，在佛门僧人口中，“悬牛首，卖马肉”才开始变成与现在说法相近的“悬羊头，卖狗肉”。据《五灯会元·卫州元丰院清满禅师》：“有般名利之徒为人天师，悬羊头，卖狗肉，坏后进初机，灭先圣洪范。你等诸人，闻恁么事，岂不寒心？”这段文字记载表明，是佛教禅宗首先这样用的。

到了现代，“挂羊头，卖狗肉”已经成为一个人们经常用来形容表里不一、名不副实的俗语。例如，鲁迅在《南腔北调集》里的一篇杂文中写道：“这功绩的褒奖是除稿费之外还有消息奖，‘挂羊头，卖狗肉’也成了过去的事，现在是‘卖人肉’了。”邹韬奋在《患难余生记》里写道：“我们要求实现真正的民主政治……反对挂羊头卖狗肉的有名无实或徒有形式而缺乏精神的‘民主’政治。”曾经影响了一代人的小说《青春之歌》里写道：“我们的组织决不能叫一些挂羊头卖狗肉的反动分子、投机分子所欺骗。”有时，也省略作“羊头狗肉”。例如郭沫若在《泰戈尔来华的我见》里写道：“在我们凡百事情都是羊头狗肉的中国，一切原则都要生出例外。”法国著名作家巴尔扎克曾经说过这样的话，“一清如水的生活，诚实不欺的性格，无论在哪个阶层，即使心术最坏的人，也会对之肃然起敬”。“挂羊头，卖狗肉”显然是一个具有贬义色彩的比喻性俗语，它在鞭笞那些表里不一、名不副实行为的同时，也在告诫人们，做任何事情都一定要恪守表里如一、名副其实的道德规范。

敲竹杠

所谓“敲竹杠”，通常用来比喻利用别人的弱点或利用某种借口，蛮不讲理地抬高物价或是勒索钱财。1934 年 10 月 27 日，鲁迅先生在给郑振铎先生的信中，引用过这个俗语。信中说：“十月十六日信早收到。《木刻纪程》是用原木版印的，因为版面不平，被印刷厂大敲竹杠，上当不浅。”在这里，鲁迅是用来比喻印刷厂借口“版面不平”而抬高印制费用。在现存历史文献里，“敲竹杠”这个俗语比较早地见于清末通俗小说《官场现形记》，或许是同这部小说描写的官场黑暗这个题材有关，在书中被反复使用。例如第十七回写道：“兄弟敲竹杠，也算会敲的了，难道这里头还有竹杠不成？”这里所谓的“敲竹杠”，是指借机勒索他人钱财。又如第二十二回写道：“我决不敲他的竹杠，只要他把从前七八年的用度算还了我，另外再找补我几吊银子。”显然，这里的“敲竹杠”，是指利用别人的弱点、危难而抬高应收回的欠账。在清末另一部名为《市声》的通俗小说中，还含有借机故意刁难的意思。书中那句话是“（她）故意敲竹杠，要他六千银子，才肯嫁他”。

那么，为什么把借机抬高价格或勒索人钱财说成是“敲竹杠”呢？就像方才谈到的《官场现形记》里面的前一个例子说的：“难道这里头还有竹杠不成？”是啊，这同“竹杠”还能有什么必然关系？说起来，这当中还有几种说法各不相同的民间掌故传说。这几个民间掌故传说，或许正是“敲竹杠”这个俗语的来源。

一种说法是，清朝时，市面上的小额交易大都花的是铜钱，店铺收了铜钱之后，便随手把它们扔进一种用竹杠做的钱筒里面去。到了晚上结账时，再把它们倒出来，叫作“盘钱”。当时上海有一家店铺老板为人很不老实，每当遇到陌生的顾客总是随意抬价，欺负生客。每当有生客光顾时，他就敲打一下装铜钱的竹杠，示意伙计提价一成，敲打两下，当然就是提两成价了。后来，事情败露，传了出去，人们就诙谐地用“敲竹杠”来比喻借机抬高价格。

再一种说法，则把“敲竹杠”同贩毒、禁毒联系在一起了。相传，清朝时，一些鸦片贩子为了逃避官兵的查禁，就想出了一个办法，把鸦片烟藏到用来撑船的竹篙当中，那竹篙已经预先打通了竹节，能藏很多鸦片。后来，官兵也发现了这个贩毒的秘密办法。一些腐败的官兵，每当上船检查时，就故意用手里拿的旱烟袋锅往竹篙上面磕烟灰。贩毒者见了，怕事情败露，就立即往上船盘查的官员手里塞银子。那腐败的官员心领神会，受了贿，也就不再查下去了。这些官员们一见有利可图，便在每次上船检查时故意反复地敲打竹篙，贩毒者也只好一次又一次地往他们手里塞银子。时间长了，事情传开了，人们就不再把借职权之便索贿受贿叫“敲诈勒索”，而是改叫“敲竹杠”了。

无论是商务行为，还是在社会生活的其他活动中，“敲竹杠”这种行为，都是为世人深恶痛绝的不道德行为，甚至还可能触犯法律。因而，无论是这个俗语的词义，还是可以视为它的民俗语源的各种民间掌故传说，都体现了这种贬义的色彩。在日常生活里，既要使用得当，还应学会切实抵制各种“敲竹杠”的行为。如果这个俗语所体现的那种不道德现象从社会生活中彻底消失了，社会风尚必然会净化许多。但愿它尽早成为全无现实所指的“语言化石”。

情人眼里出西施

所谓“情人眼里出西施”，通常是比喻男女之间的恋情极深，觉得对方非常完美、无可挑剔，经常用来比喻自己完全钟情的女子。西施是春秋时越国的著名美女，世人一向将西施作为美女的代称。《金瓶梅》里多次出现这个俗语，如第三十七回，“自古道，情人眼里出西施”。《红楼梦》第七十九回，“一则是天缘，二来是情人眼里出西施”。西施大约是春秋末期的人，那么这个俗语是什么时候出现的呢？也就是说,《金瓶梅》里所谓的“自古道”，到底是什么时候，到底有多“古”呢？现已很难考证确切了。不过，就如今所见的文字记载，至少在宋代，它就已经是流行十分广泛的一个俗语了。宋代诗人黄山谷把这个俗语恰到好处地化入了《戏答公益春思》诗之中，成为当时诗坛颇受众人关注的一段佳话。这首诗写道：“草茅多奇士，蓬荜有秀色，西施逐人眼，称心最为得。”就此，宋代著名的诗话《苕溪渔隐丛话后集》和著名的笔记《能改斋漫录》，在评论黄山谷这首诗时，引录“情人眼里出西施”和“千里送鹅毛，物轻人意重”等俗语，都认为是一时流行的

“鄙语”，亦即如今我们所说的“俗语”。

“情人眼里出西施”这个俗语，无疑是来自有关古代美女西施的典故，但在各地民间，却流传着许多不同“版本”的相关传说。一种说法是，春秋时期，越国的会稽城外，住着一位勤劳勇敢而又爱憎分明的青年樵夫，名叫秦仁。一天黄昏，秦仁挑着满担的柴禾在下山回家途中，只见迎面跑来三个慌慌张张、蓬头垢面的年轻女子跪地求救，后面隐约可见一队人马正向这里疾赶。原来，美丽的西施不惜牺牲自己助越国灭吴国，那心胸狭窄的越王夫人妒心大发，决意置西施于死地以解心头的嫉恨。于是，西施等三人闻风而逃，越王夫人便率兵在后紧紧追杀。疾恶如仇的秦仁不慌不忙，勇敢、机智地瞒过了越王夫人气急败坏的追问。然后，推开柴门，请西施姐姐等三位姑娘出来。姑娘们不觉惊奇地问道：“您怎么会知道我们当中有西施姐姐呢？”秦仁答道：“越王夫人如此气急败坏追杀的，必然是西施姐姐了。”这时，其中的一位姑娘调皮地要秦仁当场指认哪位是西施姐姐。结果，秦仁凭着他的机智不假思索地指了个正着，正是其中那位尽管面容憔悴，但仍不失当年风采的女子。从此，就传开了“秦仁眼里出西施”的故事，久而久之，也就演变成了“情人眼里出西施”这个俗语。

另一个“情人眼里出西施”的传说，同现在我们对这个俗语的用法比较接近。相传在“西施塘”附近，住着个名叫王小小的年轻人。自幼就死了爹娘的王小小，跟着奶奶过日子。从小儿，他就经常在西施塘边听奶奶讲述西施的故事。每次讲到西施如何用美貌迷住吴王，帮助越王取胜之后，西施却因越王夫人的迫害而不知去向时，王小小总是为西施愤愤不平。当王小小长大之后，一天夜里，他梦见西施姑娘对他说：“你想见到我吗？那就于夜里到西施塘畔去好了。”从此，他就经常在夜间到西施塘畔去等候，期望真的能够如愿见到西施，几乎到了着魔的状态。话分两头。王小小住的村子里有位假仁假义的刁钻财主，叫王仁义。王仁义的妹妹、妹夫故去后，留下了一个孤苦伶仃的女儿小雯。孤苦无依的小雯投奔到舅舅这儿之后，尽管聪明能干，还是难免遭到舅舅和舅母的白眼和虐待。这天夜里，薄情寡义的王仁义一直把小雯追骂到西施塘畔，边追边骂：“死尸，看你往哪儿跑。”在吴语乡音中，“死尸”与“西施”发音十分相近。这时，正在塘边等见西施的王小小猛然一听“西施”，再一抬头，果然一位美女就站在眼前，不觉大喜过望。又急又怕的小雯莫名其妙，刚想解释，不想从后面紧紧追来的舅舅又大声骂道：“竟然跑出来找野男人，那就再也别回家好啦！”于是，小雯就跟王小小结婚成了家，恩恩爱爱十分美满。乡邻们议论说：“那小雯明明不是西施，却在小小眼里变成了西施，真是情人眼里出西施呀！”小雯之所以能被王小小视为西施，显然是其爱得深切，爱得真挚。正应了李商隐的诗句，“心有灵犀一点通”啊！

“情人眼里出西施”这个俗语在使用上，通常是在被钟情的女方姿色并不出众，甚至还是在对方相貌很丑的情况下的反说。例如，《二十年目睹之怪现状》第八十七回：“其实他没有大不了的姿色，我看也不过情人眼里出西施罢了。”

应声虫

当代作家巴金在代表作之一《春》中，用过这个俗语。书中人物淑华指着淑贞说，“你简直是二姐的应声虫”，“可惜琴姐没有来，不然你更那个了”。这“应声虫”是什么意思？所谓“应声虫”，通常用来比喻自己并无主见而只知随声附和的人。那么，这个比喻是怎么来的呢？说起来，是出自 1000 多年前唐代传说中的一种叫作“应病”的怪病。相传，要是有人患了这种“应病”的话，他一说话，身体内就会发出呼应之声。据唐代笔记《朝野佥载》记载，当时的洛州就有人患过这种怪病。在唐代刘餗的《隋唐嘉话》里，则记载了一个医官苏澄设法治疗应病的故事。苏澄对前来求医的人说：“据我所知，自古还没有治这种病的药方。不过，如今我所编的药书《本草》几乎开列了天下所有的药物。你不妨把书里的每一种药名都试着读一遍，或许能找到治你这怪病的方子。”病人每读一种药名，肚子里都发出回应，唯有读到一种药名时没有回应，再三读它也无回应。于是，苏澄便以这味药为主配制出一种药，让那人服下，结果药到病除。至于苏澄具体用的那味主药是什么，病人肚子里又是什么东西发出的回应，《隋唐嘉话》里并没有详细的记载，成了一个谜。不过，到了宋代，在《遁斋闲览》和《文昌杂录》这两部笔记中，则以具体的事例道破了谜底。据说，有个年轻人得了一种怪病，他对医生说：“每当我说话的时候，肚子里总会有一个声音重复这句话。”医生说：“这叫应病，是应声虫在作怪。”他问：“这病可得怎么治呀？”医生摇着头说：“以前，我只听说有这样的怪病但还没经手治过。”患者只好无可奈何地走了。不久，已经面黄肌瘦的那个患者再次上门求医，医生想了想问道：“那应声虫的叫声可有高低起伏变化？”患者说：“有啊，如果我说这东西好，它就大声回应，我要说这东西不好，它回应的声音就低。”听到这里，医生似乎获得了某种启发，他想：“既然好的它就大声回应，不好的就低声回应，说明它具有选择识别的能力，对于不能接受的事物它也就肯定不会回应了。其中，也应包括不敢吃的东西。它不敢吃的东西，很可能就是一种治疗这种应声虫怪病的药材。”于是，这位医生立刻找来一本药书要患者逐项去读。按照医生的要求，患者开始一样一样地读医书上的药名，每读一样儿，肚子里的应声虫就重复一声。但是，当读到草药名“雷丸”这两个字的时候，肚子里的应声虫却全无声息了。医生不禁大喜，当即开了一剂“雷丸”嘱他服下，没几天，那病人就彻底痊愈了！相传，后来有个乞丐也得了这种名叫应声虫的怪病。当有人向乞丐推荐这种治疗办法时，他却婉言谢绝道：“我本是个因穷困而以乞讨为生的人，别无其他求生技能，只好靠这应声虫怪病来乞讨谋生了。”原来，他把所患的这种怪病当成了赖以行乞的特殊技能，把表演怪病当作了乞讨的手段。

在现实生活中，从清代以来，“应声虫”就成了没有主见和随声附和的代名词。应该说，“应声虫”既可能是知识上的贫弱者，也可能是生活能力或是思想意志方面的弱者。至于故意充当“应声虫”，还可能是出于某种需要而进行的阿谀、谄媚或欺骗性质的虚伪表演。显然，无论是哪种因素造就的“应声虫”，大都是一种可怜而又可悲的“可怜虫”。

关于“应声虫”俗语由来的生动故事尽管有些荒诞，但故事中那位医生探析问题的思维方法却不乏可供我们思考和借鉴之处。就是说，无论遇到什么蹊跷难解的事物，都应当逐一进行细致周到的调查研究，在调查研究的过程中注意发现问题和规律，寻找解决问题的方法。任何不可知论，都是不可取的，到头来也只能充当“应声虫”的角色。

借光

鲁迅先生在《故事新编·理水》中写道，外出治水的大禹在“一大批乞丐似的随员”陪同下回到京城时，走在最后面的随员连声说道，“借光，借光，让一让，让一让”，就“从人丛中挤进皇宫里去了”。这里的“借光”，显然是指请人给让点方便的意思。按照字面的意思，“借光”的本义应当是指自身不能发光的物体借助其他发光物体的光亮。例如明代学者李诩《戒庵老人漫笔》转引明代撖（音 hàn）大经《月影辨》中说的，“先儒谓月借光于日，信矣”，就是取的这种本义。相传古人“囊萤照读”“凿壁偷光”和“映雪读书”之类故事，说的都是由于家贫没有钱点灯而只好借助萤火虫的微光、白雪的光亮或邻家的灯光刻苦读书。这与上面说的“月借日光”一样，也是本来意义上的“借光”。在现实生活里，人们还经常用“借光”来表示借助他人的名声、地位、能力等获得好处、利益。例如清代扬州八怪之一的郑板桥在一封家信中写道：“板桥诗文，最不喜求人作叙。求之王公大人，既以借光为可耻；求之湖海名流，必至含讥带讪，遭其荼毒而无可如何，总不如不叙为得也。”这段自白，正是郑板桥一生性格与人品的写照。反之，对于受到的某种挂连甚至株连，人们也往往也会取其反义说成是“借光”。不过，这种“借光”就带有揶揄和讥讽的意味了。

在中国历史上，流传着许多“借光”刻苦读书的故事。其中流传较广、影响较大的，就是前面提到的“囊萤照读”“凿壁偷光”和“映雪读书”。“囊萤照读”，据《晋书·车胤传》记载，曾经当过吏部尚书这样当朝大官的车胤，自幼读书十分勤奋刻苦，但是因为家贫买不起灯油而影响夜晚看书。于是，聪明的小车胤就想出了一个夏天里“借光”读书的有趣办法。他把捉来的许多萤火虫装到一只网袋里，吊在头的上方，然后夜间就借着众多萤火虫合在一起的微弱光亮继续发奋看书。终于成为以博学著称于世的一代名臣。后来，“囊萤照读”便成了一个著名历史典故，成为刻苦读书的代名词。柳亚子在《润之招谈于红岩嘴办事处》中写的诗句“与君一席肺肝语，胜我十年萤雪功”，正是“囊萤照读”与“映雪读书”这两个典故的化用。

鲁迅在《且介亭杂文·难行和不信》里说到的“古时候曾有‘囊萤照读’‘凿

壁偷光’的志士”，前者就是指晋代车胤的典故，后者则是另一个“借光”的典故。据《西京杂记》卷二记载，西汉著名经学家匡衡少年时代就勤奋好学，但是由于家境贫困而没有书读。为了求学，只好到一户藏书丰富的有钱人家去当佣人，借此去读那家的藏书。这家主人因此深受感动，就把一些他想读的书借给他带回家去细读。但是，家里太穷了，买不起灯油，于是他就悄悄地在墙壁上凿了个小洞，每天晚上就偷借邻居家的灯光苦读。终于成了大学问家。

从上述可见，“借光”这个俗语，通常有三种意义和用法，一是本来的意义，指自身不能发光的物体借助其他发光物体的光亮；二是请人给让点方便的意思；三是指分享、借助他人的名声、地位、能力等，从中获得好处。

“跑龙套”和“花架子”

“跑龙套”和“花架子”，是两个来源于传统戏曲艺术的俗语。

所谓“跑龙套”，本指在戏曲中扮演有关角色的随从或是兵卒角色的演员，也就是常言所说“跑龙套的”；著名作家艾芜的小说《南行记·瞎子客店》里，一段人物的对话，已把这个俗语的本源说得很明白了。他在书中说道：“教戏的师傅，说我演小生小旦都合适，可是一上台，那个无二爷只准我演跟班、跑龙套。”秦瘦鸥的小说《秋海棠》里，也写道：“后来他的年纪渐渐老起来了，《四郎探母》里的八妹、九妹，《二进宫》里的徐小姐也眼看去不成了，真要教他掮旗打伞的去充跑龙套，他却不愿。”著名京剧表演艺术家马连良专门写过一篇题为《跑龙套》的回忆文章。他在这篇文章中回忆说：“在我幼年学戏的时候，要想看几位老先生的拿手好戏，唯一的办法就是请求老师和先生在有我们参加演出堂会的日子，派我来一个龙套跑跑。每一次跑龙套我都能学到不少东西，所以那时候我最喜欢扮龙套，或是属于龙套应办的一些零碎活儿。说实话，我还真没少跑了龙套，因此，也就多学了一些先生们在教戏时说不到的最宝贵的表演动作。”在现实生活中，“跑龙套”通常用来比喻在人手下做些无关紧要事务的角色。事实上，尽管“跑龙套”的角色无关紧要，但也是社会生活中不可或缺的角色之一，是一种社会分工。试想一下，如果现实生活里没有了配角儿，光剩下了孤零零的主角儿，那还能有什么主角儿、配角儿之分吗？事实上，在现实生活中，谁都难免要经常地充当一些“跑龙套”的角色，或是曾经有这样的经历。著名作家巴金先生在《关于〈还魂草〉》这篇文章里就回忆说：“从一九六二年到现在我走了多长的路，我像一个平庸的演员跑了十几年的龙套，戏装脱掉，我应当成为我自己了。”

现在说说“花架子”。这个俗语的意思近似于北京方言中说的“花活”以及东北方言的“面子活儿”，是指虽然看着花哨但并不实用的事物，通常用来比喻“走过场”似的不重实效、并无实际价值的形式化的表面文章。现在，这个俗语已经在全国各地广泛流行，但要说起它的来源，却要联系到江浙一带关于黄道婆故乡的民间传说。相传，上海有个叫松江乌泥泾的地方。这里由于在元代时出了个著名纺织家黄道婆而名扬天下，被誉为纺织之乡。自从黄道婆把从广东黎家学回来的纺织技术进行了多项改革并传授给乡亲们以后，可谓是“家家闻机声，户户纺棉花”，几乎人人都成了纺织技术专家。这里有位出身破落户人家的李秀才，几经科考总是名落孙山，却又碍着自己出身于名门望族和书香门第，死要面子，不肯像其他人一样以纺织为生。眼看家中没有了隔夜粮，只好硬着头皮到湖州一个名叫“织理”的地方去以教私塾混饭吃。不承想，这个名叫“织里”的小地方竟然也是个纺织之乡。人们一听说是黄道婆那个纺织之乡来的秀才，就纷纷上门向他请教纺织新技术。在家乡时本就对纺织技术不屑一顾的他这下子可难坏了。说不会吧，人家怎么也不相信，还误以为是他保密呢。说会吧，还真就什么也不懂。盛情难却之下，他只好凭着记忆把曾经并非用心看过的黄道婆的织布机样式，画了个大致的图样。村民们高高兴兴地请木匠照图纸做了一架所谓的黄道婆织布机，尽管样子很精美好看，可是折腾了半天谁也不会使用——实际上根本就不能用。后来，真正的黄道婆纺织技术和新织布机传到了这里，人们才明白李秀才实在是不懂纺织技术。于是，村里人就把按李秀才画的样子做的那架织布机叫作“花架子”。这事儿传开之后，“花架子”便成了当地用来比喻中看不中用事物的一个俗语了。在汉语的俗语中，还有不少同“花架子”意思相近的，如“花木瓜，中看不中用”“银样镴枪头”“绣花枕头”“花里胡哨”等。

不管三七二十一

“不管三七二十一”这个使用频率非常高，而且流行十分广泛的俗语，意思非常明显，那就是不分青红皂白、不论情由，也不计后果，不管不顾，不顾一切。许多现代著名作家都用到过这个俗语。例如鲁迅在《两地书》中就跟许广平说过：“我因为自己好作短文，好用反语，每遇辩论，辄不管三七二十一，就迎头一击，所以每见和我的办法不同者便以为缺点。”鲁迅在另一篇《拿来主义》的杂文中也写道：“怎么办呢？我想，首先是不管三七二十一，‘拿来’！”又如梁斌的小说《红旗谱》里写的人物江涛，在领导人们反抗当时的苛捐杂税时说道：“不管三七二十一，咱们安杀猪锅，不图钱，不图肉，就争这口气！”

通过历代的文献可知，这个俗语比较广泛地流行于明代，明代的白话小说里可见到用例。例如《警世通言·杜十娘怒沉百宝箱》中，那妓院的老鸨恶狠狠地说：“须是三日内交付与我，左手交银，右手交人，若三日没有来时，老身也不管三七二十一，公子不公子，一顿孤拐，打那光棍出去。”还见于《醒世恒言·赫大卿遗恨鸳鸯绦》《清平山堂话本》《喻世明言》《初刻拍案惊奇》《二刻拍案惊奇》《三宝太监西洋记》等明代话本小说。可见，在明代这是一个十分流行的俗语。其中，《清平山堂话本》所汇集的民间话本小说，大都是宋代和元代的作品，只有少部分是明代作品。由此还可以推知，这个俗语在宋、元时期就已经开始在民间口头语言中使用、流行了。只不过，各书的文字记载略有差别而已，有的写作“不问三七二十一”，有的写作“不管三七廿一”，还有的写成“哪管三七二十一”，等等，不过历代流行最为广泛的说法，还当属“不管三七二十一”。

“三”乘“七”或是“七”乘“三”，都等于“二十一”，这是妇孺皆知的数学道理。那么，为什么用“不管三七二十一”来比喻不管不顾呢？就字面而言，解释为“不论常理怎样”，也是说得通的。不过，民间传说中也有一些典故式的有趣解说。或许是这个俗语在民间广为流行的缘故，各地有关其由来的民间传说也异彩纷呈，各说其是。一种说法，是战国诸侯割据时期，闻听日益强盛的秦国想要吞并其他各诸侯国，著名的纵横家苏秦曾向齐宣王游说：“你们齐国仅都城临淄就有七万户人家，如果按每户的男子不少于三人计算的话，那么，一个临淄城就可以征集到三七二十一万兵丁，握有这么多兵力害怕什么秦国的进攻！”事实上，这是个不切合实际的估计。且不说经历了连年的战乱之后各家已不可能有那么多男子了，就是有，其中还应包括那些根本就没有战斗力的老弱病残，是不能从军打仗的呀！于是，后人就把如此不分情由不切实际的言行叫作“不管三七二十一”了。又传说，从前，有个被人讥讽为“脸皮挺厚，占便宜没够”的贪心货郎。这天，他摇着货郎鼓来到一个小村子。一位小姑娘买了一团线之后，货郎故意少找了人家两文钱。那小姑娘见状就追到村口，再买三尺红头绳。红头绳七文钱一尺，小姑娘塞给货郎一把零钱说：“货郎货郎你别数，三七二十五。”货郎一听，以为又占到了便宜，赶紧连声说：“对、对、对！”当小姑娘刚走得远些，货郎再一数那些零钱，发现竟然少给了两文。还未等他去喊小姑娘回来，小姑娘就已经笑嘻嘻地站在了他的身边，一边把故意少付的两文钱补上，一边讥笑他说：“货郎光顾贪便宜，不管三七二十一。”一时间羞得货郎满面通红，赶紧出村走了。于是，人们就把想怎样就怎样，不顾一切的行为叫作“不管三七二十一”了。这个传说，似乎离题太远一点，但也未必不是一个具有教化意义的民间故事。

俗语“不管三七二十一”通常用以比喻不管不顾、不计后果。究其语源，作为后果不好或说是灾厄意义的“三七”，当出自汉代的谶语，即《汉书·路温舒传》所言：“温舒从祖父受历数天文，以为汉厄三七之间，上封事以豫戒。”《宋书·符瑞志上》亦载：“谶者云：‘赤厄三七’，三七，二百一十年，有外戚之篡。”再如太平天国洪仁玕《诛妖檄文》：“三七之妖运告终，九五之真人已出。”就是葬俗以人死后二十一日为厄日，俗谓之“三七”，是不可不做祭祀的。如《儒林外史》第四回：“老太太是犯三七，到期该请僧人追荐。”以及现代文学作品巴金《家》：“珏真可怜，她死了快到三七了，我们家里的长辈除了妈同姑妈，就没有一个人去看过她。”取义均一脉相承。

不过，应当谈到的是，在现实生活里，决不可任什么情况下都“不管三七二十一”，“不管三七二十一”是有前提的。不合情理的胡乱“不管三七二十一”绝非“英雄”的“果断”行为，如果不问青红皂白地“不管三七二十一”乱来，只能是自食其果。

方法

所谓“方法”，通常的意思，是有关处理思想和言行的程序、门径、办法；也就是说，应当怎样去做，或者是要怎么做。近代著名学者胡适在谈到治学方法时，提出过一个非常有影响的论点，他认为，“这个方法的要点，就是……大胆地假设，小心地求证”。

根据《墨子·天志中》篇的记载，在古代汉语中，“方法”这个词最早是指测定方形的办法。唐代以来，还用来指方术或法术之类。唐代诗人张籍《书怀》诗句“别从仙客求方法，时到僧家问苦空”中的“方法”，就是这个意思。说起来，现在用“方法”这个词指有关处理思想和言行的程序、门径、办法，还与佛教文化有点缘分呢。因为，这种用法较早见于南朝时翻译的著名印度佛教经典《百喻经》。

“方法”这个词，是由“方”和“法”这两个词素组成的合成词。那么，这两个字是因为什么联系到一起的呢？或者说，它们的结合是缘于一种什么样的缘分呢？对此，民间传说中的一种说法，十分有趣。

相传很久以前，我国有位皇帝不幸患了类似现在所说的食道癌的噎食症，每天都不能进食，吃了什么东西都吐，十分痛苦，生命危在旦夕。宫廷的御医和满朝文武费尽了心机进行抢救，也请了不计其数的江湖郎中，但毫无效果。因为，这位皇上自己不能吞咽、不能进药，形成了有医、有“方”但是无“法”的局面。这天，根据一名侍从的禀报，说是距京城百里之外有位隐居在深山老林数十年的高僧，传说他有根治此病的妙方。于是，“有病乱投医”，皇上就怀着一线希望，当即派人去请那位高僧前来救治。老和尚应召来到皇上的病榻前，经过一番例行的望、闻、问、切之后，开了一剂药方，命侍从迅速取药给皇上服下。那侍从拿过药方一看，不由得自言自语说道：“这方子和以前别的郎中开的药方也没什么两样啊！”老和尚注意到侍从的话里有话，就叫人拿出此前的其他药方看看。他发现，那些药方的成分、用量果真都和他开的药方毫无差别。再仔细一看，以前的那些药方上面全无用法，侍从当然也就只能是沿用一向习惯的水煎口服方法给皇上用药了。但是，皇上这时已不能进食了，还怎么会服下药去治病呢？老和尚若有所思地仍然让侍从赶紧去把药抓回来。药抓回来后，老和尚亲手煎药，并且尽量让药浓缩到只有两匙勺那么多。然后，老和尚吩咐侍从拿小羹匙盛药服侍皇上用舌头一点一点地舔服，直到把药液舔尽为止。结果，当皇上刚刚把药舔完，就显见皇上的精神略有起色。用这样的办法，连服数剂后，皇上的病大有起色，逐渐就能够慢慢进食了，不久也就痊愈了。皇上病愈，重赏了高僧之后，他百思不解地问道："你与其他郎中用的是同样的方子，但别的全都无效，却只有你用这方子时才能让朕起死回生，个中可有何奥妙吗？"老和尚微微一笑，答道："医生治病救人，既要有'方'，还得有'法'才行。否则，尽管药方对症，但用药的方法不当，也不能达到治病救人的目的。他们不顾皇上无法口服用药的病情实际，按照老习惯让皇上用常规的口服方式用药，根本就不能发挥药的作用，谈何药到病除呢？方法错了，再好的药方也无济于事呀！而我请皇上采取用舌舔药的服法，是既有'方'、又得'法'，自然也就药到病除啦。"皇上听了恍然大悟，不禁连连感叹说："啊！'方法'，就是'方'与'法'的结合啊。"自此，"方法"这个词开始广为流行。

关于"方法"这个词语由来的这则民间传说，尽管未免有些牵强，并非历史事实，但其中所揭示的道理，却是发人深思的。毛泽东主席在《关心群众生活，注意工作方法》这篇著名的文章中提出："我们不但要提出任务，而且要解决完成任务的方法问题。我们的任务是过河，但是没有桥或没有船就不能过。不解决桥或船的问题，过河就是一句空话。不解决方法问题，任务也只是瞎说一顿。"可见"方法"在我们社会生活中的重要性。

门外汉

在汉语文献里，"门外汉"一词最早见于著名的佛教典籍《五灯会元》。通常，所谓的"门外汉"，是相对"内行"而言的，简言之就是指外行，或是对某种事物知之不多。例如，鲁迅在《文学的阶级性（并恺良来信）》中也谈道："我对于唯物史观是门外汉，不能说什么。"又如，朱自清在《温州的踪迹》这篇作品中写道："我于中西的画都是门外汉，所说的话不免为内行所笑。"

“外行”这个说法，在汉语里要比“门外汉”出现得晚，是清代以来的事。其用例如《二十年目睹之怪现状》第一百回：“做书生意，我本是外行。”又如，现代作家周而复在《上海的早晨》第四部里写道：“历史资料真的没有吗？要说没有，那是骗外行的话。”

“外行”的“行”，是就行业或专业而言的。在先秦典籍里，行业的“行”叫作“列”，到了隋唐时代，才用“行”指行业。到了元代，已经出现了“一百二十行”之说。明代的《西湖游览志余》等文献里，就有了所谓“三百六十行”之说。俗语“三百六十行，行行出状元”，就出自明代。此外，还有“三十六行”“七十二行”之类的说法，并无定数，都是泛言诸行百业而并非确切的数字。因而，“外行”之说，最早也是隋唐以后才出现的说法。所谓“行业”，突出的特点是其独特的专门技艺。所谓“师傅领进门，修行在个人”，所强调的主要就是要掌握从事那种行业所必需的专门技艺。旧时说的“门生”“门徒”之类，也都是因此而言。从前的江湖社会，三教九流，各行各道，尽管乌七八糟，也总括为“八大门”。按照旧时京津等地的北方江湖社会的行业分类，一门是“巾行”，也就是江湖上以占卜算命为生的行当；二门是“皮行”，即走街串村的江湖郎中，或是摆摊儿卖药的行当；三门是“彩门”，亦即表演杂技、杂耍或变戏法的行当；四门是“挂门”，练武术卖艺或保镖护院的武行；五门是“平门”，就是说评书、唱大鼓词的；六门为“团门”，在街头或茶馆儿卖唱的；七门为“调门”，也就是搭棚扎纸活儿的行当；八门是“柳门”，也就是行骗、行乞和偷等行当。各地“八大门”的说法也不尽一致，旧时重庆一带的“八大门”就同上述不一样。重庆的“八大门”，一为“册门”，是卖古董字画、秘方秘法的；二为“火门”，是炼丹、弄气功的；三为“漂门”，是赌博或说评书的；四为“风门”，包括看风水和盗墓的；五为“惊门”，是巫卜星相行当；六为“爵门”，指官场行当；七为“疲门”，游医卖药的；八为“要门”，指乞丐和市井痞子无赖之流。各地关于“八大门”的具体所指，说法不一。不过，这个“门”，显然也就是“行业”的“行”。正因为这样，“门外汉”的“门”，才能够转化为“行业”或“行当”的意思。上述是“门外汉”这个俗语的语言文化背景。

《五灯会元》的第六卷里写道，一位叫证悟的法师同另一位叫庵元的禅师，两个人在评论苏东坡的佛学修养时，发生了意见分歧。证悟法师认为苏东坡很有佛学修养，而庵元禅师则认为苏东坡“尚未见路径”，还仅仅是“门外汉”。若按佛教文化，这里的“门外汉”之“门”，可以追溯到唐代佛教典籍《坛经》里佛祖说的“未见本性，只到门外，未到门内”的“门”。但作为汉传佛教的经典文献，《坛经》和《五灯会元》当然都会深受汉语文化的影响，“门外汉”，作为汉语文化中的俗语语汇，也是渊源有自。“门外汉”是还未“入门”的人。入什么“门”呢？显然是指进入“师门”，懂得门径。说到底，“入门”也就是孔子在《论语·先进》里说弟子子路的还得“升堂入室”。尽管如此，汉语的“门外汉”这个俗语毕竟是首先见于佛教经典，这本身也说明了这个俗语还真有点儿“佛缘”呢。

此外，五代时期，因为宦官当朝专权，而把其他文武百官称作“门外人”，但那时的“门外人”还不是“外行”的意思。到了清代，也把“门外汉”叫作“门外人”，如纪晓岚的《阅微草堂笔记》有一篇故事中，就有“非门外人所知”的用法。到这时，“门外人”与“门外汉”就已经是同义词了。

这个俗语虽然十分寻常，却也可以给人一些启示。例如，对于自己要做的事情或是必须做的事情，当“门外汉”是做不成的；至于在其他事情面前，如果是“门外汉”的话，就绝不可以硬充“内行”，否则就会闹出笑话来，甚至误了大事。各位以为如何？

好个“良心”

从字面上讲，所谓“良心”，就是“好心”“善心”。巴金的小说《灭亡》中写道：“她一旦离开了他，特别在夜深人静的时候，他便感觉到剧烈的良心上的痛悔。”在汉语中，“良心”这个词出现得很早，在著名的先秦典籍《孟子》里就已经有了。宋代理学家朱熹在《孟子集注》中具体解释说：“良心者，本然之善心，即所谓仁义之心也。”现在，主要是指内心对是非、善恶的正确认识，例如“有良心”“没良心”“说良心话”“良心发现”，以及“天理良心”等。至于《西游记》第五十八回里写到的“大圣本是良心，沙僧却有疑意”的“良心”，显然就只是指

“好心”或“善心”了，用的是“良心”一词的本义。今天我们经常说到的“良心发现”，也最早见于宋代朱熹的《孟子集注》这部古籍。朱熹说，“人之良心虽已放失”，但“其气清明之际，良心犹必有所发见者”。鲁迅先生在著名的《藤野先生》里写道：“每当夜间疲倦，正想偷懒时，仰面在灯光中瞥见他黑瘦的面貌，似乎正要说出抑扬顿挫的话来，便使我忽有良心发现，而且增加勇气了。”这里，鲁迅所说的“良心发现”，就是指由其“善心的自然体现”这个本义上派生出来的，重新显现内心对是非、善恶的正确认识。

现在，我们通常用“没良心”这个俗语来指斥忘恩负义的言行。据说，其中还有个传说。相传，古时候有个手艺高强的王木匠，他附近的村子有个叫张金的年轻人就想拜王木匠为师学艺，并满口答应说，“只要您把全部的手艺传授给我，我就当您的干儿子，为您养老送终”。无儿无女的王木匠十分高兴，就把张金当亲生儿子看待，留他在家吃住，尽心尽力地把自己的全部手艺包括一些平常秘不示人的绝活儿都毫无保留地教会了他。然而，不承想这张金看自己手艺学得差不多了，就以回家探亲为由离开了王木匠，外出耍手艺赚钱去了。眼见他一去不回杳无音信，老木匠心凉半截，知道是上当啦。心想，多亏还留了一手绝活儿没教给他，不然就全完了。原来，这老木匠还会制造一种能做事的木头人儿。不久，王木匠见自己身体不好，就做了一个木头人儿帮自己做家务事，而且这木头人儿还能干一些简单的木工活儿。这神奇的事情很快就传到了张金的耳朵里，让他后悔不迭。于是他就厚着脸皮提上礼物回来向老木匠赔不是，恳求其把制造木头人儿的手艺教给他。老木匠见状，就不冷不热地要他照样子模仿去做。张金仔细地量了各种尺寸，结果，做出的小人儿却说什么也不会动弹，只好又向老木匠求教。老木匠说：“你虽然量了各种尺寸，可就是没量心，没量心又怎么能做出会动弹的木头人儿呢？”一席话说得忘恩负义的张金面红耳赤，无地自容。由于“量”和“良”同音，这事儿传开后，人们纷纷指责张金做事未免太“昧良心”了，也就是“没良心”。

通常，人们还把“良心”与“天理”联系在一起，说成“天理良心”。实际上，“天理良心”也还是“良心”，加上“天理”，只不过是在强调“良心”的本源性，强调“良心”是人本来就应当有的。旧时《三字经》里的“人之初，性本善”，说的也正是“良心”是人生来的固有本性。在民间传说里，有个关于“天理良心”之说由来的故事。传说，从前有位穷教书先生，眼瞅着就快要过年了，家中却连柴米都没有啦。想去当铺当点钱用吧，家里还连点儿值钱的东西也没有。无奈之下，他找出一块纸来，写了“天理良心”四个字，带上，交到当铺掌柜的手里，一本正经地要求当十两银子。当铺掌柜见他确实可怜，就答应了。当他带着在街上买回的柴米油盐回到家时，却惹来妻子的好一顿数落。妻子哭着说。“你把‘天理良心’都当出去了，还怎么做人啊？”教书先生经过半年的省吃俭用，总算凑够了赎当的十两银子，就前去当铺赎写着“天理良心”的那张纸。本来就没指望让他还回赎金的当铺掌柜，见他如此守信用，就挽留教书先生作了当铺的账房先生。说来也巧，转过年的大年初四天刚亮，就有人为了出丧前来求当。伙计一见，连喊“触霉头”，教书先生就去问掌柜怎么办。掌柜说：“这些人太可怜啦，大过年的死了人还没钱出丧，就送几两银子成全一下吧！”丧家十分感激，临走，把死人的一件衣服放在柜台上就都不见了。大家仔细一瞧，柜台上面的竟是一件金光闪闪的黄金宝衣，衣服上面还写着几行字：“天理良心，天赐黄金，先生掌柜，两人平分。”原来，那扮作丧家前来当钱的都是神仙，看先生和掌柜都有“天理良心”，是特意来赐宝奖赏他们的。

19 世纪的德国诗人、思想家歌德说，良心是“生活的太阳”。16—17 世纪的西班牙作家塞万提斯在著名的《堂·吉诃德》里也写道，“世界上最大的罪过有人说是骄傲，我却说是没良心”。我说，“天理良心”是一种基本的道德规范准则，是衡量人的道德水准和人格的一种基本尺度。归根结底，“良心”就是“德”呀！朋友，您说是吗?

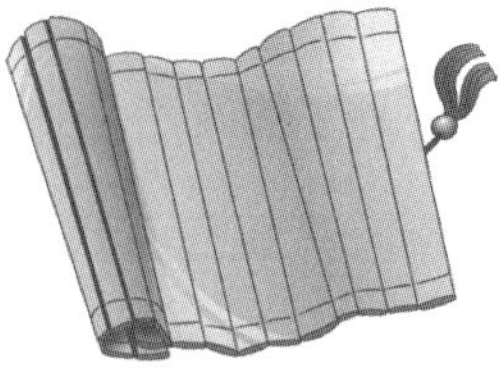

民间流行习语与社会时尚

“流行语”是什么？

关于什么是“流行语”，对此道很早就颇有研究的日本语言学家米川明彦认为，“流行语是适应时代，具有强烈的感化意味，并广泛地被大众所使用的词语”[1]；日本《日本语学大辞典》的界定说，“流行语”是“在某个时期中，引起多数人的兴趣并广泛地被使用的词语”。[2]中国的社会语言学家陈原先生给出的定义是，“凡是在一定时间里，在一定的地区里，在一定的群体中（例如在大学生中，在中学生中，甚至在某些小学生中，或者在某些行业里，特别是在青年从业人员中）流行的语词就是流行语”。[3]《上海话流行语辞典》的前言说，“流行语是一种

1 [日] 米川明彦．新语と流行语 [M]. 日本：南云堂，1989:10.

2 国语学会．日本语学大辞典 [M]. 日本：东京堂，1976. 转引自王敏东，陈锦怡．与日语相应的流行语——台湾的情形 [J]. 香港：语文建设通讯，2002（71）:10.

3 陈原．新词语 [M]. 北京：语文出版社，2000:33.

处于迅速变动状态中的词语，往往只流行于某个时期，有很明显的‘时期性’特征”。[1] 此外，还有的人认为：“流行语指的是在某些人中间，主要是在青少年中间，在某个时期广泛流行，过了一段时间又为新流行的词语所代替而悄然消失的词语。”[2]“流行语是指某个时期在青少年中间广泛流行而生命期限较短的特殊词语。”[3]“流行语是俚语的一种，是新兴的、流行的俚语。流行语也是特定的阶层、行业、集团用语，在人口集中、阶层众多的大都市中尤为丰富。”[4]“流行语是语汇中特殊而敏感、变化极快的词语，是在某一时期社会上广泛流行的城市人（主要是城市青年）的惯常用语，或某一阶层、行业的习惯用语。”[5] 凡此种种，似乎都言之有理。

那么，“流行语”到底是什么？我认为，“流行语”是一种受到社会广泛认同和关注的时尚词语，是多层面、多群体、多元化的言语时尚，是“共时性”的聚焦社会和文化现象的“关键词”，社会心理的“风向标”；使用“流行语”，则是社会生活中的一种比较“前卫性”的言语时尚。

还可以说，流行语作为一种流变着的符号表征，是衡量历史变迁的尺子，最敏感地反映着时代脉搏的跳动。《中国百姓蓝皮书》根据20世纪90年代以来一些流行语评选活动和有关研究的结果，挑出一些凸显这十多年社会与心理变化的流行语：下岗、抗洪、再就业、房改、世界杯、彩票、金融危机、泰坦尼克、上网、减员分流、知识经济、性骚扰、隐私、货币分房、数字化、酷、千年虫、盗版、拍写真、打假、贺岁片、新新人类、小资、闪客、唐装、名人畅销书、手机短信、韩流、酷毙了、哇噻、帅呆了、听证会、美女作家、黑哨、下课、美眉、足彩、零距离等。

把流行语作为考察社会的一种重要文本，是由于“开放社会、现代社会的一个

1　阮恒辉，吴继平．上海话流行语辞典 [M]. 上海：汉语大词典出版社，1997:1.
2　胡明扬，张莹．70—80 年代北京青少年流行语 [J]. 语文建设，1990（1）:36-40.
3　陈建民．口语里的新词新语与社会生活 [J]. 语文建设，1991（9）:38-39.
4　周一民．北京现代流行语 [M]. 北京：北京燕山出版社，1992:4.
5　孙曼均．北京的流行词语与当代北京城市文化 [J]. 语言文字应用，1998（3）:6.

重要特征就是流行现象、时尚现象的不断出现，并且时常形成种种社会焦点。流行语便是社会中一种独特的流行现象，其议题和焦点的丰富性、新颖性、流变性都充分表明，当今的社会心理在总体上正朝着一种日益开放、多样、理性的方向迈进”。

流行语“语料”

流行语的“语料”来源，亦即其语源，是个多元化的存在。有的出自方言，如“埋单”“发烧友”等的语源为粤语，“拍板”、“没方向”（无聊，无事情可做）、“毛毛雨”（小意思）等的语源为上海话。有的出自外来语。北京有的民间流行习语就吸收了外来语的因素。例如，“蜜”（女友、情人）、“扎蜜”（觅女友、追求女性）、“嗅蜜”（简谓“嗅”，即“扎蜜”）、“磕蜜”（亦同“扎蜜”）、“追蜜”（亦同“扎蜜”）、“酒蜜”（陪酒的女友）等这一流行语系列的核心“词根”之“蜜”，便出自英语miss，因追求男欢女爱之甜蜜心态而音译为“蜜”用之。由此衍生的“磕蜜”，则又潜意识地兼容着英语kiss的音义。这些流行习语一经流行，即进入了许多现代生活题材的文学作品，成为其切近现实生活的鲜活语料。

还有的出自民间隐语行话，如“大腕（蔓）儿”“走穴（踅）”“托儿”“腥”之类，近年来风行各地，几乎成了“雅言”似的。仅《北京现代流行语》《上海话流行语辞典》两部篇幅并不大的当代流行语专书中，以及著名语言学家徐世荣先生编写的《北京土语辞典》，就各自选录了数十条如此“涉黑”语汇。这些著作为何收录“黑话”呢？《上海话流行语辞典》的前言说，“80年代，流行语出现很多，原先的隐语、俚语，在各个社会阶层都使用得很普遍”，如旧时的乞丐切口“孵豆芽”（取暖）等。《北京现代流行语》前言指出，“黑话、行话”之类，“局外人不懂，乍一听到会有陌生感、新鲜感，求知欲促使人们去究其所以然，所以，黑话和行话使用一段时间后会逐渐为外部了解，进而流行开来，成为流行语”。

也有一些流行语的语源可上溯很早，有很深远的文化渊源。我在《民间流行习语与社会时尚》里谈到过，杨东平在《城市季风：北京和上海的文化精神》中便注意到：当代北京青年最传神的写照，莫过于“侃大山”了。老北京人之善于辞令、口才出众者，旧时谓“京油子”“耍贫嘴”，相声艺术便是这一才能的产物。而“侃大山”一词，却是20世纪80年代中期新北京人的流行语。当时《北京晚报》专门考证过词源，争论是“侃”还是“砍”，是“山”还是“煽”，各俱有理，最终约定俗成地统一为“侃大山”。与旧北京人的“耍贫嘴”、上海人的“吹牛皮”和四川人的“摆龙门阵”不尽相同的是，“侃大山”的内容似乎更侧重评论时事政治之类的“大言论”。这个流行语汇首先是从青年知识分子阶层向社会传播扩散的。当时北京的一首新民谣“十亿人民九亿侃，还有一亿在发展”，正是当时社会改革热、理论热的写照。大学生们戏称学生会或演讲团为“侃大山协会”而简称“侃协”。在北京，能“侃”被视为一种能力，一种值得骄傲的资本。可知，北京民间流行习语语汇“侃大山”所展现的社区时尚和群体观念十分切合现实生活、时代风貌。一时间由“侃大山”又派生出许多流行语汇，如“侃爷”“神侃”“胡侃”“侃价儿”这类，并借助多种传播媒介流行扩布至我国许多城乡。探究起来，早在元曲《西厢记》第二本第二折［煞尾］中，已见与今义无异之“侃”：“你那隔墙酬和都胡侃，证果的是今番这一简。”在曾是元大都的北京，七个多世纪之后，“侃”之复出并流行得甚“火”，即显示了现代民间流行习语并非皆为新创，亦有古为今用，是多语源化的。但是，尽管元大都之“侃”与今北京之“侃”存在传承的语源关系，但时尚风俗流变甚远矣。

没有永恒的“流行语”

北宋哲宗绍圣四年（1097年）苏轼被流放在海南岛时，曾在写给朋友的信中感叹说，“尚有此身，付与造物，听其运转，流行坎止，无不可者”。“流行坎止”语出汉代贾谊的《鹏鸟赋》，“乘流则逝兮，得坻则止。纵躯委命兮，不私与己”，后人常用来比喻行止进退要视境况而定。任何社会“时尚”都是有时间限定的，其之“流行”，都是阶段性的。持之以恒者，则不属于“流行时尚”啦。“流行语”是一时一地或一个社会群体的共时性、时尚性的言语形式，大多不要许久就会发生新陈代谢，其生其灭，亦只能“流行坎止”矣。若干年后偶有复出者，由于业已脱离了原所赖以生成的社会和时代背景及其固有的语境，也大都发生了变异或被异化。要说起汉语流行语这种言语时尚的历史，似可追溯到西汉扬雄的《方言》，书中辑录的所谓“古今语”“俗语”或“通语”之中，就很可能含有当时的民间流行习语语料，只不过非常遗憾，已经很难觅得可据以鉴定的直接佐证文献。

关于社会流行语的规范

语言是社会最直接的现实。尤其是包括流行语在内的新词语，最能迅速地反映社会生活的变迁。客观、公正、理性、科学地评价社会流行语，除了可以客观地认识社会现实，探析社会发展轨迹，还有一个很重要的现实意义，就是科学地引导、规范流行语的“流行”和使用。

“五四运动”时期、新中国成立时期和改革开放之后的二十多年来，是近百年来中国出现的三个新词语诞生高峰期。目前，仍处于第三次高峰期。社会流行语，可谓典型的新词语。我赞成吕叔湘先生谈到过的：“现在一般的倾向是偏于保守。要想到人们的生活在发展、在前进，专门词语、方言词语都在不断地涌进一般词汇。有些新词新义是不是来去匆匆的过客，还是要就此定居下来，也难于预测。”[1]在这些问题上，我个人的意见是“与其失之于严，毋宁失之于宽”，亦即采取“宁滥勿缺”的原则。也就是说，面对流行语应采取宽容的态度。因为，即或有一些负面的东西，但也毕竟不是洪水猛兽。

许多年来，有个误区，好像是人都得严格按照所谓的“语法”范式去讲话，否则就被视作不规范。要知道，在现实生活中“规范”也是相对而言的，是动态的。在《中华人民共和国国家通用语言文字法》等国家有关语言的法律法规作为原则规范的框架之内，如若一味呆板地苛求规范就失之偏颇矣，则很难发现什

1　吕叔湘 . 大家来关心新词新义 [J]. 辞书研究，1984（1）:8-14.

么“规范化的流行语”，也就无所谓什么流行语了。事实上，这也是根本不可能的事情。

从一定意义上说，社会是语言生活的世界。单纯地限制性要求发展的规范，不是科学的规范。流行语的生成是社会文明的需要，理所当然要接受社会文明的规范。种种似乎很不文明的流行语，是现实社会生活中不文明现象的直接反映，更是社会生活无序、不够规范状态的写照。

语言反映了一定的社会现象，如果一个新的语言已经得到了社会的公认，而且对社会能产生积极影响，我们就不能人为地去阻止它。比如说一些大众俚语、俗话，就有很强的生命力，事实证明，这些语言对社会只有好处而没有弊端。倘若是些类似江湖黑话等不健康的语言，则应当坚决制止。

其实，流行语的规范，关键看它是否具有生命力。近些年，网络上冒出的新词汇主要取决于它自身的生命力。如果那些充满活力的流行语能够经得起时间的考验，约定俗成之后我们就应当接受，并不以人们的意志为转移。纵观历史，人类每一种新文化的兴起，都会带来一些新的词汇。远的不说，就拿近些年兴起的股民专用术语：“熊市”“牛市”等词语，不是已经“深入人心”了吗？而且应用的范围也远远超出了股市和“股民”群体。至于“坚挺”“疲软”等，谁还特别理会它的“荤素”呢？

黄遵宪诗云：“我手写我口，古岂能拘牵？即今流俗语，我若登简编，五千年后人，惊为古斓斑。”尽管有一些流行语在若干年之后也很可能被“惊为古斓斑”，但是，毋庸讳言，流行语的新潮性、时代性决定了它大部分是“短命的”，甚至转瞬即逝，犹如过眼烟云。一如市场行为应由市场本身调节，流行语的生灭，也同样应由促生它的社会去汰选，通过“辨风正俗”去约定俗成。

民间流行习语与社会时尚

民间流行习语，是一种社会言语时尚。

由于民间流行习语具有强烈的地域性、时代性，身临其境最能深刻地切实体察与之相关的时俗风尚。现实社会生活中丰富多彩的民间流行习语，深刻、生动地为人们展示出多卷轴的社会风俗画，淋漓尽致地表现着社会各种层面的众生相和民俗心理、价值观念取向。如“侃大山”一词。

古今、南北时空有别，其民间流行习语各异，反映着言语习俗和社会风尚的差别，是折射或透视一时一地时俗风尚的别有情趣的科学视点。毋庸讳言的是，历代民间流行习语多有粗鄙庸俗的一面，乃至出现污染社会风尚的负面效应，因而是语言规范的基本内容之一，所以其很少被纳入规范的“雅语”。然而，亦正因其质朴、少饰、直接、出自生活，才成为借以透析时俗风尚的“传真”语料。民俗语言学家、社会学家看重这一语言文化现象的意义，首先是因为这一点。

曲艺小品与市井民间流行习语

市井民间流行习语，是人们在日常非正式言语交际中喜闻乐道的一种民俗语言，是人们追求言语新异刺激而超越言语传统的结果。由于其往往首先创制、流行于一地中心城市，然后向郊区、乡村扩展，多以当地民俗语言文化为人文地理背景，因而具有鲜明的地域性。有的，本为乡村土语，如辽宁话“老多了”的“老”，城里年轻人听着新鲜有趣，诙谐地模仿，用“老好了”来表达极好的意思。于是逐渐流行开来，一时成为年轻人口头上出现频率颇高的民间流行习语。由此一来，本地农村青年说这话时，也有一种时髦感，似乎已不是原来那个土得直掉渣的土话了，有了新趣。

市井民间流行习语是一种重要的民俗语言形态。它不仅丰富了民俗语言的鲜活材料，增强了民俗语言的表现和交际功能，同时也为通俗文艺的乡土民俗语言艺术注入了时代生活气息和活力，加强了观众与演员之间的情感意识的交流。辽宁戏剧小品中语言艺术的实践与艺术效应，也为此提供了实证和成功经验。

试看张超创作、赵本山主演的小品《去年今日》中，如下一些语例：

①完了，没电了。

②行，够意思，你跟姐夫挺铁。

③哄呀，这是要扯事啊，我上爹妈那屋去。

④不怪是蒽，哪头都好使！

⑤你就来回忽悠吧，不整出事不拉倒。

诸例中的“没电了”“铁”“扯事”“好使”“忽悠”，均系近些年里沈阳及周围城乡颇为流行的习语。没电了，即如戛然断电似的一时无言以对，词穷。铁，是“老铁”的省略式活用，也是“铁哥们儿”的变异形式，意思是矢志不渝的要好朋友，交情似铁。扯事，本指说事情，作为流行习语又作“整事”，均有儿音尾，意思是故意找事、找麻烦。好使，是行得通，管用之意。忽悠，其民俗语源为用“悠车”（即摇车）育儿习俗，通常用意有三：①哄弄，使糊里糊涂地顺从；②以巧言使人上当受骗，耍戏；③得意忘形，忘乎所以。在此用指巧言哄劝。

此外，还有“整事儿”“耍”“收拾”“差啥”“够派”“贼嬔”“全抿”“全踹”“绝对”“全抿绝对嬔”“闹”“没谁了”“提气”“掉价儿”“潲色”“事儿”“没毛病”等。几乎当代本地区所有的民间流行习语，都被很得体地纳入了戏剧小品的艺术语言之中，为刻画人物性格、形象，展示故事情节，格外增添了生动而诙谐的情趣效果。这些“新潮俗语”给观众以新颖、亲切的感受，引发回味。至于“傻样儿”一类姑娘昵称男朋友的特定习语，虽早经影视等有关媒介流行各地了，辽宁戏剧小品也随手拈来，用一用，同样也产生了深化故事情节，加强幽默情趣的较好效果。

描写男女互相试探和表白爱慕心迹的情节，半个世纪以来在辽宁地方戏曲曲艺中不乏其例，可说是个俗套子了，但小品《相亲》中却巧妙地使用了“傻样”这一流行习语，并借角色之口自我道破特定语义及感情色彩，使俗套子不“俗”，增添了现实生活气息、时代色彩和诙谐效果，堪称用得巧妙。

一如民间流行习语不断丰富民俗语言宝库，随着民俗文化传承、变异的矛盾运动，反映旧俗的民俗语汇逐渐沉积为民俗语言“化石”，亦不断产生一些相伴新民俗而形成的新民俗语汇。这些新民俗语汇以新民俗事象为语源，成为鲜活的民俗语言新材料又一资源。辽宁戏剧小品及时而适宜地撷取这些鲜活的民俗语言材料，构成了其独特艺术语言风格的又一成功经验。

例如，《相亲》中的一段对白：

男：你家妹夫挺好啊？

女：唉，爬烟囱去啦！

男：架子工也不少挣啊！

女：啥呀，是没啦！你家大嫂挺好啊？

男：唉！她省心了。

女：干啥工作？

男：那个单位去后悔了，调去之后调不回来了。

随着丧葬习俗的改革，汉族的火葬正在逐渐全面取代土葬旧俗，随之也伴生了代指火化的“爬烟囱”这一新民俗语汇。小品在这段互询家境近况的对白中，用“爬烟囱”隐指人的亡故，既符合讳言人死之忌，又不乏幽默情趣，并为紧接着一连串有关亡人的诙谐对话及以后故事情节的进一步发展，作了顺着情理的巧妙铺垫。在辽宁戏剧小品中这类例子虽不很多，但时可见到。

同巧用新民俗语汇有异曲同工之妙的，是巧用时代语词。

新词语“理解万岁”一词突然切入小品《相亲》中两位年约半百的农民男女角色的近体对话之中，与其乡音俗语相映成趣，又与后面的“公岁”说法一起渲染了剧情中的诙谐气氛。个中巧妙，悉在于雅俗对比和前呼后应。同时，又为后面情节的二人老树开花喜结良缘的结局，创造了“夫唱妇随”的微妙氛围，是一种巧用民俗审美心理的艺术手段。

民俗语言中有关性意识的材料，是通俗文艺语言艺术中的一个敏感问题。在这个问题上，辽宁小品有得亦有失，不能一概而论。

辽沈地区今年有个流行语，叫作“正张”。考其语源，显然出自麻将牌或扑克牌赌法术语。本来是指按照一般规则应当出的那张牌。进入流行语之后，语义略有变化，是指按照常理或常情所应当那样做的事情。文化是多元的，语言又何尝不是如此！东北话形成、流通于一个多民族兼多地域移民多元文化之中，自然由多元文化语源构成。

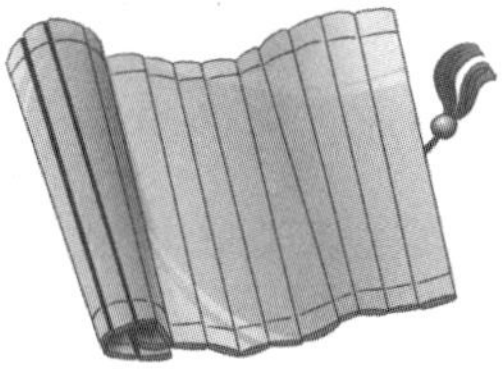

方言土语

源自满语、蒙古语等民族语言的方言土语

方言土语是地域文化的主要载体之一。东北话不仅凝聚着北方少数民族的习俗和文化信息，同时也反映了汉民族的迁徙轨迹以及少数民族与汉民族互相融合的历程。东北方言中的风物词语、习俗词语、地理名词及口语中的音译词不仅使东北方言呈现出别具一格的特色，也是东北多元民族文化的最好见证。

东北是一个多民族聚居的地区，这里世代生活着满、蒙古、赫哲、鄂温克、鄂伦春、达斡尔、锡伯、朝鲜等少数民族，直到清兵入关以后，才逐渐有大量的汉族人涌入。随着东北各民族三百多年的互相融合，逐渐形成了今天的东北方言。东北方言虽然属于北方方言的一种，但由于其语言底层还保存着很多反映当地少数民族风俗文化的词语，从而使东北方言呈现出别具一格的特色。

东北话日常用语中，满语的音译借词较多。在吸收这些民族语汇的同时又往往按照音近义通的原则略加改造，再用相应的记音汉字记录下来，于是乎，就融入了东北话，以至使人“习焉不察”乃至逐渐进入了普通话。且举数例如下。

白　意思是极，原本满语，义同。

大麻哈　主要产于黑龙江支流乌苏里江以及绥芬河、图们江的大麻哈鱼。“大麻哈”是满语“大发哈”的口语变读。据民国杨步墀编纂的《依兰县志》载，“达巴哈鱼，满名‘刀依嘛哈’”。

倒腾　东北话叫“倒登”，出自满语的“taodem”的音译，与原义“挪来挪去”相近。

泧淋　音 é lin，污渍，痕迹。在满语里是波纹的意思。

戈楞　满语“块”的意思，如“木头戈楞”，后指人脾气怪或不合群，如“戈楞子”。

个色　个性强，极特别。满语的原义是特殊。

骨碌　满语音译，意为移动。

哈喇　满语音译，动物油等食物变质后的气味。

哈什蚂　规范满语“哈锡蚂”的口语发音。今天所称之“哈什蚂”，已转指中国林蛙，民间俗称红肚蛤蟆。

忽刺　满语“风动物声”，为象声词。

划拉　满语，意为扫（院子）。

胳肢窝　腋下。出自满语“gazhiwo”的音译，原义也是腋。

裤裆　两条裤腿之间处。

邋遢　满语音译，“迟慢也”，形容不整洁，不利落。

喇忽　满语音译，也作“拉忽、拉乎”，意为疏忽、马虎。

勒勒　说话太多、胡说。满语的音译，在满语里也是说的意思。

勒特　亦即“邋遢”。出自满语的“lete”的音译，东北话有“勒特兵”之说，形容人很邋遢，是个邋遢人。

啰唆　絮叨，不利落。出自满语音译。

马虎　旧时常用来吓唬小孩子的话。满语本义为“假面具”“鬼脸”，后来增添了妖魔的语义。

马勺 满语音译，带把的大勺。

磨即 出自满语的“moji”或“moduo”。

撇拉 器物的口朝外张，如“撇拉碗”，满语本指“碟子”。

咋呼 张扬。出自满语的“cahu”，本义是“泼妇”。

此外，还有一些东北方言词包含的语素是满语的音译，如“哨卡”的“卡”是满语“边关”的意思；“笨笨拉拉”中的“拉拉”是满语“末尾”的意思；“有一搭无一搭”中的“搭”是满语“首领、头目”的意思；“公子哥”中的“哥”是满语“少爷”的意思；“藏猫”中的“猫”是满语“树丛”的意思；“压马路”中的“压”是满语“行、走”的意思；等等。

由于文化的融合，东北当地的各少数民族逐步放弃了自己的语言而改说汉语，但是这些民族语言中的一部分词汇却保留下来，成为东北方言词汇系统中不可或缺的一部分。这些词汇是东北少数民族历史、文化、习俗的活化石，是东北各民族互相融合的见证。

东北话中的民族风情

语言不仅是交际工具，也是文化信息的基本载体，是社会生活的直接反映。东北作为一个多民族的聚居区，多民族的语言文化自然也载负着多民族文化的信息。东北话是多民族语言的融合体，其中凝结了关东多民族的社会风情和历史发展轨迹。

口袋房，万字炕

“口袋房，万字炕，烟囱栽在地面上”，这句东北老话，一语道出了满族传统民居的突出特点。满族传统民居，通常是坐北朝南的三间或五间房的格局，出于取暖保暖的实际需要，东边开门，土墙、草苫房顶。房屋的整体格局类似一只口袋，因而又俗称“口袋房”。烟囱建在屋外西山墙旁，高出房檐数尺，是圆形或方形的独立建筑，通过房山西北角的孔道与炕相通。有的人家，在正房（称“上屋”）之外，还建有“下屋”，亦即东西厢房。房前屋后，用土墙、石墙或“障子”（栅栏）围成“院套儿”。一进门，是作厨房用的“外屋”，又叫“外屋地”。西侧的“里屋”，是卧室，沿着南、北、西三面屋壁环砌着“匚”型的火炕，便是通常所说的“蔓枝炕”（“万字炕”）、“拐子炕”等。西面是不睡人的窄炕，炕下是通向屋外烟囱的烟道。由于满族风俗以西为上，所以西炕是供神供祖之处。另外两面的“南北炕”，因为以南为上，所以长辈睡南炕，晚辈只好睡北炕啦。

地窨子

“地窨子”，赫哲语叫作“胡日布”，本是1945年以前赫哲族人冬季寒冷时居住的原始性民居，如今仍然用作渔猎时的临时住房。地窨子通常为半地下二到五尺深的地穴，大小宽窄依需要而定，支有“人”字形梁架，上面用树枝、箬条、蓬草等为屋盖，四周培着厚土。屋内搭有铺或炕，供人住宿。现在一般指室内地面低于室外地面的低矮简陋的小房子。

马架子

“马架子”，亦即“窝棚”，是在地窨子的基础上发展而来的，东北鄂温克、赫哲、锡伯等民族的一种传统民居。所不同的是，“马架子”是用树枝、草和泥建在地面上的一种简陋住房，室内低矮，搭有住人的地铺，挖“地龙”烧火取暖，大多是用作看护瓜菜、庄稼的临时住处。由于“马架子”外观呈马鞍形，故名。

悠车儿

“悠车儿”，亦即“摇篮”，是“东北三大怪”之一：“养活孩子吊起来”，是我国北方汉、满等许多民族习惯使用的一种可以摇晃的婴儿卧具，流行于全国各地。古时，先民在林中狩猎时，将孩子放在地上不安全，便挂在树上，以后就形成了睡悠车儿的习俗。悠车古时用桦树皮制作，长至四尺，宽二尺余，两端呈半圆形，如同小船，后来多用椴木薄板制作，边沿漆成红色，绘制花纹，书写吉利话，十分美观。悠车儿挂在房梁上，摇起来十分方便，母亲还可腾出手来做活。为避免孩子从悠车里翻出来的危险，也为了孩子的胳膊、腿长得平直，以利将来拉弓射箭，便将孩子胳膊肘、膝盖、脚脖之处用带子捆绑起来，孩子只好仰睡，长大以后，后脑勺长得扁平。满族人不论男女，都以扁平头为美。多以小米或高粱米装枕头，枕在孩子头下，名曰“睡头”。如孩子头没有睡扁平，长大则被取笑为“南北头”“前奔娄”“后勺子”。

以摇篮育儿之俗由来已久。就现存的《蒙古秘史》等历史文献所见，至迟在元代就出现了有关用摇篮育婴的历史记载。东北地区摇篮常见的有两种，一为置于炕上，木质；一为竹编，周围用线绳编成网，上下系两个竹圈，悬于梁上，以便往复推晃。如清蒋良骐《东华录》所叙：“太罕（作者按：即清太祖努尔哈赤）始生时，仙女以桦皮为车形，摇渡鸭绿江。以故北地婴儿弥月，即行上车。车为椭圆形，长可四尺，广一尺有奇，悬革于梁下，结铜环，人往来推之，婴儿自睡。今满族摇车，用罗板圈作椭圆形，长约四尺，宽一尺余。两端各有孔，内穿长皮条或麻绳，车内垫薄板，上悬响铃之类。赤涂其表，复以金描弓矢、矢桶等画。或悬于梁上，或吊于天井，离地3~4尺，以襁褓裹婴儿，使其仰卧其中，往来推之，使其止哭、安寝。”至今，东北地区仍流行置于炕上或吊于梁下两种摇篮，而多以炕上摇篮谓“摇车”或“炕车”。

满族孩子睡摇车，和满族先民的渔猎生活有关 。那时男女都要骑马、狩猎。妇女生小孩后，难以携带。为了保证孩子安全，就用桦树皮编成最初的摇车，将孩子放入，吊在树上。这样，孩子就不易被野兽吃掉了。后来，居住条件改变了，这种习俗却相沿下来。摇车的质料、式样、铺垫被褥等也越来越讲究了。

爬犁

“爬犁”，亦即“雪橇”，通常有牛爬犁、马爬犁等，是东北冬季林海雪原中传递信息、运输货物的一种重要交通工具。其中，颇具特色的是赫哲人的狗爬犁。赫哲人向有养狗之俗，所以清代许多文献将赫哲族居住的地区称为“使犬部”或“狗国部”。被赫哲人称为“金不换”的狗，不仅仅是猎人狩猎的重要帮手，也是拉雪橇运输的能手，因而从元朝以来到明清之际这里都设置有“狗站”。“狗爬犁”通常要两条到十几条狗拉动，载重量可达250公斤左右。

靰鞡

“靰鞡”，又叫“乌拉”，是东北满族最先发明和穿着的一种特有的鞋子。“靰鞡”多用牛皮或鹿皮缝制而成，鞋帮和鞋底有的是一整块皮子，鞋脸儿带褶并缝有穿鞋带的耳子，鞋面可盖住脚背。即如《鸡林旧闻录》记载，“用方尺牛皮，屈曲成之，不加缘缀，覆及足背”。鞋里面絮着“靰鞡草”，穿在脚上又松软又暖和。“靰鞡草”，即如文献所记，“草色深碧，其细如发，长者有四尺余，吉省各地皆产；溪谷岩石中蒙丛下垂，入冬不枯，性温暖，能御寒避湿，东人常取之铺卧榻，农工等人均以着履”。“靰鞡”鞋即因絮“靰鞡草”而得名。这种鞋子曾经在东北非常流行，上至可汗贝勒，下至农工商贾，尤其是“赶大车”的“车老板”很喜欢穿用。甚至，就连清代流放到东北的犯人，也都穿这种又轻又暖的棉鞋。后来，即或是出现了帆布面的棉胶鞋，也被称为“棉靰鞡”或“胶皮靰鞡”。由于靰鞡鞋鞋面多褶之故，还产生了一句东北的歇后语：“靰鞡头子迈门槛——先进者儿”。“者儿”与“褶儿”谐音。

黏饽饽

“饽饽”这个词儿，出自满语。“黏饽饽”，作为东北的特色食品，出自满族食俗，是一种黏食。因为黏食耐饿，便于远程外出从事射猎活动，因而满族人非常喜欢吃黏食。春天吃的“黏饽饽”叫“豆面饽饽”，又称“豆面卷子”，做法是把大黄米或小黄米用水浸泡后磨成“水面儿”，上锅蒸熟成黏糕擀成片，再把熟黄豆面均匀地铺在上面卷好，再切成段即可。夏天，吃的是“玻璃叶（又叫“波罗叶”）饽饽”，是在柞树或椴树的叶子上摊上黏面和豆馅后对折包上，蒸熟而成。秋冬时节吃的是“黏火勺”或“黏豆包”，也是用黄米磨成“水面儿”，包小豆泥作馅儿，蒸熟即可。至于一年四季均可“通吃”的，则是“苏子叶饽饽”。“苏子叶饽饽”的做法，类似于蒸“黏火勺”“黏豆包”，只不过用的是“苏子叶”裹上蒸熟并捏成“耗子”（老鼠）形状，因而又叫“苏耗子”。因为满族人非常喜欢吃“饽饽”，所以供奉有“饽饽神”，还把“饽饽”用作祭祀食品。且看下面一段《跳饽饽神神歌》歌词。

哈苏里哈拉（姓氏之神祇），
本家姓关，
奴才阖家许愿。
辞去旧月换新月，
择定吉日祭神祇。
做大馐，备黄酒，
点上芸香敬神灵。
谨请堂子托力神，
恭请朱色贝子神，
祈望神灵施恩惠。
奴辈阖家来叩头，
长者年迈少者继承，
祈望神灵长庇佑。
大萨满年老小萨满就习，
神的教诲记心头，
祈望神仙多庇佑。
奴辈长命活到老，
百年无灾祸，
六十年无疾病。
我们烧高香，
设宴摆满席，
祈望神仙永庇佑。
家中安富裕红火，
六畜兴旺粮满仓，
祈望神灵久庇护。
大夫接受，
玉皇尚飨，
奴辈恭请众神灵。
敬上芸香，
祈望神祇都庇佑。

这是生活在东北吉林省永吉县乌拉街满族乡韩屯村的满族关姓家族萨满跳神时所演唱的一首祭祀饽饽神的萨满神歌歌词。演唱者关志远，满族人，萨满。采集者罗林，1981 年 7 月采自吉林省永吉县乌拉街满族乡韩屯村。所谓“饽饽神”，实际就是供品神。“跳饽饽神歌”，又称“震米神歌”，是烧香跳神之前首先要在淘米、蒸米、做打糕等制作供品活动过程中所唱的萨满神歌。所谓“震米”，是指萨满跳神时为了表现制作打糕的动作而以震动的鼓声示意告知神灵，人们正在蒸制又甜又香的打糕供其享用。据了解，其大体过程是这样的：首先在屋外的院子中央放一张供桌，桌上放一个盛满高粱、蒙着红纸的斗，斗前设置香炉一只。在家神案前另放一张铺有红布的供桌，供着香炉、烛台各一对，米酒三杯，黄米打糕三碟。一面抬鼓系在屋梁上。南炕的家神、祖爷匣子，北侧佛多玛玛前，以及外屋的奥杜玛玛前、外屋东南墙角上的旧柳枝前，都各设置一个木刻的祈年香炉。神案上的果碟摆上供果，酒杯斟上了酒，“上香童子”把香炉逐个一边叩头一边点上香。其中，家神案前的两个香炉，一个点“汉香”、一个烧“芸香”。然后，萨满向家神案行过叩头大礼就开始跳饽饽神了。其边歌边舞所表现的基本内容，主要是淘米、净米、蒸熟、制作打糕以及往神案上摆放供奉打糕的过程。这种供品为农产品，因而反映的是满族先民从游牧狩猎经济向农业生产经济转化过程的宗教习俗。其萨满神歌所歌颂祭祀的神祇，主要是农业神或与农业生产有关的神，意在祈求这些神灵庇佑农事顺利、五谷丰收。

抓嘎拉哈

“抓嘎拉哈”是东北地区汉、满、蒙古、赫哲、达斡尔等民族比较流行的一种具有游猎生活遗风的民间游戏。用作玩具的嘎拉哈，就是獐、狍、鹿、羊或猪等动物的膝盖骨。锡伯族抓嘎拉哈的玩法，通常是把玩者分成两三组，各组人数不限，三人、五人都可以，十人、八人也行。使用嘎拉哈的数量多少，根据参加游戏的人数多少而定，大都在百个以上，甚至可多达数百个。玩的时候，先哗啦啦地把上百或几百个嘎拉哈一下子全都撒在地上。抓嘎拉哈的时候，往上抛起与元宵大小相近的铁球儿，而不是像其他民族玩法那样抛布口袋。趁抛起来的铁球未落之际，迅速地伸手去抓嘎拉哈，而后再抓住落下来的铁球儿。如果没能接住铁球儿，抓几个嘎拉哈也不算数。在用手去抓地上的嘎拉哈的当儿，手不得触碰到其他嘎拉哈，此前已经抓到手的嘎拉哈也不可掉落，不然就前功尽弃了。最后，由各组所抓嘎拉哈数量的多少、达到约定数量的先后，决定胜负。

地名

自古以来，东北就是许多北方少数民族繁衍生息之地，因而，这里的山山水水众多地名，都留下了他们语言文化的历史痕迹。当然，有的也记录了汉族向东北迁徙的轨迹。诸如半拉山子、半拉窝棚、半拉川之类的地名，几乎遍布各地乡村。殊不知这“半拉”便出自满语“bula”的音译，本义是指“荆棘、草刺”。黑龙江的“完达山”之“完达”，乃满语“梯”的音译。大兴安岭，出自锡伯语“夏恩阿林”的急读音变“兴阿林”，即兴安岭，本意为白色山岭等。且试举例如下，排列以汉语拼音为序。

昌图县　“昌图”，出自蒙古语“常突额尔克”，“常突”的意思是绿色草原。

额穆尔河　“额穆尔”，出自蒙古语，意思是平安。

法库县　县名，在沈阳市北部，清初在此设置“法库边门”。“法库”，出自满语，意思是鱼梁，捕鱼的矮堰。

富锦　出自赫哲语，原称“富克锦”，意思是高岗。

富拉尔基　出自蒙语，意思是红酒。

盖州　《金史·地理志》说，“盖州”“本高丽盖葛牟城，辽辰州。明昌四年，罢曷苏馆，建辰州辽海军节度使。六年，以与‘陈’同音更取盖葛牟为名”。

哈尔滨　一说如《钦定金史语解》所载，认为出自女真语，系金代“阿勒锦”之转音，意思是“荣誉”；一说出自满语，意思是“晒网场”。

呼兰河 “呼兰”，满语的意思是烟囱。

呼玛尔河 出自达斡尔语，意思是高山峡谷不见阳光的急流。

吉林 是满语“吉林乌拉”的简称，“吉林”的满语意思是“沿”，“乌拉”的意思是江，“吉林”在松花江畔，故名。

佳木斯 一说出自赫哲语，意思是尸体。相传本地曾为古代的墓地，佳木斯东郊曾发现金元时代的墓群。一说出自满语，意思是驿丞。

卡伦湖 “卡伦”出自锡伯语，本义为边防哨卡。

拉林河 “拉林”，出自满语，意思是爽快。

蒙江县 今靖宇县，“蒙江”，出自满语，意思是“珠子河”，相传因此河出产珍珠而得名。

牡丹江 出自满语“穆丹乌拉”的音译，原义指“弯曲的江”。

木兰达河 这里的“木兰”，出自蒙语，意思是指江；“达”，出自满语，意思是源头。

挠力河 “挠力”，出自满语，意思是禽鸟栖息之地。

嫩江 “嫩”，一说出自蒙古语，意思是碧绿；一说出自满语，意为妹妹。

齐齐哈尔 出自达斡尔语，意思是“边界”“边境”。

舒兰市 地处长白山脉张广才岭与老爷岭汇合处，向松嫩平原过渡地带。“舒兰”出自满语，意思是果实，因当时在此地采集进贡山果而得名。

松花江 “松花”出自女真语，原义为白色。

绥芬河 “绥芬”，出自满语，意思是椎子。

图们市 “图们”是满语“图们色禽”的简称，“图们”的意思是“万”，“色禽”的意思是河。

汪清县 因“汪清河”而得名，“汪清”发音本作“汪钦”，出自女真语，意思是堡垒。

乌苏里江 “乌苏里”，出自满语，一说指天王，一说指顺流而下。

兴凯湖 “兴凯”，出自满语，意思是水从高处向低处流。

逊克县 逊河县与奇克县的合称。“逊”，出自满语，意思是奶浆；“奇克”，出自鄂伦春语，意思是薪屋、柴仓。

雅鲁河 “雅鲁”，满语的意思是“田边”，蒙语的意思是“河边”。

依兰县 清代这里称“依兰哈喇”，意思是“三姓”。在满语里，“依兰”指“三”，“哈喇”是姓。清初，努尔哈赤征服东海萨哈连部时，曾经把黑龙江流域的赫哲族三大姓——葛依克勒（葛姓）、胡什哈里（胡姓）、卢业勒（卢姓）移民于此地，故此地称“三姓”。

扎龙 出自达斡尔语，意思是“落雁”。

“闯关东”与源自关内移民方言的沈阳话

在沈阳乃至东北，迄今仍有许多人习惯称山东等关内为“关里家”，或是专称山东为“山东家”。为什么？话里话外流露的，显然是东北移民的故乡情结。因为，东北的大部分汉族人口，多是从河南、河北等中原省份“闯关东”迁徙而来。个中，以山东人为最多。这些关内汉族移民的涌入，极大地促进了东北民族以及地域文化间的融合。即如咸丰时法国一位传教士在游历东北后所感叹的，“满洲境内无一村非汉化，实与中国本部各省无异也”。

比如沈阳，古往今来沈阳城人口的迁徙流动，都给这座关外古城带来了些什么影响呢？而古往今来“沈阳城这疙瘩儿的人”都是从哪疙瘩儿来的呢？沈阳城“这疙瘩儿的人”，是否也曾有往外的迁徙流动呢？

话说起来就像“讲古”似的，远从夏商时代开始，历代帝王就已经有意识地通过派员设郡、迁徙移民来治理关东这块黑土地了。其中，自然包括后来建立了沈阳的这块热土。或者说，从那时起，就在孕育着今天的沈阳城了。大规模地向沈阳等地的关外移民从汉代开始，但由于北宋之后本地少数民族势力的发展，来到这里的中原人口开始出现回迁或融入一些少数民族的趋向。到了明清时期，尤其是沈阳城一举成为清王朝的“龙兴之地”以来，一股强大的“闯关东”移民潮，源源不绝地涌向山海关外。

历史沉重地告诉我们，这里曾是流放罪徒之地。清代顺治年间被清廷流放来沈阳“奉旨焚修慈恩寺”的僧人函可（1612—1660年），在一首题作《初至沈阳》的诗中写道：“开眼见城郭，人言是旧都。牛车仍杂沓，人屋半荒芜。”真切地记述了当年“流人”眼里沈阳古城的印象。

清代以来，不断涌来的“闯关东”者，大都并非前来朝圣这“龙兴之地”的故都、领略这塞外古城景致的，他们几乎都是为了生存而前来谋求一块栖身之处。清末民初，“闯关东”几成山东等地的狂潮。可以说，如今沈阳城的居民，相当大的比重属于当年“闯关东”者的后代。“闯关东”不仅是东北人几乎耳熟能详的词儿；在山东，也几乎是每一个村子都有“闯关东”的人，甚至有的还是整个家族、整个村子都闯到了关东，扎根在了关东。

据历史文献记载，清代宣统年间的1841万东北人口之中，移民人口就大约占了1000万，而山东移民占全部移民人口的80%～90%。照此推算，清代东北的山东移民人口已经多达800万至900万。

“闯关东”是一条辛酸路。山东人之所以要背井离乡去“闯关东”，当然是为生活所迫。据统计，清代山东的107个州县，共发生水旱灾害9121次，平均每年有34个县受灾。如此连年不断的自然灾害，再加上人口的不断增长，逼迫他们背井离乡，就近去土地肥沃、地广人稀的东北寻找生路。山东半岛与辽东半岛隔海相望，从登、莱、青三府乘船一夜之间便可登上东北的黑土地；半岛以西的山东人去东北，也不过短短的几天、十几天的陆路路程，甚为方便。于是，“闯关东”便成了众多贫困交加的山东人的一条“生路”。

山东人肯于吃苦耐劳，他们创业求生的足迹、身影，遍布东北的各行各业。于是，蓬莱、黄县等山东口音在东北各地城乡不绝于耳，几乎成了本地汉语的“主旋律”。于是，山东方言就同山东风俗一道，深深地融进了黑土地；于是，沈阳话、东北话中也就融进了众多山东话语汇，留下语音“闯关东”的痕迹。例如，“大煎饼”是山东人喜好的一种日常饮食，于是乎“煎饼”“煎饼鏊子”乃至“煎饼卷大葱”等相关语汇，也演化为沈阳话、东北话了。

《聊斋志异》的作者蒲松龄，是山东淄川（今淄博市）人，其《聊斋志异》手稿原本由他的后人世代珍藏在故乡蒲氏家祠之中。清同治年间，山东遭遇了百年不遇的大旱，蒲氏家族也同其他难民一样分头投奔各地求生。蒲松龄的七世孙蒲价人在携妻带子“闯关东”定居陪都盛京的同时，也随身带来了本支所分藏的珍贵先祖遗物《聊斋志异》和《聊斋杂记》原稿，以及六丈多长的巨画《聊斋行乐图》。读过蒙学的蒲价人粗通占卜之术，便在沈阳城里摆卦摊为生，成了当时沈阳有名的术士。也许，这也是山东名人与本地的一种缘分。

考察蒲松龄用其山东淄川话撰写的各类著作，见于他笔下的山东方言中，业已有许多演化为至今仍在使用着的东北话了。且试举一些见于《蒲松龄集》中的例子如下：

一丁点儿　很少的一点，即一点点。

小晌　上午与中午之间。

中　好；行。

公母　夫妇。

扎煞　不整齐；张狂。

奓毛儿　发火、发怒；得意。

而不冷腾　如今写作“二不愣当”，指做事情不经心、毛毛糙糙；仪态不讲究。

怂　傻贱相。

咗喝　喊叫。

投性　爽性。

扯淡　说不相干的话，胡说。

忽打　用手或东西扇。

信口胡吧　顺嘴乱说。

晌午　中午；正午。

麻瞪　即“迷瞪”，看不清；迷糊。

腚　屁股。

腚锤子　屁股。

揉搓　又“揉扯”，指反复作践。

溜缰　　溜走；离开。

潮　　痴呆，傻。

哕　　呕吐或要呕吐。

辽阔的东北黑土地接纳了山东人，东北的美丽富饶融入了山东人的勤劳汗水，山东话也在东北话里扎下了根。或许，这也印证着东北人与山东人特殊感情的深厚历史渊源。

作为一个“闯关东”者的后代，一个祖籍蓬莱仙岛的“山东沈阳人”，我爱我生于斯、长于斯的“沈阳这疙瘩儿”。同时，也深深喜爱这带有山东话韵味的沈阳话。

关东“响马”——隐语行话的“语言化石”

历代流传下来的有关关东的俗话民谣颇多，最常见的当属“关东三件宝，人参貂皮乌拉草”。其次就是“关东三大怪”了，说的是，“窗户纸糊在外，十八岁的姑娘叼个大烟袋，养活孩子吊起来”。殊不知，民谣里还说了“一大怪”，那就是“关东响马”——土匪，东北话叫作“胡子”。在吉林长白山深山老林的“响马”当中，有许多首十分流行的《关东响马谣》，其中的一首便唱出了“响马”这另外的“一大怪”：

关东山，又一怪，
山山都有响马在；
山上没响马，
那才真叫怪！

旧时，东北地区匪患特别严重。无论叫什么“东北胡子”还是“关东响马”，其实都是一回事儿，都是土匪。

在一次联欢会上，一位多年从事东北匪俗研究的朋友即兴表演节目，竟然是出人意料地说了一段旧时马贼进村时与人的对话来充热闹：

甲：看皮子，掌亮子，备好海砂混水子，小嘎子压连子！

乙：是空干还是草干？空干啃富，草干连水。不空干、不草干，来个草卷儿，掐着台儿拐着！

人们听得莫名其妙，知道他是在用东北胡子的“春典”（黑话）来凑趣。这是他从东北著名“胡子头儿”（匪首）“大来好”口里，记录下来的一段胡子进村时的“对脉子”（盘道）的黑话。那大意便是：

甲：看好狗，点上灯，准备好食盐和豆油，小孩子给我遛马去！

乙：渴啦还是饿啦？渴了喝水，饿了吃饭。要是不渴又不饿，那就卷上一根烟，坐到炕上抽去！

一谈到“黑话”，人们很容易会联想到《林海雪原》《智取威虎山》等影视剧艺术情节中杨子荣与土匪用黑话的对话。曲波在小说《林海雪原》里有这样一段妇孺皆知的描述：

蘑菇，溜那路？什么价？（什么人？哪里去？）

想啥来啥，想吃奶就来了妈妈，想娘家的人，小孩他舅舅就来啦。（找同行来了。）

野鸡闷头钻，哪能上天王山？（因为你不是正牌的。）

地上有的是米，唔呀有根底。（老子是正牌的，老牌的。）

拜见过啊幺啦？（你从小拜谁为师？）

他房上没有瓦，非否非，否非否。（不到正堂不能说，徒不言师讳。）

哂哒？哂哒？（谁引点你这里来？）

一座玲珑塔，面向青带，背靠沙。（是个道人。）

么哈？么哈？（以前独干吗？）

正晌午时说话，谁也没有家。（许大马棒山上。）

这是旧时东北地区一个土匪集团流行的见面时的“黑话”，即秘密语。尽管其中某些词语隐含着特定意义，如“野鸡”指“杂牌”，“幺”指“师”和“单”，“房上瓦”指“正堂”，用指许大马棒匪帮的末句，更像是一条猜字谜，但就语句本身而言，其表层大致的意思显而易见，是以完整语句来暗指秘密语特定的深层含义。具体说，这段“黑话”的意思就是上面括号里面的话。

再看另一首《关东响马谣》：

响马不采花，

打仗不挂花；

响马采了花，

打仗准挂花。

显然，个中的“采花”，是指找女人，“挂花”是指受伤。如今，“采花”“挂花”这两个词儿，不仅早已经成了东北话的常用词，也早就进入了普通话。

民间隐语行话以民俗语言为其最基本的属性，流行于各种特定的言语集团之中。尽管使用隐语行话的各种集团或群体，大都立有各种戒规不允许其外泄，或将民间不成文的习惯法作为约束；然而，却难免由于当行中人的各种自觉与不自觉的流露、说漏等机缘使之自然流入口语之中。在一些深山老林里，甚至有的屯子（村子），几乎家家有人当土匪，可谓“响马村”了。至于其他村屯，当然就难免要三天两头地受“胡子”骚扰，“跑胡子”“防胡子”几乎是家家户户的必修课、家常饭。或许正因如此，一些“响马们”使用的隐语行话，也就是人们经常说的“黑话”，久而久之便自然而然地融入了本地方言土语中，便成了“白话”——不“黑”啦。如东北方言中至今仍沿用并活跃于口语之中的“顶硬”“打食儿”“踩盘子”“绑票”“花舌子”之类，即直接源自20世纪初东北“胡子”（又谓“响马”，即匪帮）的黑话。在东北胡子黑话中，“顶硬”是称新入伙者（匪语称作“挂注”）经实际考验是勇敢有本事的合格者，在方言中则用以喻指有能力、顶事。“打食儿”，黑话本指寻找抢劫对象，方言则转义为物色某种对象或找食物充饥。“踩盘子”一语早见于明清江湖行话，如《六院汇选江湖方语》：“采盘子，乃打劫者。”又如《江湖切要·店铺类》：“打劫店：采盘子。”东北胡子则以事先探风、勘察作案环境为“踩盘子”（“探风”亦为其黑话），而方言即用以指预先勘察了解有关情况，作某种事情的准备。“绑票”，匪语指以绑架人质敲诈钱财，绑票后派出的给家属送信的人为“花舌子”；限期到不“赎票”即会“伤票”或“撕票”（伤害乃至杀死人质）。方言中采用“绑票”直取其原义，而“花舌子”则用以指花言巧语、能说会道。若被绑票的家属肯破财出钱赎人，是为“出血”，这一黑话进入方言亦指出钱财。

如今，“关东响马”的时代早已谢幕，但“关东响马”们的隐语行话——“黑话”，却留在了老沈阳和东北话中，成为探寻那段历史的零零星星的“语言化石”。

风土谣谚

风土谣谚：乡土文化的“活化石”

在中国古代，往往歌谣、谚语并称，合称“谣谚”。但是，两者还略有区别。古代的歌谣，是指不用乐器伴奏的歌唱，常常表现为韵文形式；谚语呢，同“俗语”相近，是用以说明一定的道理、蕴含着一定寓意的简洁、通俗而又相对固定的语句。二者还有一个共性，那就是都因很上口而便于传诵。

古人云，“诗言志，歌永言”。鲁迅说，“方言土语里，很有些意味深长的话，我们那里叫‘炼话’，用起来是很有意思的，恰如文言的用古典，听者也觉得趣味津津”，歌谣谚语亦如此。

古往今来人们看重谣谚，非常关键的一点，在于它是民风民心的直接体现。远在周秦时代，中国就已经形成了采集方言、谣谚的制度，其代表性成果当属《诗经》《方言》《乐府诗集》，历代俗语辞书、谣谚专集，以及历代史志的有关部分。其目的，就是要通过“考八方之风雅，通九州之异同，主海内之音韵，使人主居高堂知天下风俗也”，进而“辨风正俗”。可以说，这一古老的“采风”传统和制度，首先出于政治的需要。

谣谚、俗语是民众情感的另一种宣泄，谣谚是民众口中的历史，是直观历史事件的镜子，反映着特定历史时期的政治文化，是地方史志等历史文献的重要补充。那么，今天我们选辑、考察清代的谣谚俗语，除具有“以史为鉴”的意味外，更主要的在于考察当时的社会生活、社会风俗。

中国谣谚史上辑录最为丰富的谣谚专辑，当数清代杜文澜辑录的《古谣谚》一百卷。至于沈阳谣谚专辑，则属清代吕惺吾辑录的《恒言记》两卷最为丰富。

无论民间俗语、民俗语汇还是谣谚，不仅是言语交际活动中最活跃、最富民间社会生活色彩的通俗语言材料，而且都是涵盖了民俗要素的语言文化符号，这是民俗语言文化最本质的内部特征。老沈阳民俗中的风土谣谚，因其本身就是直接民俗事象，所以也就最直观地展示着相应的民俗面貌。

中国古代谣谚犹如大海，这里主要以东北语言民俗为例，选辑的只是清代以及清末民初沈阳地区流行的一小部分很有趣的内容。

“上梁”与“上梁歌”（“上梁歌”选辑）

其一：

八仙桌子四角四方，
香蜡纸马摆在中央。
墨斗划尺上边放，
单请主人来上香。

大梁好比一条龙，
曲曲弯弯往上行。
行到空中等一等，

单等亲戚朋友来挂红。
浇梁头，浇梁头，
祖祖辈辈做王侯；
浇梁腰，浇梁腰，
祖祖辈辈做阁老；
浇梁尾，浇梁尾，
祖祖辈辈做官清如水。

其二：

一进房宅观四方，
一张八仙摆当央。
香蜡纸马上边供，
单等东家洗手来焚香。
鲁班读书经书巧，
传授徒弟度下方。
先修我主金銮殿，
后修娘娘巧梳妆。
三修百姓兴隆地，
富贵荣华万万年。

其三：

大梁一上指西关，
高楼大厦盖得强。
盖到正北遮北斗，
盖到正南遮太阳。

盖到正东吉兴地，
盖到正西卧龙岗。
低头走，用目观，
来了我师到阵前。
左手拿着量天尺，
右手托着是金钱。
金钱撒在贵福地，
富贵荣华万万年。
东家大喜！

其四：

小小酒壶七寸长，
里边装着“糯米浆”，
大徒弟没敢用，
二徒弟没敢尝，
单等鲁班弟子来浇梁。
浇梁头，浇梁头，
祖祖辈辈做王侯；
浇梁腰，浇梁腰，
子子孙孙做阁老；
浇梁尾，浇梁尾，
子孙万代做员外。
抬头望，细端详，
高楼大厦盖得强。
南楼盖得遮北斗，
北楼盖得晃太阳。

东楼盖在兴隆地，
西楼盖在卧龙岗。
忽听空中玉佩响，
来了刘海下天堂。
刘海到此不为别的事，
到此就把金钱扬，
为的是加官进禄子孙满堂。

婚礼喜歌

其一，喜歌：

一品当朝做公卿，
二朵金花状元红。
三人伞照八抬轿，
四角金印挂前胸。
五子登科辈辈有，
六国宰相坐宫廷。
七财指路安天下，
八仙贺喜到门庭。
九耀星官来造福，
十受皇恩穿蟒龙。
伞屏转过一官长，
头戴乌纱身穿红。
腰中紧系横庭玉，
卧虎朝靴足下蹬。

象牙笏板怀中抱，
手捻胡须笑盈盈。
照着太阳点三点，
喜的是挂印封侯喜日高升。

其二，新婚礼歌：

吉日良辰喜气升，
彩霞满天东方红。
开始举行新婚礼，
亲戚朋友喜盈盈。
婚礼开始放鞭炮，
乐队奏乐唢呐鸣。
先拜高堂增福寿，
再向宾客三鞠躬。
夫妻对拜生活好，
二人互相把礼行。
紫气东来增百福，
日子越过越火红。
和睦家庭人称赞，
孝敬老人留美名。
婚后同走富裕路，
互敬互爱伴终生。

其三，娶亲：

鞭炮一响震花堂，

你老人家富贵多吉祥。
上方牛郎配织女，
下方金龙配凤凰。

其四，送亲歌：

金牛装钱银手捧，
又来刘海撒金钱；
一撒金来二撒银，
三撒骡马合成群；
四撒事事吉庆，
五撒五谷丰登；
六撒六甲成丁，
七撒齐齐备备；
八撒八仙过海，
九撒九九十成。

丧葬哀歌

其一，哭灵：

一年倒有三月三，
王母娘娘造法船。
船底船帮檀香木，
金石玛瑙玉栏杆。
头一渡渡的康百万，

二渡渡的沈万三。
三者不把别人渡，
渡渡善人上西天。
西天倒有桥两座，
金桥倒比银桥宽。
金桥底下长流水，
银桥底下恶狗拦。
金童玉女来引路，
单等善人走一番。
十道轮回转善世，
佛主黄王降世间。
骑马坐轿修来福，
推车挑担命该然。
驾鹤西游发脚路，
三拜九叩拜堂前。

其二，哭妈：

初一十五庙门开，
牛头马面站两排。
一对金灯一对蜡，
送妈送到西天下。
西天到有莲花会，
给我妈安个好位。
西天到有桥两座，
金桥底下长流水。
银桥底下恶鬼嚎，

千人万马不让过。

金茶碗，银茶托，

金童玉女陪着喝。

判官拿着生死簿，

小鬼拿着拘魂牌。

一对鸡，一对鹅，

送我妈妈过天河。

鼓乐吹得好心酸，

叫我妈好过关。

在阳间不受苦，

到阴间去享福。

其三，起灵吊孝歌：

颌下胡须赛银丝，

多年古树怕风摇。

家有黄金共百斗，

有钱难买生死路一条。

龙宿三江水，

虎登万寿山。

手捧钱和纸，

迈步到灵前。

一见灵棚抬头观，

花供彩幕空中悬。

金香炉，金蜡扦，

供桌蜡烛冒青烟，

哩哩啦啦是香幡。

大香幡，小香幡，

狮子滚得绣球翻。

片子幡，条子幡，

孝字搭在领魂幡。

如今要把幡名报，

许多幡名报不全。

上方倒有一棵杪椤树，

上罩一口八宝紫金棺。

紫金棺，亮又鲜，

托见之人在里边。

王母娘娘掌着舵，

又渡女来又渡男。

头一渡，康百万；

二一渡，沈万三；

三一渡不把别人渡，

一渡亡人上西天。

西天路，两座山，

金山银山紧相连。

金桥底下长流水，

银桥底下恶鬼掀。

千魂万马过不去，

但等亡人走一番。

亡人喜，喜气艳，

喜气脚下起云端。

若问来了哪一个，

来了长眉李大仙。

头戴瓦冠身穿孝，

哭哭啼啼到灵前。
小小纸钱似锦绵，
里边方来外边圆。
纸钱落在家人手，
来给亡人送盘缠。
纸钱放在银桌上，
磕头烧纸把礼还。

劝世谣谚及抽烟的来历和戒烟谣

劝世谣谚

其一，酒色财气歌：

酒酒酒，酒是穿肠毒药；
色不迷人人自迷，色是刮骨钢刀；
气大伤身反悔难，气是下山猛虎；
财多财宝动人心，财是惹祸根苗。

其二，劝赌歌：

劝世人，别耍钱，
谁要耍钱万人烦！
赢了钱，空喜欢，
久赌必坏后悔难！
输钱鬼，特别蔫，

寻死上吊那更冤！
老婆下眼观，
孩子不上前；
亲友躲着走，
耍钱办事处处难，
越耍越玩完！
惯赌出贼性，
偷摸拐骗准学全，
倾家又荡产！
别赌钱，要勤俭，
拾柴捡粪也是钱，
正经要常念。

其三，宜入新春乐：

宜入新春乐，
当家的炕上坐。
烫上一壶酒，
拣上两碗货。
千万别耍钱，
耍钱不好过。

其四，戒大烟歌：

西洋人，真残暴，
英吉利，出坏道。
运鸦片，施战略，

大清人，不知道。

受愚弄，太可笑，

买烟土，熬烟泡。

大烟灯，玻璃罩，

天天抽，叮当造。

好豆油，灯里倒，

没有事儿，炕上倒，

滋啦啦，好几泡。

不几年，抽穷了，

把财产，卖个暴。

妻与子，全不要，

没有法儿，去偷盗。

无廉耻，不害臊，

扎吗啡，样样好。

芦苇苫，睡破庙，

骨如柴，形枯槁。

劝同胞，瘾改掉。

戒大烟，走正道。

其五，长寿歌：

昔有一行人，路上见七叟，

年各百余岁，精神加倍有。

上前问七叟，为何有长寿？

长叟向我言，心宽不忧愁；

次叟向我言，饮食节所受；

三叟向我言，饭后百步走；

四叟向我言，不好烟和酒；
五叟向我言，话少常开口；
六叟向我言，小妻容貌丑；
七叟向我言，睡觉不覆首；
要想能长寿，必须学七叟。

抽烟的来历和戒烟谣

《东北三大怪》有道“十八岁的姑娘叼个大烟袋”，足见吸烟在本地之普遍和流行。现代科学证明，吸烟是一种有害健康的不良习惯。关于近代出现的抽烟（吸烟）风俗，沈阳人曾经有这样的民间传说。

在很久以前，有这么夫妻俩，生活过得挺甜蜜，感情也没比的。男的从外头回来，女的接出去多老远；女的做饭，男的就给烧火。俩人真是恩爱到极点了，就差还没有小孩。好景不长，没过上几年，女的得一场暴病，死了。

媳妇死后，这男的合计，再续上一房，不一定能好到这个地步，就决定不再娶了。他把媳妇尸体埋在自己家的地头上了。坟头叫他侍弄得草刺皆无，干活累了，就来这坟头上一趴，见有小草冒头儿，就用手拔掉。就是不侍弄地的时候，他一愁闷也来这坟上一趴，消磨光阴。就是晚上睡不着觉的时候，也来这儿趴上一会儿再回去。一晃过去了两三年时间。

这年春天雪一化，就在他媳妇坟顶上长出一棵草来。这棵草和别的草两个样子，杆也粗，叶也肥大。不知怎的，他喜欢上这棵草了，就把四周别的杂草都锄净，单留这棵叫它长，还时常给上上粪，浇浇水啥的。真就把这棵草侍弄起来了。几个月后，就开花打籽儿了。他看杆底有了黄叶，就打下来拢把火烧着了。他为了保持媳妇坟四周的干净呀！哎，这黄叶烧着了很好闻，味儿很香。他就把烤脆的叶揉碎了卷进纸里，点着火后吸进嘴去再从鼻子喷出来，这就更香了。还有点喝醉酒的滋味儿，趴在坟头上，很快就睡着了。睡得挺舒服。他想，这玩意好啊，我若是心烦意乱的劲儿上来，抽上它就能歇好睡好。他就把这叶都打下来了，把那籽儿也收藏起来了。

这样，每当他想起媳妇时就卷这东西抽，抽上就能睡得好一点儿；每当他干活劳累时也卷这东西抽，抽上就觉得解乏。当然很快就抽没啦，他还是总有愁闷的时候。到了下年春天，他就赶紧把采下的籽儿全都种在媳妇的坟四周。打下来的叶和籽多了，他就要送给别人一些，慢慢这东西就传开了，因为抽这东西图的是烟儿，人们也就为这种植物起名叫烟。(《中国民间文学集成·辽宁卷》苏家屯资料本下。讲述人：李占春，沈阳市苏家屯人)

由于吸烟是一个有害健康的不良习惯，当人们认识到这一点的时候，民间便出现了相应的戒烟谣。不过，早年的戒烟谣主要是从经济角度认识这个问题的。请看下面的戒烟谣。

抽烟坏处

世上百般都好，
唯有抽烟不好。
烟吃千口也不上膘，
花钱尽是胡闹。
有烟大伙抓挠，
无烟憋得猴跳。
抽得咳咳嗽嗽，
一点烟粪也不落。

“四大”类谣谚和“顺口溜”

单就数字本身而言，其往往是枯燥的。但是，作为一种口头文学样式，数字民谣却充满了情趣与活力，往往不胫而走流行一时，甚至广为流传。这些以日常生活为内容，反映、印证着一定地域民俗与时代风尚的数字民谣，不仅反映了特定的地域民俗和时代风尚的特点，也可谓民众情感的另一种宣泄，体现着民众的文化重建意识和文化自觉。在此，且大体分作“四大”格式的老“顺口溜”和“四大”格式的新“顺口溜”两类，选录近一个世纪以来沈阳以及周边地区广为流传的“四大”格式“顺口溜”（以汉语拼音为序排列），供读者考察。其中，一些流行甚广但过于污秽不雅者，不录。有的，虽然辑录了，但个别具体不雅字眼儿则以“□”空之，“开天窗”是也。

先看“四大”格式的老“顺口溜”。

四大悲　无食孩子哭、少衣老婆难、爹妈死了无地葬、财主逼债无钱还。

四大扁　鸭子嘴儿，蚂蚱腿儿，斧子刃儿，鲤鱼尾儿。

四大耻辱　男为盗、女为娼、孀居另改嫁、儿子不养娘。

四大窄　睡扁担，盖鞭梢，长长的头发细眉毛。

四大粗　大油坛，棉花包，大象脖子孕妇腰。

四大短　五月夜，十月的天，兔子尾巴半截砖。

四大好　清涧的石板瓦窑堡的炭，米脂的婆姨绥德的汉。

四大黑　胡敬德，猛张飞，包大人脸蛋锅底灰。

四大欢喜　洞房花烛夜，金榜题名时，久旱逢甘雨，他乡遇故知。

四大荣　学生高中举，门楼挂金匾，大寿庆八十，五世乐同堂。

凡此民间谣谚大都是社会日常生活现象的总结性描述，从表面上看似乎并没有太多的意义，甚至有的还带有“荤”的味道，更谈不上“重大意义”了。不过，“四大”格式的谣谚之所以多年来流行不衰，除其语言本身的俏皮、押韵上口外，更重要的是这些谣谚“对假想生活和感受的描摹，以训诫和讽刺的方式对日常生活中的伦理规范加以表现”，并以其独到的趣味性在民间广泛流传，令人会心一笑。因为，其中的幽默与诙谐都是来自普通老百姓的“凡人”审美情趣。

再看“四大”格式的新“顺口溜”。

任何谣谚都脱离不了历史的局限，都是一时社会生活和民意的反映。例如，东北的伪满时期，民间流行这样的“四大”格式谣谚：“四大硬：警察署、宪兵队、关东军、协和会。四大坏：棉花桃子、洋麻秆子、狗腿子、保甲卵子。四大囊（软弱）：村公所、国民校、庄稼老儿、小商号。”幽默诙谐之中明显地充满着民众的讥讽与反抗意识。它们往往流行有两种版本，一是“荤”的，一是“素”的。可以说，不乏“荤”的色彩、“荤”的言语。不过，这种情形，即如有人指出的那样，它与《诗经》中表现“关关雎鸠，在河之洲，窈窕淑女，君子好逑”，“是一样的境界，一样的意思”。

自 20 世纪 80 年代以来，随着中国社会进入转型时期，社会生活中的种种问题也开始在这种为人喜闻乐见的谣谚形式中得到反映。其中，很多是对不良风气，对社会腐化与堕落现象加以揭露和讽刺，表明了国民关心国家命运、关注社会发展的自觉意识。且举如下诸例，可见一斑。

四大祸根　酒是穿肠毒药、色是刮骨钢刀、气是下山猛虎、钱是惹祸的根苗。

四大绿　青草地，西瓜皮，王八盖子（乌龟壳）邮电局。

此外，还有一些模仿这种“四大”格式的相似作品，例如：

男人四大货　二十岁的男人是期货、三十岁的男人是抢手货、四十岁的男人是现货、五十岁的男人是跳楼货。

人生四大悲　久旱逢甘雨——一滴、他乡遇故知——债主、洞房花烛夜——隔壁、金榜题名时——重名。

市商言语

在社会语言生活中，言语交际往往伴随着非言语的副语言习俗。市商言语习俗，首先是以视觉传达市商招徕信息的非言语形式的语言习俗，亦即各种招幌、招牌。其次，则主要为以声音传达市商招徕信息的招徕市声。

招幌与招牌

招幌，是“招牌”与“幌子”的复合式统称，是工商等诸行业用以宣传所经营的内容、特点、档次等招徕性信息的视觉标识。

2011 年 8 月 16 日，“北京大栅栏老字号旅游购物节”启动的当天，30 多种老北京餐饮、日用、粮食、服饰、货币交易等行业传统商业店铺的幌子，集中在步行商业街三庆园戏楼旧址展示，吸引了广大市民和游客驻足观看，成为本届旅游购物节一道独特的风景线，格外添彩。

这次展出的幌子主要分为三种类型：首先是文字类，如“六必居”酱菜园，直接把字号用斗大的隶书写在旗子上；其次是形象类，如切面铺，将面条状的布条捆成一把挂在门端；最后是实物类，如烟袋铺、估衣铺等，直截了当地将锃亮的烟袋、半新的衣裳系在门外。这些不光看着新奇有趣，还是能见证国家商业兴衰的历史物证。此次展览中有个“东鸿记茶庄”的大棉布幌子。这茶庄什么来头？原来它隶属老字号瑞蚨祥。提起卖绸布的瑞蚨祥，老北京人肯定都不陌生，可若说它除卖绸缎、皮货外还经营过茶庄，恐怕就没有几个人知道了。其实瑞蚨祥茶庄曾有“瑞蚨祥鸿记茶庄”“北平鸿记茶庄”“北京鸿记茶庄”“北平东鸿记茶庄”“北京东鸿记茶庄”“北平西鸿记茶庄”和“北京西鸿记茶庄”等诸多叫法。此外，根据有关方面的安排，在大约一个月的展出期间，收藏幌子的藏友，还可以拿着自己的藏品，到展上交流切磋。

2005 年春节期间，坐落于北京东岳庙的北京民俗博物馆，举办了一次与同时举办的老北京商业民俗文物展遥相呼应的北京老招幌展。博物馆的后罩楼东、北、西三面连为一体，楼上的每根立柱上都悬挂有一个老北京商业店铺的招幌。这些招幌的形状、大小、颜色各不相同，每一个招幌都代表了一种商业行类，有的招幌似药瓶，有的则简单明了地写了一个大大的“當”字。这些各种样式的招幌高高地悬挂在后罩楼上，增添了更多老北京的市井风情。当游客们跨进后罩楼的院落，首先被后罩楼建筑那纯正的古代韵味所吸引，正当游客们准备好好欣赏一下这里的风景时，就会不自觉地发现悬挂在柱头上的各式招幌。这些招幌激起了游客们极大的兴趣。

日本收藏的中国招幌实物为世界之最。在侵华战争期间，日本奈良县的日本天理大学从北京搜罗了大批中国的招幌和玩具实物，从而使日本天理大学的图书馆和博物馆也成为考察中国特别是老北京招幌和玩具的地方。在其迄今仍完好地收藏着的 2700 余件中国文物中，有 130 余件招幌实物，除 11 件出自台南、广州和东北地区外，其余均为 1939 年 12 月至次年 4 月在北京收购的招幌实物。其数量之多，远远超过了中国各类博物馆的收藏。该馆于 20 世纪 80 年代在大阪举办公开展览，曾引起一时轰动。有中国民俗学者从 20 世纪 80 年代初就三次前往天理参考馆，考察那里收藏的中国招幌实物，并参观了该馆在大阪的公开展览。他发现，天理参考馆的学者中野辉雄先后发表了一系列研究成果，如《话说招牌》（1948 年）、《中国的商店看板——幌子》（1954 年）、《幌子》（1962 年）、《幌子札记——中国看板研究》

（1987 年）等。天理参考馆将这些中国招幌实物图片编入了《中国民俗参考品陈列目录》（1948 年）、《天理参考馆陈列介绍》（1954 年）、《民俗资料》（1962 年）、《天理大学附属天理参考馆图录》（1986 年）、《北京看板》（1987 年）等出版物。

2013 年 5 月 21 日，由国家工商总局批准建设，坐落于台儿庄古城的中国运河招幌博物馆开馆。据媒体报道，中国运河招幌博物馆，位于古城“船形街”（“中国非物质文化遗产博览园”）之舷，与“船形街”自然融为一体，占地面积 600 余平方米。中国运河招幌博物馆围绕“大战文化、运河文化、鲁南文化”三条主线，从运河招幌切入，以历史为序，以行业为单元，文本大纲由以辽宁省民俗学会会长、辽宁社会科学院研究员曲彦斌为首席专家的课题组撰写设计。博物馆展览面积 550 平方米，分序厅、坐贾门市招幌、行商市井招幌、传承华商精神四个展区，一个衍生品经营区和一个学术交流区六大板块，展陈各式招幌 500 余件，招徕市声 60 余种，馆藏专业文献史料 544 册，馆藏实物达 90%，整个博物馆集收藏、研究、展示、教育、宣传、娱乐、文化创意等功能于一体，市民和游客来到这里，既能看到鲁南地区各个时期的招幌器物、图像、文献，也能看到千里运河沿岸各个时代的特色招幌；既能了解招幌的历史沿革，也能体会到广告与人们日常生活的密切关系；既能走马观花浏览相关知识，也能细细回味展品背后深厚的历史人文积淀和社会意义、文化意义、生活意义。中国运河招幌博物馆对运河沿线一些著名的中华老字号进行了场景复原，再现了过去京杭运河沿线，特别是台儿庄地区绚丽多姿的商业文化风情[1]（图 10-1 ~ 图 10-3）。

关于中国古代实物招幌与招徕市声最早的文字描述，始见于春秋时的经典著作《韩非子》。《韩非子・难一》中有著名的“自相矛盾”典故，构成这则寓言的核心情节，在于由其实物招幌矛与盾所引发的招徕叫卖市声，“吾盾之坚，莫能陷也”和“吾矛之利，于物无不陷也”。因为“不可陷之盾与无不陷之矛，不可同世而立”，所以是“自相矛盾”。生动地展示了商贩自然地运用着实物招幌与招徕市声这两种

1 贾君．山东枣庄市 中国运河招幌博物馆开馆 [N]. 中国消费者报，2013-5-27（A3）.

图 10-1　坐落于台儿庄古城的中国运河招幌博物馆正门

图 10-2　曲彦斌题写的中国运河招幌博物馆正门匾额

图 10-3　曲彦斌题写的中国运河招幌博物馆正门楹联

原始的、习用的广告手段，以及推销中急于成交的商业心理，乃至弄巧成拙。现实生活中是否确有此类事例，不得而知，但可说明在当时使用实物招幌和招徕市声推销商品，已是非常普遍、寻常的事情。

抽象化的特定标识招幌的出现，是原始实物招幌发展、进步的结果。中国传统招幌中最早见于文献的是“酒旗”（图 10–4）。对此，《韩非子》《晏子春秋》《说苑》《韩诗外传》等典籍均有记述。在《韩非子·外储说右上》中，酒旗谓“帜”，即如清褚人获在《坚瓠集》卷四《酒旗》中说的：“《韩非子》云：‘宋人酤酒，悬帜甚高。’酒市有旗，始见于此。”在《晏子春秋·内篇·问上》中，酒旗谓“表”，“人有酤酒者，为器甚洁清，置表甚长”。古人诗词中多有咏酒旗佳句，如刘禹锡《堤上行》：“酒旗相望大堤头，堤下连樯堤上楼。”杜牧《江南春》：“千里莺啼绿映红，水村山郭酒旗风。”元代有曲牌名“酒旗儿”，如元曲作家乔吉的《酒旗儿》咏道：“千古藏真洞，一柱立晴空。”以酒旗命名星宿，在晋代已然。《晋书·天文志上》：

图 10–4 元杂剧《吕洞宾三醉岳阳楼》插图所绘酒馆岳阳楼悬挂的酒旗

“轩辕右角南三星曰酒旗，酒官之旗也，主宴飨饮食。五星守酒旗，天下大酺。”如此，无疑给酒旗招幌披上了神秘面纱。但据《天文志上》的酒旗三星所连平面形状推测，古代酒旗本为三角形状。酒旗形制本为布帘，因有“青帘”之谓。酒旗高悬，很远即可望知那是酒家标识，因而又称“望子”。《广韵》云：“帘，青帘，酒家望子。”宋代以来许多学者认为，所谓“幌子”即出自“望子”的音讹相沿成习。明陈士元《俚言解·望子》：“望子，酒家悬帜也……今人呼酒旗为望子。”清翟灏《通俗编·器用》：“按今江以北，凡市贾所悬标识，悉呼望子。讹其音，乃云幌子。”凡此可见，“招幌”之说源于“望子”，“望子”滥觞于“酒旗”。因而，可以认为，酒旗是除实物招幌外最早的中国传统招徕标识，后世各类招幌多从酒旗发展、衍生而来。当代都市街头、广场上的广告旗，则是古代酒旗的遗制和出新（图 10-5）。

“悬壶济世”，是古来医家所标榜的医德。所谓“悬壶”，即古代医家行医的招

图 10-5 古代版画《文君当垆卖酒》

幌标识，其典出自东汉的仙人“悬壶于市”。《后汉书·费长房传》：“市中有老翁卖药，悬一壶于肆头。”至后来，医家虽不以“悬壶”为行医的招幌标识，但“悬壶”依然作为挂牌行医的代称。明汤显祖《牡丹亭还魂记·延师》：“君子要知医，悬壶旧家世。”近代革命家孙中山在《革命原起》中也写道：“及予卒业之后，悬壶于澳门、羊城两地以问世，而实则为革命运动之开始也。”汉代时，酒家不仅以酒旗为招徕标识，亦往往将其盛酒容器置于店前作为标识。最著名的例证当属《史记·司马相如传》所记：“(相如)买一酒舍酤酒，而令文君当垆。”一代才女“文君当垆”，当然更增强了它的招徕标识效应。唐代称作“卖垆”，如元稹《和乐天重题别东楼》诗所咏：“唤客潜挥远红袖，卖垆高挂小青旗。”“悬壶”与“卖垆”说明，汉代时中国的传统招幌已在实物幌和酒旗幌基础上有所发展，并由此进一步形成后世丰富多彩的市商招幌广告民俗。

招幌是工商及其他诸行各业向社会和消费者传播经营内容、商品、特点、价格以及档次等信息，以招徕消费的标识性广告方式，一种特定的行业经营标志、信誉标志，一种标榜手段，一种通过视觉传播的传统广告民俗和民俗语言艺术。最原始的招幌是直接展示其经营的实物招幌，从实物幌发展而来的是附属幌、模型幌、象征幌，以及特定标志幌、文字幌、图画幌、招牌、门市楹联等形式（图 10–6 ~ 图 10–7）。其设置使用方式，主要有两种类型，即坐商（亦谓“坐贾”）的门市固定招幌和行商的流动招幌。招幌的发生与形成，以社会性物资交易与消费的市场需要为前提，通过获得社会的广泛认同而约定俗成。除实物招幌外的其他类型招幌，大都经过创造和加工，是民俗与艺术有机结合而成的传统广告艺术。即或是直接以实物为招幌，往往也根据传统习俗惯制和实际需要而有所选择，加以整理之后的具有典型特征和传播招徕信息功能的商品实物，亦具有古朴的民俗艺术性质。通常的坐商门市招幌，大多由幌杆、幌架、幌挑、幌挂、幌盖、幌体、幌座和幌坠等部分组成，或古朴典雅、或华丽辉煌、或朴实无华，悉因经营规模、内容、商品、档次等因素而有所差别。

实物招幌，直接将所经营的商品实物陈置或悬挂作为招徕标识，多为经过挑选或整理的样品，是供消费者直观鉴别的标本。民间俗语“挂羊头，卖狗肉”，喻

图 10-6 《图画日报 · 营业写真 · 做招牌》情景

图 10-7　清末民初小银铺的幌子（正背两面）

义为表里不一、名不副实。其实，这正是由肉铺的实物招幌而来。实物招幌简便易行、成本低廉而又俭朴、明了，因而成为最早出现并历久不衰的传统民俗招幌种类。绒线铺在门前悬挂一匝各色绒线，棉麻店悬挂一篮棉花、一束麻线，水果店悬挂或陈列时鲜果品，寿衣庄陈列、悬挂寿枕、寿靴，修补轮胎者悬挂一只大规格轮胎，元宵摊摆一盘剖开见馅的大元宵，均为古今习见实物招幌。但是，实物招幌也有其先天的种种缺陷和局限性。有些经营内容难以用实物展示，如酒、油、饮料等液体商品；有些实物不宜长时间裸露陈展，如肉类等食品；有些行业不存在用作实物招幌的商品，如行医、算命、收购、修理等行业；有些综合经营行业难以一两种商品实物概括全部，如百货商店；有些实物用作招幌有失雅观或给人以不良心理刺激，如活狗、活羊边宰边割卖；有些体积过大、过小、过重、过轻或贵重细软商品，以及易燃易爆、易破损、易腐败变质、易污染的商品，均不可以实物为幌。因而，实物招幌主要限于具有独立完整个体，形状、色彩等个性特征鲜明，同时又方便暴露性陈展的商品实物。

商品附属物招幌，是为克服某些商品受条件限制，而将具有商品主要关联性特征的物品作为招幌的变通方式，其实质仍是实物招幌。例如，医家、药铺悬壶，酒家悬挂酒葫芦，油店悬挂油瓶，米店悬挂量米的升，山村小饭馆悬挂笊篱，等等。这些招幌，或为商品的专用容器，或为专用量器，或为专用工具，均属商品的附属实物，消费者望见便可直观地得知其所经营的内容和具体商品，一般不会产生歧义，因而发挥招幌标识作用。

以特定的商品或商品附属物模型为招幌，是实物招幌的翻版与夸张放大。例如，蜡烛店悬挂的木质红漆大烛、鲜鱼店悬挂的大木鱼、腰刀店悬挂的腰刀模型、烟铺悬挂的烟叶模型、糕点铺悬挂的木制大月饼、灌肠铺门首挑着的一段大灌肠、煎饼铺悬挂的木制煎饼模型、馒头铺悬挂的木制大馒头模型等。今存历史文献所载最早的模型招幌，是元大都时北京兽医的红色壶瓶模型、收生婆门首的纸糊双鞋模型幌。元熊梦祥《析津志·风俗》载：“医兽之家，门首地位上以大木刻作壶瓶状，长可一丈，以代赭石红之。通作十二柱，上搭芦以御群马。灌药之所，门之前画大马为记。”又载：“稳婆收生之家，门首以大红纸糊篾筐大鞋一双为记，专治妇人胎前产后以应病症，并有通血之药。”兽医以壶瓶模型为招徕标识，系缘“悬壶行医”而来。稳婆收生采用鞋子模型招幌，既体现着从业者多为“天足”妇女、行走方便，同时古人多取其谐音“和谐”的口彩，祈愿产妇母子平安。模型招幌克服了实物招幌容易破旧、不易保存使用的弊病，经夸张、放大或变形化处理过的模型招幌，还显示了较强的装饰作用。不仅一些不便以实物为幌的商品可以采用模型招幌，为了获得更典型的招徕效果和艺术性，有些可用实物为幌的商品也采用这种优长颇多的模型招幌。旧时的梳篦店直接以出售的梳子、篦子为招幌是可以的，但为了追求更鲜明醒目的招徕标识功能和艺术效果，往往悬挂放大许多倍的梳为冠，篦为体，上书店家字号的组合模型幌（图 10–8 ~ 图 10–14）。

实物幌、模型幌均与所经营的商品、内容直接关联，而采用某种特定标志作为招徕标识的特定标志招幌，通常同所经营的商品、内容并无直接关联，它们是经约定俗成或相沿成习的抽象化的招徕标识，是特定的象征符号。始自春秋时的酒旗，是历史最为悠久的特定标志幌。清真饭店的招幌习以蓝色为主要色彩，成为区别于汉族等非清真饭店的鲜明的特定标识。明代以来，北京卖酸梅汤商贩的特定招幌是在柜上设一月牙形坐幌。民间传说，明太祖朱元璋举义起兵时，曾在襄阳施舍酸梅汤。此前，他曾出家为僧，月牙形坐幌表示禅杖，幌旁设三支戟，形如“日”字，合而则为“明”字，寓意朱元璋开国为大明朝，因而当行将明朝开国皇帝朱元璋奉为行业祖师。旧时，剃头担子上树一支独脚旗杆为幌，相传是唐高宗李治因剃头匠治愈了太子脸上生毛之病而赏赐给剃头行业的特殊标志。颜料店悬五花棒为幌，传说出自三国时曹孟德出任洛阳北部尉时所造棒杀犯禁者的五色棒。唐韦应物《示从子河南尉班》诗云，“立政思悬棒，谋身类触藩”，亦用此典故。南宋都城临安（杭州）城里的庵酒店，以盖有竹盖子的红栀子灯幌为店中有妓可供欢娱的特定标识。据元熊梦祥《析津志·风俗》载，元大都时的北京“剃头者以彩色画牙齿为记”。据清张子秋《续都门竹枝词》所咏，当时京城回族卖狗皮膏药者以“祖像”为招徕标识，用意显然在于宣扬其出自祖传秘方、世代经营，即所谓“回回三代狗皮膏，祖像招牌竖得高，东夏桥头长供奉，子孙买卖不辞劳”。有些商家采用自己独特的招徕标识，独树一帜，亦获得特定标志幌的招徕效应。清李斗《扬州画舫录》卷

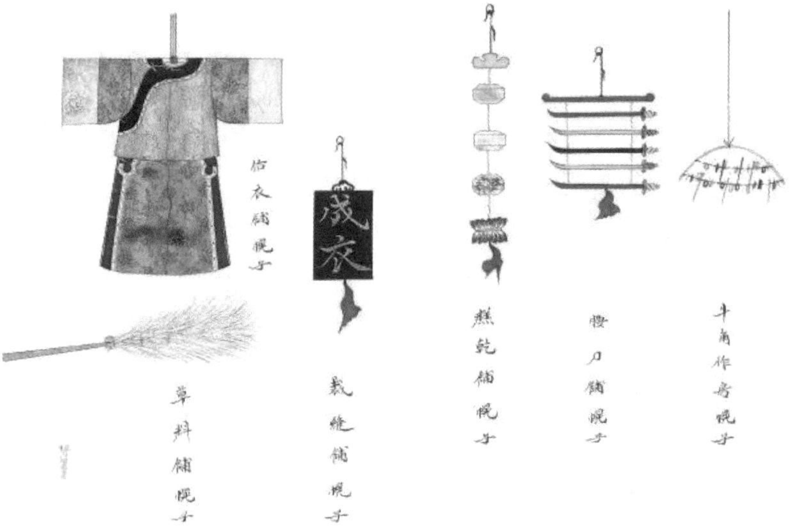

图 10-8　清末民间画师周培春绘北京民俗画《京城店铺幌子图》之一

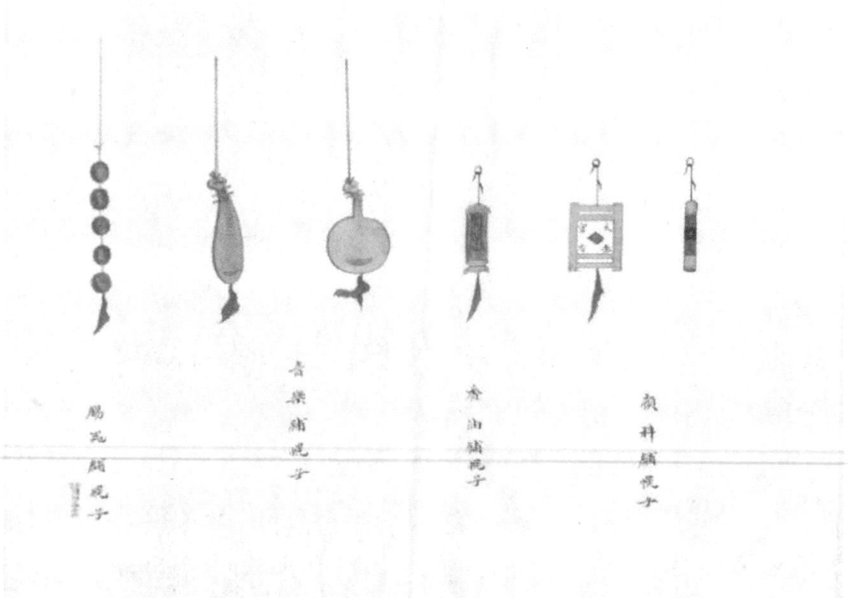

图 10-9　清末民间画师周培春绘北京民俗画《京城店铺幌子图》之二

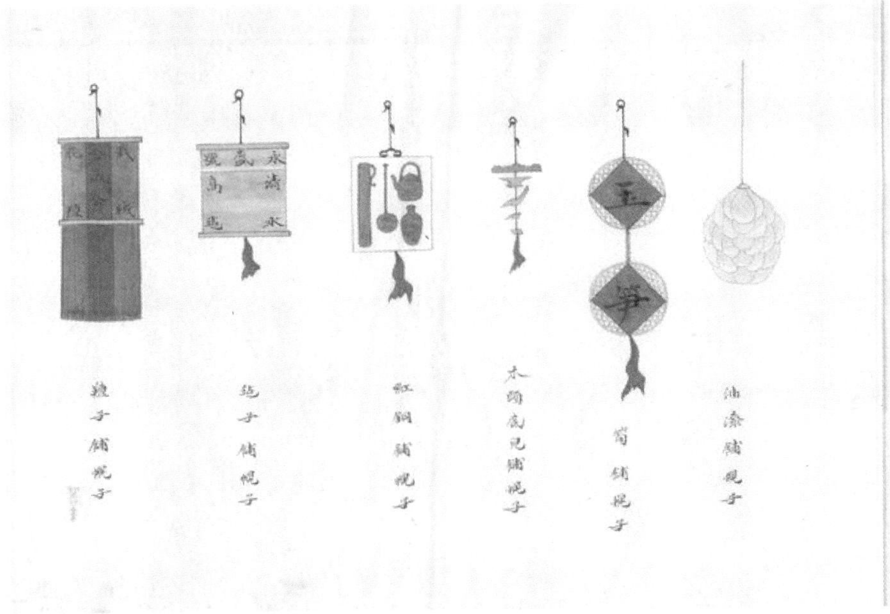

图 10-10　清末民间画师周培春绘北京民俗画《京城店铺幌子图》之三

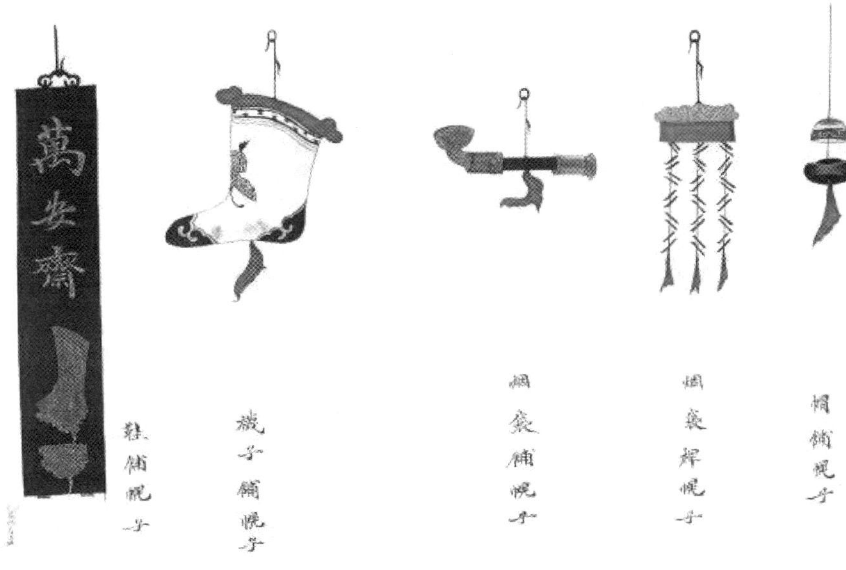

图 10-11　清末民间画师周培春绘北京民俗画《京城店铺幌子图》之四

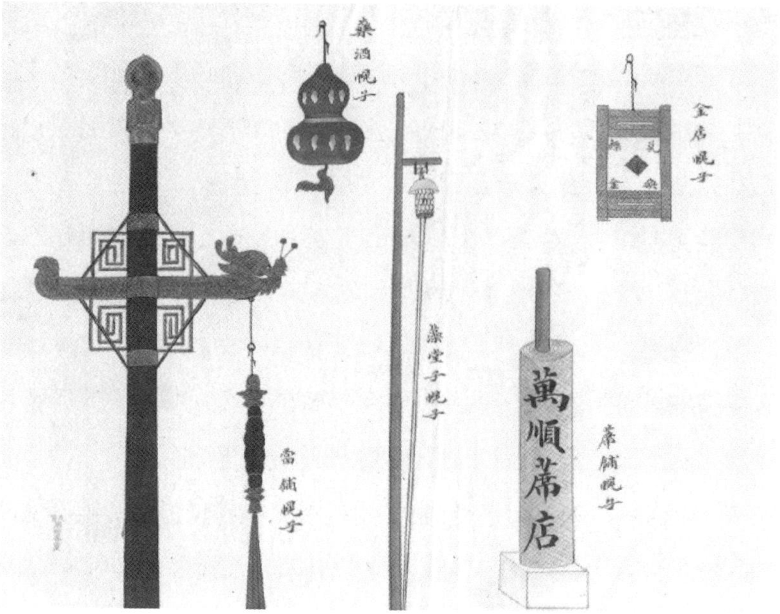

图 10-12　清末民间画师周培春绘北京民俗画《京城店铺幌子图》之五

图 10-13　清末《营业写真》的“走方郎中”

图 10-14　清末《故都市乐图考》中的《串铃卖药图》

一三载，扬州虹桥西岸一座名为“跨虹阁”的酒家“日揭帘，夜悬灯”，其“帘以清白布数幅为之，下端裁为燕尾，上端夹板灯，上贴一‘酒’字”。清朝驰名关内外的北京黑猴帽店，得名于其店首设置的一只黑色木猴店标，以至同业纷纷效仿。“鲜鱼口内砌砖楼，毡帽驰名是黑猴，门面招牌皆一样，不知谁是老猴头”，道的正是店家采用这种别出心裁的特定标志幌的广告效应。清末民初北京东安门内的裕通典当，因临近皇城而不许按行业惯例在门前设立高大的牌坊、幌杆，便在门首悬挂两副招幌，被同业称作“双幌子裕通”，竞相效仿并流行开来。特定标志招幌一经约定俗成获得广泛认同，便会产生特定的招徕标识功效。

招牌，主要是以悬挂、镶嵌或砌筑等方式固定于门市的匾、额、牌、联、壁等书有特定广告文字或绘有相应图案的招徕标识。宋张任国《柳梢青》词云：“挂招牌，一声喝彩，旧店新开。”招牌同幌子一样，都是商业经营的重要标识。即如清王有光《吴下谚联》卷一所云：“一切生理，皆有招牌，字迹端好，金漆装潢，非不声光活现，顾未必其招之即来。惟货真价实，伎术奏效，不误主顾，乃得生动。”招牌又简称“牌”，如宋赵叔向《肯綮录·俚俗字义》云：“京师食店卖酸馅者，皆大牌榜于衢路。”又称之为“标”，如李光庭《乡言解颐》卷四描写说：“京都第一几家标，不入吾门客待招。大字冲天名赫赫，长旌拖地意摇摇。登云凫舄何须琢，印板龙文总用雕。欲笑琵琶悬半截，知音谁识尾同焦。”招牌是以牌为形制的户外招徕标识，就所用材质而论，有布、木、铜、铁乃至砖石等数种；就设置形式而言，分横、竖、坐、壁四种。坐招，是坐落于门市地面或柜台上的落地式招牌。壁招又叫“墙招”，是在墙壁上书写、镶嵌或专门砌筑的招牌。有单一的文字招牌，如典当铺突出书有大“当”字的招牌或壁招；有单一的绘图招牌，如旧时米醋作坊悬挂的绘有金葫芦图案的黑漆招牌；但更常见的是文字、绘图兼用的招牌，如清朝北京城里内联升鞋铺的招牌，上面书写字号，下面绘着云卷托靴鞋，寓意取“平步青云”的口彩。除门市固定招牌外，有些流动商贩或其他流动经营的行当，也采用随身便携招牌，如江湖郎中揹着书写广告文字的木牌或布牌，街头牙医、修脚匠或祛痣子的，往往在设摊的身旁附近挂出书写广告文字或图案的布置招牌。不过，招牌以用于门市固定的招徕标识为主（图 10–15）。

图 10-15 《水浒全传》中《怒杀西门庆》插图所绘的酒楼狮子楼实物招幌和招牌

象征招幌，是将经营的内容、商品实物的物象化特征形象化或隐喻性地作为招徕的标识方式，是模型招幌与特定标志幌的转换或延伸。清代公共浴池多于门首幌杆上挑出一只灯笼作为招幌，门市楹联上书写“金鸡未唱汤先热，红日东升客满堂”之类联语。考其灯幌形制，原是壶的象征，由悬水壶为幌转化而来。检阅耐得翁《都城纪胜》、吴自牧《梦粱录》等有关宋代都城“香水行”亦即公共浴室的文字，未见有招徕标识的记述。不过，宋吴曾《能改斋漫录·事始·浴处挂壶于门》的考述，却说明上述民间传说原有所本，并非无稽之谈。吴曾考证道：“今所在浴处，必挂壶于门，或不知其始。按,《周礼·挈壶氏》,‘掌挈壶以令军井’。郑司农注曰：‘谓为军穿井，井成，挈壶悬其上，令军中士众皆望见，知此下有井。壶所以盛饮，故以壶表井。’又别注曰：‘挈，读如挈发之挈。壶，盛水器也。’乃知俚俗所为，亦有所本。”由此说明，清代以来浴池悬灯幌源自宋代香水行的壶幌，而宋代香水行的壶幌则沿袭周代军中以悬壶表井的标志。何以用壶作标志？在于壶为盛水容器。就是说，后世浴室的灯幌非但可以便利夜间招徕，更主要的是它是壶与水的象征，浴室蓄水方可洗浴。许多特定标志幌，便是特定的招徕象征，它们也兼为象征幌。例如用以象征出售的草标，便属此类。草标具有广泛的招徕象征作用，人、物皆可将此作为出售的标识。《水浒传》第十二回写青面兽杨志卖刀故事道，他“当日将了宝刀，插了草标儿，上市去卖”。元乔吉《折桂令·劝求妓》曲：“溺盆儿刷煞终臊，待立草为标。”除草标外，还有纸标，如《三朝北盟会编》卷二四引《宣和乙巳奉使行程录》记述在辽亡之后金兵夺取宋朝燕山府（燕京）的战乱中，百姓困苦不堪，乃至“父母食其子，至有肩死尸插纸标于市”者。借代性象征幌，以经营的部分内容或商品实物的局部、附属物等为象征标识。例如，酒店悬酒坛为幌，酱园悬盛酱菜的油篓，酱肉铺悬酱肉坛子模型等，均属此类。例如，典当业的钞桶幌是串起来的制钱（钱串）的象征，隐喻其为金融流通行业；东北地区山村旅店、饭店以悬挂的罗圈幌多寡隐喻经营的范围、档次和招徕对象。还有一种象征幌，以所绘的形象、图案来象征其经营内容、商品，多为图画幌和招牌。例如，翠花铺的画牌幌绘着蝙蝠、翠鸟，铜器铺的牌幌用铜片镶出火锅、铜茶壶图案。统而言之，招幌的本身均可说是一种象征标志，原因在于它广泛地运用了象征艺术手法（图 10–16）。

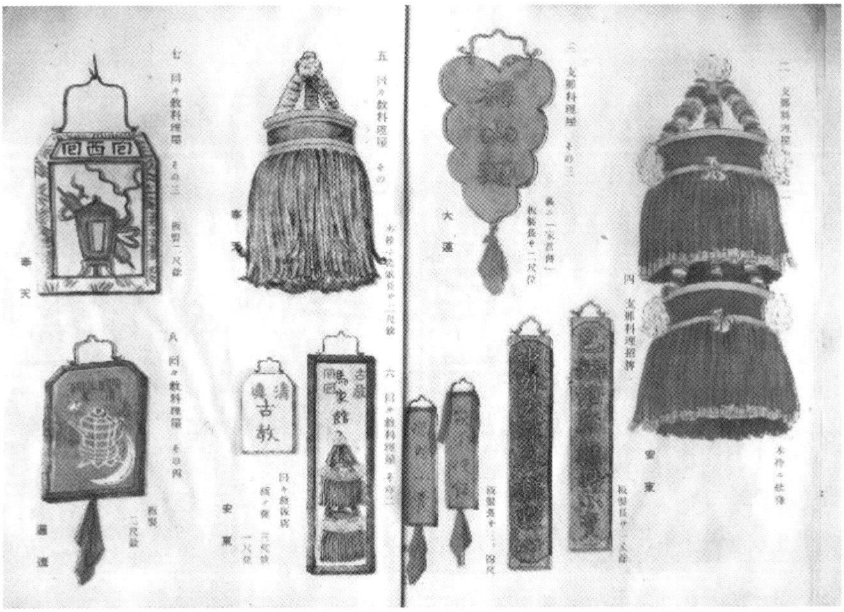

图 10–16　[日] 藤原钦尔编《满洲看板往来》图片书影

招幌的创意设计，采用的艺术手法，使用的材质，设置的方式等，皆因各种行业特点、经营内容、商品特征，各取所需，花样翻新，多姿多彩。究其实质，悉在于追求最佳的招徕标识功效和艺术效果，最大限度地发挥促销与便利消费的作用。正因如此，古往今来的各业招幌，生生不息地构成别有洞天、五彩缤纷的民俗画卷。

叫卖吆喝等市井传统商业招徕市声

中国市井传统的商业广告民俗主要有两种形态，一是以色彩、造型等视觉标识传播扩布信息的招幌，二是通过有声语言和器乐音响招徕顾客的市声。根据经营方式和商品特点，或采用前者，或采用后者，或两者兼用。

招徕市声，源远流长，透过这独具风采韵味的乐章，可使人置身于充满乡土情思而别有洞天的风俗画长卷之中，获得一种天籁般的享受。

吆喝

最原始的叫卖吆喝是个什么样的情景，尽管凭现实生活经验可以想象得到，但缺乏实证和文字记载。《诗经・卫风・氓》描述了“氓之蚩蚩，抱布贸丝，匪来贸丝，来即我谋”的以物易物的原始贸易活动，然未言及理应伴存的招徕推销性质的叫卖吆喝之声。《韩非子・难势》“自相矛盾”中，市上兼卖矛盾者一边展示所售实物，一边反复向人夸耀“吾盾之坚，莫能陷也”和“吾矛之利，于物无不陷也”，当是有关叫卖招徕市声的较早文字描述。

史学研究认为，中国大约于夏朝时，开始出现农工商业的社会分工；至春秋时期，商业已有行商坐贾之分；隋末唐初，则形成工商诸业行会组织。然而，有关商业招徕叫卖吆喝市声的记述文献，却鲜见于宋朝。但宋代对于这种市声的关注，并非在于其作为商业活动，倒是着眼于它的韵味，它的音乐艺术性，名之为“吟叫”。视叫卖吆喝之声为吟叫，已鉴赏其声韵之悦，不无化俗为雅的意趣。

南宋吴自牧《梦粱录》卷十三多处记述当时都城吟叫宣唤市声：

及诸行铺席，皆往都处，侵晨行贩。和宁门红杈子前买卖细色异品菜蔬，诸般嘎饭，及酒醋时新果子，进纳海鲜品件等物，填塞街市，吟叫百端，如汴京气象，殊可人意。孝仁坊口，水晶红白烧酒，曾经宣唤，其味香软，入口便消。（天晓诸人入市）

四时有扑带朵花，亦有卖成窠时花，插瓶把花、柏桂、罗汉叶，春扑带朵桃花、四香、瑞香、木香等花，夏扑金灯花、茉莉、葵花、榴花、栀子花，秋则扑茉莉、兰花、木樨、秋茶花，冬则扑木春花、梅花、瑞香、兰花、水仙花、蜡梅花，更有罗帛脱腊像生四时小枝花朵，沿街市吟叫扑卖。及买卖品物最多，不能尽述。……又沿街叫卖小儿诸般食件，麻糖、锤子糖……跳山婆、栗茅、蜜屈律等物，并于小街后巷叫卖。（诸色杂货）

凡此，诸色宣唤叫卖，皆同范成大诗所记相合。如《夜坐有感》："静夜家家闭户眠，满城风雨骤寒天。号呼卖卜谁家子，想欠明朝籴米钱。"又如《雪中闻墙外鬻鱼菜者求售之声甚苦有感三绝》之三："啼号升斗抵千金，冻雀饥鸦共一音。劳汝以生令至此，悠悠大块亦何心。"而且，在北宋张择端的《清明上河图》长卷中，亦对当时市肆叫卖情景有所描绘。如画卷的中段，城厢外十字路口的一家车辆作坊附近街心，一人左手擎笼屉或食盒之类器物，右手执"行儿"，正在张口叫卖。尽管未闻其吟叫之声，其情景则清晰可辨。

俗语说，卖什么吆喝什么。明末王季重《谑庵文饭小品》卷三《游满井记》所录市肆叫卖饮食的"邀诃"（即吆喝），直观、生动地展示了叫卖者的商业心理特点，其书记载："卖饮食者邀诃：'好火烧！''好酒！''好大饭！''好果子！'"当然，因经营内容及乡土习俗而异，吟叫吆喝不拘一格。明代浮白主人《笑林》中的一则笑话所表现的收旧货者的吆喝，即另一种情形："有戴破帽破网者，途中见人呼'破帽子换铜钱'，急取帽袖之；再呼'破网巾换铜钱'，复急脱网巾袖之；又呼'乱头发换引钱'，乃大怒曰：'你这人无礼，忒寻得我要紧。'"其完整而有节奏的吆喝，显然是“破帽子换铜钱——破网巾换铜钱——乱头发换引钱”。

自清以来，有关记载各种叫卖吆喝市声的文献多了起来，既有文字的，也有绘画的。而且，一如宋朝“街市与宅院，往往效京师叫声”，清代有关叫卖吆喝的文献，亦以北京为主。《贸易》为“汉严卯斋笔录”清末写本，主要记述北京市井行商坐贾的各种叫卖吆喝市声及器乐市声，其序称：“凡做小本经计（纪），以吆喝为先，具是分出腔调，有高有低，有音有韵，犹如唱曲腔调一般。此系京城内外大小贸易吆喝，不比外省吆喝，字眼要斟酌、要真着……又有在铺内吆喝卖的，有在大街小巷敲动响器的，也有不言语做买卖的，不得一样”云云。以京城为代表的都市叫卖吆喝，每每纳入载录风土民俗的文字。清富察敦崇《燕京岁时记》载：“京师暑伏以后，则寒贱之子担冰吆卖，曰冰胡儿。”清光绪年间闲园鞠农（蔡省吾）所辑《燕市货声》（一作《一岁货声》），可谓旧京诸行商业市声的集大成者。是书除十二个月12辑外，另有除夕、通年、不时、商贩、工艺、铺肆6辑，凡18辑，采录的是咸丰、同治以来至光绪丙午（1906年）50余年间的京都市声。其在自序中说，辑录这些“不及其他而犹能少存乎古意”的市肆天籁之声，具有启迪世人的意义，“可以辨乡味，知勤苦，纪风土，存节令。自食乎其力而益人于常行日用间者，固非浅鲜也，朋来亦乐，雁过留声；以供夫后来君子”。近人周作人《夜读抄〈一岁货声〉》的感慨，似与该序所言相呼应：“我读这本小书，深深地感到北京生活的风趣，因为这是平民生活所以当然没有什么富丽，但是却也不寒碜，自有其一种丰厚温润的空气。”无独有偶，作家张恨水20世纪40年代旅居北平时，亦注意到这里的叫卖吆喝市声，如其记“禁夜市声”的《白话摸鱼儿》词后半阕写道：“谁吆唤？隔条胡同正蹿，长声拖得难贯。硬面饽饽呼凄切，听着教人心嗲。将命算，扶棍的，盲人锣打叮当缓。应声可玩，道萝卜赛梨。央求买，允许辣来换。”声声入耳，画在其间。

韵语说唱

原始的叫卖吆喝，并非音乐，但不失音乐色彩。《淮南子·道应训》记载“今夫举大木者，前呼‘邪许’后亦应之，此举重劝力之歌也”，亦即后来鲁迅《门外文谈》所谓的“杭育杭育派”作品。就此意义而言，富有音乐色彩的叫卖吆喝市声，亦可谓一种源于商业活动的艺术。《礼记·乐记》云：“凡音之起，由人心生也，人心之动，物使之然也。感于物之动，故形于声；声相应，故生变；变成方，谓之音；比音而乐之，及干戚羽旄，谓之乐。乐者，音之所由生也，其本在人心之感于物也。”叫卖吆喝的音乐色彩，则是如此“人心之感于物”的结果，乃至于逐渐音乐化，逐渐形成了韵语说唱以及器乐音响两种商业招徕市声。

今存中国古代韵语说唱市声语料，大都较晚。不过，从宋代有关文献的记述和当时采选市肆叫卖的吟叫之声而创制曲牌，并形成一种吟叫艺术而有专门艺人行当，仍清晰可见其源流轨迹。除前所援引的《事物纪原》外，又有《梦粱录》等如下记载：

今街市与宅院，往往效京师叫声，以市井诸色歌叫卖物之声，采合宫商成其词也。（《梦粱录》卷二十《妓乐》）

绍兴间，用鼓乐吹梅花酒曲，用旋杓，如酒肆间，正是论角，如京师量卖。茶楼多有都人子弟占此会聚，习学乐器，或唱叫之类，谓之挂牌儿。（《都城纪胜·茶坊》）

叫声，自京师起撰，因市井诸色歌吟卖物之声，采合宫调而成也。若加以嘌唱为引子，次用四句就入者，谓之下影带。无影带者，名散叫。若不上鼓面，只敲盏者，谓之打拍。（《都城纪胜·瓦舍众伎》）

“歌吟卖物之声，采合宫调而成”者，即当时市肆之韵语说唱形式的招徕市声——歌叫。至于瓦舍勾栏妓乐中的叫果子、叫紫苏丸及十叫子之类，则是说唱艺人模仿市肆歌叫之声而形成的一种民间艺术。

借韵语说唱市声制为词牌、曲牌，丰富了词曲样式，也显示着这一传统商业广告艺术的招徕功能。其中比较典型者，如《货郎儿》《卖花声》之类。元无名氏《货郎旦》剧第四折：“我这里无乐人，只有姊妹两个，会说唱《货郎儿》。”世传《卖花声》词牌，并非一种。一是《浪淘沙》，传系宋代女词人李清照名之为“卖花声”（但未见于今存清照集）；一是《谢池春》。清李良年《词坛纪事》云：“世俗以二月十五日为花朝节，杭城园丁以名花荷担叫鬻，音中律吕。”可知其得“卖花声”名之由来。

歌叫唱卖，在宋朝市井已蔚成风气。甚至，当时以商品为诱饵赌掷财物的博戏“关扑”，亦如此歌叫招徕顾客。《东京梦华录》卷六《正月》：“士庶自早互相庆贺，坊巷以食物、动使、果实、柴炭之类，歌叫关扑。”《梦粱录》卷十三《夜市》所记还有“洪进唱曲卖糖”之类，亦可见当时市井招徕风习之一斑。而且，即或南宋临安禁中节日之际，亦将说唱市声视为点缀升平的一种娱乐。《武林旧事》卷二《元夕》载，其时“京尹预择华洁及善歌叫者谨伺于外”，一当“取旨，宣唤市井舞队及市食盘架”进奉时，则“歌呼竞入”，“既经进御，妃嫔内人而下，亦争买之”，商贩“皆数倍得值，金珠磊落，有一夕至富者”。

有关韵语说唱招徕市声语料，主要是清代以来文献所录。郑振铎先生从清乾隆年间抄本《仙庄会弹词》中，发现了苏州商人卖年画的大段说唱招徕之辞，如：“打开画箱，献过两张，水墨丹青老渔翁，老渔翁多哈哈笑，赤脚蓬头戴笠帽，手里拿个大白条，鳞眼勿动还为跳。笔法玲珑手段高，苏杭城里算头挑，扬州城里算好老。只卖八个钱，两张只卖十六钱。献过里朵两张，还有里朵两张，《西游记》里个前后本，王差班里个大戏文……”清末北京画棚的说唱之辞，《燕市货声・腊月》所记，又是一番情景：“买的买来捎的捎，都是好纸好原料！东一张，西一张，贴在屋里亮堂堂！臭虫他一见心欢喜，今年盖下了过年的房。”劝买辞中夹杂着幽默打诨。

卖调料摊贩的说唱，至今在许多地方仍可见到。这类唱卖套辞，从调料种类、用途、特点、劝买之类，乃至历史掌故、民间故事、人生道理、日常生活知识，尽在其中，长者多达四五百句，历代口耳相传。例如在安徽淮北淝河流域流传已久的《八大味叫卖歌》，长达近500句，而且是二人对唱形式，其开篇唱词是：“吸过烟来喝罢茶，以前干啥还干啥，小磨推来碾子挨，俺把材料配起来。八大味，九大香，漂洋过海大茴香，有肉桂和凉姜，砂仁豆蔻都放上。还有花椒和草果，云南的胡椒再配上。要买材料要包全，到家做菜不觉难。少吸烟来少喝酒，买包材料往家走。大的喜，小的夸，老婆子夸你会当家。……买的买来捎的捎，买的没有捎的多，当家人会买当家货，浪荡人只会讲吃喝……想买材料往前站，离得远了难看见。要买材料定包全，买回家里好过年。”如此一路唱去，边唱边卖，嘴里手上一齐忙活。

器乐音响

中国古乐器，向有吹、打、弹、拉四大类。这四大类乐器，是构成传统商业器乐音响广告的基础。器乐音响不仅可以同叫卖吆喝、说唱相配合，还可以作为“代声”单独使用。尤其是对于受民俗禁忌等社会因素制约而不宜口头招徕顾客的行当，如旧时的理发、游方行医、修脚、劁猪等，约定俗成的特定器乐音响更是必要的招徕广告媒介。

近人齐如山《故都市乐图考》，1935 年出版，记述北京市贩招徕响器 40 余种，并逐一绘有插图。自序称：“系关于人声叫卖者，其有恐嗓音不足，不能达深院之听者，则利用一种乐器，以作代表，统名之曰唤头，此图所绘者是也。久居北京者，一听其声，便知其所售之物，盖习惯也。其所用乐器，在八音中，以金革为多，取其声宏，能达远听；竹木次之，丝最少；匏土石三种几不见，因此等物器，出声不宏大也。”齐氏将器乐音响招徕统谓“唤头”未必确切，那是剃头匠所用招徕顾客的镊钗的约定俗成的专称。另外，其将盆、瓢和喇叭绘入倒并非“牵强多事”，因为其确属一些行业的招徕响器。

早在清道光间佚名氏的《韵鹤轩杂著》已注意到市井招徕器乐民俗，是书卷上写道：“百工杂技，荷担上街，每持器作声，各有记号。修脚者所摇折叠凳，曰‘对君坐’；剃头担所持响铁，曰‘唤头’；医家所摇铜铁圈，曰‘虎撑’；星家所敲小铜锣，曰‘报君知’；磨镜者所持铁片，曰‘惊闺’；锡匠所持铁器，曰‘闹街’；卖油者所鸣小锣，曰‘厨房晓’；卖食者所敲小木梆，曰‘击馋’；卖闺房杂货者所摇，曰‘唤娇娘’；卖耍货者所持，曰‘引孩儿’。”所述 10 种，其名皆因被招徕的顾客对象而取，亦俗亦雅，别有意趣。此间，江苏吴县籍诸生石渠的《葵青居诗录》中，亦有一组吟咏市井招徕乐器的诗，总题为“街头谋食诸名色，每持一器以声之，择其雅驯可入歌谣者各系一诗，凡八首”，堪与《韵鹤轩杂著》记述互相参证，史料稀见而又独具雅俗之趣，且移录如次。

引孩儿（卖糖者所击小锣）：
庭阶个个乐含饴，放学归来逐队嬉。
底事红鞋快奔去，门前为有引孩儿。

唤娇娘（卖闺中杂物持以摇者）：
绿窗检点女儿箱，彩线断绒针断芒。
绣罢鸳鸯方却坐，慢声远远唤娇娘。

虎撑（外圆中空，范铁为之。相传孙真人遗制，以撑虎口探手于喉出刺骨者）：
一幅白帘标姓名，一围圆相摇且行。
活人那有好身手，毒口偏能为虎撑。

报君知（状若厨房晓，盲者敲之为算命）：
未能弹唱作盲词，比是三弦手自持。
闻说君家要推命，声声先与报君知。

惊闺（磨镜、磨剪刀者，叠铜片四五戛以作声）：
岂缘明镜影全迷，岂为剪刀慵取携。
夫婿将归衣未办，暮寒那得不惊闺。

对君坐（行则摇，坐则止，修脚者所持器）：
足趼难行行若跛，谋生贱业到来移。
手持寸铁尔何人，一座公然对君坐。

个中，与《韵鹤轩杂著》所述，略有差异，当是各地市井习俗之别使然。应指出的是，上述诸般招徕响器，有些不唯流行于清朝，乃早已有之，而且有的也不限于一种行当使用，这些器物形制、来历说法不一。

明人《醒世恒言·勘皮靴单证二郎神》中亦曾写及“惊闺”：“冉贵却装了一条杂货担儿，手执着一个玲珑珰琅的东西，叫作个惊闺，一路摇着，径奔二郎神庙中来。”这里说的“一路摇着”“玲珑”的“惊闺”，亦即《韵鹤轩杂著》及石渠诗所说的“唤娇娘”，是零售闺中杂物的货郎所用的货郎鼓，或货郎所用另一种名为“鼓”实非鼓，而是一种源自古乐器云锣加以改制的手摇响器，《故都市乐图考》名之为“云锣”，并说“俗名铃子”。货郎鼓或云锣均非以手敲作响，而是由固定于其四周的端部系成疙瘩的短索摇动“玲珑”出音响。至于清伊秉绶《谈徵·物部》引《事物绀珠》所说“如小钲而厚，手提击，今卖花线者用之”的“惊绣”，系专售女红用品商贩所用响器，不属此例。

旧时星命业的招徕响器“报君知”，通常是指其手提的小锣。除上述外，《谈徵·物部》亦引《事物绀珠》云：“圆铜片，手提击，今之算命者用之。”对此，明人《古今小说·蒋兴哥重会珍珠衫》亦有言及：“[暖雪]忽听得街上当当的敲响，响的这件东西，唤作‘报君知’，是瞎子卖卦的行头。”此外，也有用鼓、三弦或竹板的，其所敲竹板亦名“报君知”。《故都市乐图考》载：“此器之来源，则不可考。或云此系该卖卜者，平日读书所用腕枕镇纸，故每于卜卦时，翻阅书籍，仍用此镇压之。”考其作为招徕响器之由，当与名为“惊闺”的铁拍板同源，出自唐玄宗时教坊散乐所用拍板。

剃头匠的响器“唤头”，顾名思义，就是宣唤人们来理发。旧时北京城剃头行业中传说，清初时剃头匠的工具均为官府发给，不准私制，唤头一响，百姓都要出来请剃，否则视为抗旨之罪。20世纪30年代一本英文版《京都叫卖图》载：“唤头起源于何时已无据可考，有人说它曾是剃头匠用的一把刀，也有人说它来源于剃头的拔头发所用的小镊子，看上去它更像是后一种。”其实，唤头原型本为理发用以拔除须发的镊子，故理发匠人又称“镊工”。《永乐大典》所录旧理发业经典《净发须知》三卷所载，至为确切。如卷上载，净发处士（即理发匠）“肩搭红巾，艳色照人金闪烁，指弹清镊，响声入耳玉玲珑”。是卷又载其盘道问及“镊子有几般名”，答云“一名镊子，二名唤头”。可知其“指弹”的“清镊”，亦即“唤头”，至迟于明朝已流行其制。《燕市货声・工艺・剃头匠》所载，其“挑担……手执铁唤头，行划之”，乃明代之行业习俗。

旧市井招徕响器中有两种名为“串铃”的，实同名异事。一是清朝北京粘扇子行当的串铃，即《北京民间生活彩图》所绘，“每年立夏之后起，其人膊掼扇柜，上逮一竿，扎系线绳，拴串铁铃，沿街走，步步行之，其铃摇响，令人知其插扇面的来”。与此悬串铃有别的，是游医指摇串铃，即所谓“虎撑子”。这种游医串铃，系两片翻卷对扣的镯形铁器，中空，内置铁珠，套于食指，摇之作响。《金瓶梅词话》多处写及摇串铃行医卖药，如第十九回：“想着你（蒋竹山）当初不得地时，串铃儿卖膏药，也亏了这位鲁大哥扶持，你今日就到了这步田地来！”《燕市货声・工艺》载，“摇铁串铃，或负药箱，或背布囊，卖各种药”，口上还时不时吆喝“食积奶积，大肚痞积，腰疼腿疼，偏脑头疼”。齐如山《故都市乐图考》认为，串铃源出西藏藏传佛教做法事时使用的“引魂铃”。关于串铃别称“虎撑”的掌故，《京都叫卖图》采集的是汉朝名医华佗以铁环撑虎口摘喉瘤的民间传说，迄今流传较广的则是清石渠诗题注所说的“相传孙真人遗制，以撑虎口探手于喉出刺骨”，孙真人即唐代名医孙思邈。行中人谓串铃为“虎撑”，则使之兼具厌胜趋吉器物的性质；既是中华民族虎崇拜习俗在行业信仰中的表现，亦是医药行业祖师崇拜的反映，为两种崇拜民俗作用于当行招徕响器上的集中合一。

概言之，传统招徕器乐市声形式的源起与流变，主要有四。一是沿用其器，即利用传统乐器音响，如箫、笛、钲、锣等；二是仿制改造，如惊闺、虎撑等；三是替代活用，如冰盏、唤头、虎撑等；四是综合利用，即多种响器合用，或兼以吆喝、说唱招徕。总之，要经约定俗成使之成为具有个性行业标识特点的招徕器乐音响。

饧箫、击馋和引孩儿：饮食业的传统招徕响器

三国时曹孟德《短歌行》开篇一句“对酒当歌，人生几何”之叹，唐代元稹《放言》诗所吟的“近来逢酒便高歌，醉舞诗狂渐欲魔”，尽管时代各异、情境有别，却都是美酒加音乐，物质享受与精神生活的自然结合。

古往今来，音乐与饮食的联系可谓紧密而又长久。其中，市井村巷中饮食业商贩传统的招徕响器市声之乐，则是一种有别于“阳春白雪”的充满民俗情趣的世俗生活享受。春天里的饧箫，暑热中的冰盏，“催饥”“击馋”的小木梆，吸引厨娘的“厨房晓”，均如美酒佳肴令人心醉。那器乐声中的乡土生活情境，尤其令客游他乡的游子思恋、动情。

常言所谓吹、打、弹、拉四大类乐器，在中国音乐史上均源远流长。被借用或仿作饮食业流动商贩招徕响器广告的，主要是吹、打两大类，因为它既便于随行携带，又易于操作，而且声传较远、富有个性。从现存文献所见，市井饮食商贩所用的诸般招徕响器，是古代卖饴糖者吹的饧箫。饧箫也是中国最早的招徕响器广告。

饧（xíng），是用麦芽、谷芽之类为原料熬制的饴糖，春季食饧之俗，由来已久。东汉训诂学家郑玄笺《诗经·周颂·有瞽》“既备乃奏，箫管备举”说的“箫，编小竹管，如今卖饧者所吹也”，说明至迟在东汉时便已有了春季食饧和吹饧箫卖饧的风俗。至于当时的饧箫什么样子，郑玄也说得很明白，即类如寻常吹奏的那种“编小竹管”的箫。后来，唐代训诂学家孔颖达在郑玄的笺注之外又疏正说，“其实卖饧之人，吹箫以自表也”。何谓“自表”？表乃古人所说的标帜、徽帜，即如《晏子春秋·内篇问上》中所说的“酤酒者”“置表甚长，而酒酸不售”，酒家的广告——酒招。只不过，酒招是一种视觉广告，饧箫是一种听觉广告。“自表”，便是商贩用作所售商品的标识和招徕广告。宋元以后，吹饧箫卖饴糖习俗历代相传，并成为文人诗词所吟咏的一样春季景物，借以抒发情怀。如宋汤恢《倦寻芳》词：“饧箫吹暖，蜡烛分烟，春思无限。”元吴莱《严陵应仲章自杭寄书至赋此答之》诗：“花浓携酒榼，柳霁卖饧箫。”又如清范来宗《锣鼓》诗：“取次春风催劈柳，

卖饧时近又吹箫。”龚自珍亦于病中闻饧箫而动情思，他在《冬月小病寄家书作》中写道：“饧箫咽穷巷，沉沉止复吹。”凡此可知，吹箫卖饧既属商贩广告行为，同时也是一道岁时饮食民俗风景。至清末民初，北京春季卖饴糖、粽子小贩所吹的饧箫，是将芦叶卷成筒插到瓦罐里吹奏，实乃草笛，但仍不失古来饧箫遗风。

《易·系辞下》有句“重门击柝，以待暴客”，意思是设置重门并击柝巡夜以防御盗贼。柝，即后世的梆，原为两块实木相击作声；后则为木、竹制，中空，另以棒或槌击之作响。梆子作为民族音乐的一种打击乐器，也被许多饮食行当的商贩利用作为招徕响器。旧时北京等地流动售卖食品点心、香油、烧饼、油炸果、蜂糕等小贩，大都敲梆为号。蜂糕别称“梆梆糕”，即因此得名。行当不一样，其梆亦略有区别。有竹梆，有木梆，卖油的多敲无柄大梆，卖烧饼的则用有柄的小梆。这些细微分别，连外国民俗学者也注意到了，如萨莫尔·维克多·康斯坦（国籍待考）的《京都叫卖图》等。《京都叫卖图》说北京卖蜂糕小贩“敲一种外形很像小梆子的响板”，实即一种小梆。在清代，卖食品小贩的梆子，还被命以“击馋”“催饥”之类有趣的名称。

古代打击乐器中，有一种小铜锣，名钖。《清会典·乐部六·乐器一》载：“十九曰钖，范铜为之，面径二寸七分，口径三寸一分五厘，深六分。上穿二孔，系黄绒紃，以木片击之。”市井流动售糖果点心兼儿童玩物的小贩所敲小锣即与钖类似，但因“钖（tāng）”与“糖”音近而又是卖糖果，即衍而俗称“糖锣”了。清佚名《北京民间生活彩图》中有幅《打糖锣图》，其题词云：“其人小本营生，所卖者糖、枣、豆食、零碎小玩物，以为哄幼孩之悦者也。”因此，糖锣别名又叫“引孩儿”。《葵青居诗录》的《引孩儿》诗载：“庭阶个个乐含饴，放学归来逐队嬉。底事红鞋快奔去，门前为有引孩儿。”其题注称，“引孩儿”即“卖糖者所击小锣”。或以为打糖锣“引孩儿”者只是卖儿童玩物，如《韵鹤轩杂著》卷上“卖耍货者所持，曰‘引孩儿’”，燕归来簃主人《燕市负贩琐记》亦载“打糖锣，系卖儿童玩具者”，实际上大都是糖果玩物兼售。这一点，清闲园鞠农（蔡生吾）《燕市货声·元旦》中说得较为全面，“打糖锣挑子（敲小铜锣，专卖各种玩意儿）”，其“玩意儿”既有“糖瓜、糖饼、人参、鹿筋、麻花、死棍、菱角”等名目的糖果，也有“七巧图、吹筒箭、万花筒、升官图、围棋、红鱼、六地、骨牌、小弩弓”等玩物。此外，清朝卖油小贩也有敲锣为招徕响器的，名为“厨房晓”，形制与糖锣也颇相近。《韵鹤轩杂著》卷上：“卖油者所鸣小锣，曰‘厨房晓’。”《葵青居诗录》也有诗咏之：“提壶小滴清香绕，蔬菜盘中未应少。肉食朱门正击肥，人未曾否厨房晓。”题注说，厨房晓“似铜钲而薄且小，卖麻油者所击”。看来，这使用“厨房晓”为号卖的是香油之类调料用油，因以招徕厨娘等司厨者而得名。

南宋吴自牧在《梦粱录·夜市》中，记述了当时都城临安（今杭州）茶肆夜间击茶盏作响招徕茶客的情景：“并在五间楼前大街坐铺中瓦前，有带三朵花点茶婆婆，敲响盏，掇头儿拍板，大街游人看了，无不哂笑。”这是当时一种随机性即兴式的揽客广告行为，还是一种约定俗成的商俗？因未觅得更多史料佐证，尚难以论定。不过，明清时期北京城售冷饮、果子干的商贩以敲冰盏为招徕广告，却不失其遗风。明刘侗、于奕正《帝京景物略·春场》载：“立夏日，启冰，赐文武大臣，编氓得卖买，手二铜盏叠之，其声‘磕磕’，曰‘冰盏’。”清富察敦崇的《燕京岁时纪》亦云，“是物今尚有之，清泠可听，亦太平之音响也”。考其形制源流，冰盏原当是瓷质茶盏，因用作响器却不坚固耐击，于是专门制成铜盏用之。近人齐如山《故都市乐图考》记载，“此器制法极奇特，中国古器中，无有与此相似者……形似清朝细缅甸乐所用之接足”。

东北有句俗语，“听见打鼓上墙头”，说的是人生性好动，好奇心强，喜欢看热闹。旧时将打鼓作为招徕广告的行当委实不少，其中也包括一些卖饮食的商贩。清末民初，北京有些卖小吃食的，便摇一种八楞蕟鼓。《燕市货声·元旦》载：“有挑圆笼摇八楞蕟鼓者，带卖干烧酒，秋后添糖耳朵、蜜麻花、干糖麻花；又有带卖豆腐干、豆腐丝者。”旧时北京人喜嚼槟榔，其《通年》又说：“卖槟榔，挎大元宝筐，摇八楞蕟鼓，各格各种槟榔、糖类，带夹剪。”

《周礼·曲礼》有则常为民俗学家们引用的著名观点——“入境问俗”。为什么要“入境问俗”呢？因为各地乡风民俗各有异同。光是卖饮食小贩的招徕响器，各地便异彩纷呈，各地有各地的约定俗成。旧时四川成都卖麻糖小贩，颈挂糖盒用榔头敲着一块曲颈燕尾形状铁片走街串巷，其敲得“叮叮”作响的招徕物亦正是敲糖的工具。成都街头卖糖豆花的，手执一只盛糖豆花的瓷碗，以虎口所夹瓷匙边走边击碗作响，有声有色。在江浙一带，五香豆腐干是一种传统风味小吃。从前卖这种小吃的挑子，一头挑着餐具、折叠凳，一头挑着煮着五香豆腐干的锅，边走边用筷子敲打锅沿叫卖。德国人布希曼1822年首创了手风琴，他当然不会预料到，这种西洋乐器在20世纪初，还有幸成为江浙沪一带卖梨膏糖小贩的招徕乐器。小贩边拉风琴边唱“小热昏”：“裁缝师父不吃我的梨膏糖，领圈开在裤裆唧；皮匠师父不吃我的梨膏糖，钻子钻在大膀唧！”戏谑式的说唱和手风琴乐曲吸引了一拨又一拨围观顾客。20世纪60年代，上海街头、车站处卖冰棒的小贩，多是小木块有节奏地敲打冰棒箱子，口里反复吆喝着“棒冰！棒冰！”这情景，往往给初次涉足这座繁华大城市者以特别的嘈杂印象。

饮食，是人维系生存的最重要的基本生活必需。或正因如此，饮食文化成为人类诸文化形态中最为丰富多彩的大项，多种多样的饮食商贩招徕响器，则从一个独特的视角展示了饮食文化深厚的民俗底蕴。当社会生活日趋现代化的时候，市井中的饮食招徕响器越来越少见了。对于渐渐远去正在为现代文明湮灭的饧箫、击馋、引孩儿，仍然不时引发着人们的缅怀。显然，这是基于传统的民俗文化情结。

数文化中的市语

三教九流、五行八作的市井社会，即或是日常生活最经常使用的数字，也各行其道，五花八门，别具一格。

俗语说，事在人为。然而，世上也真就有些事令人意想不到。一些本来平常无奇的电话或车牌号码，就因为它们的谐音近似“发”之类，沾了人们祈愿发财的心理的光，于是身价陡然倍增，一下子竟成了拍卖场上人们竞相抬价争购的宠物，成交价之高，令人咋舌：“好家伙！几个数码竟然卖了数十万元钱！”

事实上，世间“看似寻常最奇崛”的事物多得很，“数”这玩意儿，便居其一。

一般看来，各种繁杂的数据、计算公式之类，枯燥乏味极了。然而，即如1、2、

3、4、5、6、7作为基本音乐符号可以组合成无尽奇妙绚烂的乐章；在博厚丰富的社会生活中，1、2、3、4、5、6、7、8、9、0这些基本数字亦构织着多姿多彩的人文画卷。数文化中的隐语行话，便堪称其中既有神秘色彩而又别富情趣、别有洞天的一轴。

汉代许慎在《说文解字》中说："数，计也。"数是人类思维发展至一定阶段适应社会生产、生活需要的产物，它的历史要比文字早得多。由于计数的需要而产生了数，当初其本身并无任何神秘色彩。但是，正如原始宗教将世上许多事物都赋予神秘的超人力量，数亦不例外。于是，古代神话把数归结为黄帝之臣隶首所作，使隶首成了创造数的传奇英雄。

数的灵物崇拜，导致了数的神秘化。从古代《易·系辞上》中所谓"凡天地之数五十有五，此所以成变化而行鬼神也"，到时下所谓的"吉祥号码"，均属这种现象。

在现实社会生活中，人们出于维系生存与发展切实利益的需要，又创制使用了种种关于数目的隐语行话，进一步人为地为数增添了神秘色彩。虽然其人为色彩十分明显，却仍然印有数的灵物崇拜的痕迹。

在古吴越地区今浙闽边陲山区的龙泉县蛟垟村菇民，在世代种菇、采菇、做菇生涯中，传承下来许多同香菇生产相关联的民间信仰和行业习俗。菇民创造、使用了主要利用拆字法构成的一些常用隐语行话，例如：饭叫"食反"、钱叫"金戈"、金叫"两点全"、晚上叫"日免"、明天叫"日月"等；其常用数字如：一叫"丁点"、二叫"双龙"、三叫"横川"、四叫"横目"、五叫"吾去口"、六叫"高头"、七叫"皂脚"、八叫"过海"、九叫"丸去点"、十（拾）叫"挑手合"等。除农历初一、十五晚上外，其余每天在山上，菇民们都必须使用隐语行话。为什么这两个晚上可以开禁呢？原来，每月初一、十五都是菇民的传统行业节日。节日的一大早，菇民便下山购回猪肉、豆腐、老酒，晚上便设案供祭山魈等七位"大神"。祭神仪式过后，菇民再吃掉那些酒肉。菇民俗信以为，这两个晚上敬了神灵，暂时开禁，不说隐语行话，即或谈笑、娱乐，虽破规矩，神灵也不会有所怪罪。由此可见，菇民使用数字隐语行话，仍未失去灵物崇拜的数禁忌古俗遗风。究其根本，则在于维持其艰辛的生计。

人类创造数的最原始、最基本的功利需要，在于计数。古往今来，无论是日常生活、商品交换、金融流通，还是军事、科技领域，各种数目均关系到人们的切身利益乃至成败、存亡。不止金钱资财要计数，在许多环节中有些数要比金钱或生命更为紧要。因此，为了诸多利益的需要，人们创制了形形色色、各有当行特色的隐语行话数码，用来封闭相应的数目信息，相对地保密。

富有行业文化色彩，是隐语行话数码的一个突出特点。若将其集锦式展示赏析，实在别开生面。

蹴鞠作为一种传统球类游艺，远在殷商卜辞中已见记载，西安半坡文化遗址中亦出土有石球。至迟在宋代，就形成了民间蹴鞠艺人的职业化倾向，产生了许多名人为“社”的蹴鞠行业结社。今存最早也是最系统的隐语行话数码之一，便是保存在明人汪云程所著《蹴鞠谱》辑录的“圆社锦语”中的两套蹴鞠隐语行话数码。其一是：一叫“孤”，二叫“对”，三叫“春”，四叫“宣”，五叫“马”，六叫“蓝”，七叫“星”，八叫“卦”，九叫“远”，十叫“收”；其二为：一叫“解数”，二叫“勘赚”，三叫“转花枝”，四叫“火下”，五叫“小出尖”，六叫“大出尖”，七叫“落花流水”，八叫“斗底”，九叫“花心”，十叫“全场”。尤其后一套颇具行业色彩，均以各种踢球方法、套路为数码的隐称。如所谓“落花流水”踢法，又名“七人场户”，七位球员排列一线，从第一个人踢起，顺次传至第七位，再由这第七位球员将球从各位头上飞传回第一位球员，由其接住而不使球落地。踢法之丰富，行会结社和当行隐语行话的流行，无疑显示着这一民间游艺文化在当时的繁盛。

在现代医院医疗保健设施出现之前，人们求医主要依赖于传统医药行业，即民间坐堂诊所或走街串巷的流动行医卖药业。明清时，传统医药业隐语行话中的数码，全将常见药名作为代称；如：一叫“羌”，二叫“独”，三叫“前”，四叫“柴”，五叫“梗”，六叫“参”，七叫“苓”，八叫“壳”，九叫“草”，十叫“芎”。显然，一至十分别取自羌活、独活、车前子、柴胡、桔梗、人参、茯苓、枳壳、甘草、川芎十种中药名中的一个字。对于内行人来说，明了易记，使用颇便，而外行闻之则莫名其妙，如堕五里雾中。

旧称“梨园业”的戏曲行业的一至十数隐称，也颇有本行特色。例如一叫“江风”，二叫“郎神”，三叫“学士”，四叫“朝元”，五叫“供养”，六叫“幺令”，七叫“娘子”，八叫“甘州”，九叫“菊花”，十叫“段锦”，多取曲名隐其首字代之。“江风”，即《一江风》，属南曲南吕宫；“郎神”，即《二郎神》，属南曲商调；“幺令”，即《六幺令》，曲牌名；“甘州”，即《八声甘州》，亦曲牌；“段锦”，即《十样锦》，合奏乐曲，采用的是缩头藏辞格修辞方式，真可说隐而又隐却不失本行风采。

古今赌场均为变态的欺诈斗智逐利之所，非但牌中多以数目变化为游戏，而且其数目直接关系胜负输赢。牌上一数之差，甚至可致百万富翁即刻变作叫花子。有趣的是，其隐语行话数码尽用打牌名目隐代，如一叫“项张”，二叫“子张”，三叫“吃张”，四叫“出牌”，五叫“对煞”，六叫“成功”，七叫“清一色”，八叫“砌牌”，九叫“抓牌”，等等。

当今商品经济大潮中流行一句话，叫作“市场如战场”，很形象地道出了市场竞争的激烈。事实上，以逐利为本的商战一向如此。于是，价格、利率等数目的涨跌浮动，便成了其中至关紧要的秘密。即或像收售旧货这样的小行当，亦不例外，因为它切实关系着竞争者、经营者盈亏成败，生计利益。旧时北京打小鼓的旧货商贩，就有着他们一行自用的隐语行话数码：一叫“土”，二叫“月”，三叫“姚”，四叫“黄”，五叫“钗”，六叫“标”，七叫“芝”，八叫“庄”，九叫“毕”，十也叫“土”；如果两个“土”字合用，那么前者为一，后者为十，便是指十。如果两个旧货贩子在一起议价时说“土标”，那么便是指一角六分、一元六角、十六元或一百六十元，因具体货物的可能价值大小而异。由于是面对面地就具体货物及行情而议，所以一般不会出现误解。一件普通旧褂子，当然不会指十六元而只能是一元六角。

一般说来，诸行各业多有其通用的隐语行话。然而，由于商战中数目信息关系甚大，所以旧时有些大商行便特别编制自己专用的一套或几套隐语行话数码，供内部使用。为了便于员工记诵使用，还把一至十数的代用字编成口诀。旧时北京名扬四方的瑞蚨祥绸布洋货店，便编制了五套代表一至十数的特别暗码：“瑞蚨交近友，祥气招远财”“心田辅百世，义理助千秋”“诚纯守慎且，敏善就正习”“恭从明聪睿，肃末哲谋圣”“汉泗淮汝济，恒衡岱华嵩”。第一套嵌入了本号名称，第五套代以五水、五山之名，其余三套字面有如格言，兼含警诫劝勉之义，从形式到内容都富有一定传统文化色彩。据介绍，他们用这种暗码标记货价，主要是防备其他同业来偷看价格，同时也便于店员在同顾客议价时据以临时报价。五套暗码轮换使用，常用的是前两套。看起来，其商战火药味之浓，尚含有类似“反间谍战”的防范手段，可谓严密之至，外行常人意想难及。

以当行数目暗码来讨价还价从中牟利，应当说以旧时的典当业最为典型。旧时典当业不仅使用外人看不懂的专用“当字”记账、标货和书写当票，看好所当物品后还在内部用暗码讨论定价（图 10–17 ~ 图 10–18）。据前天津当业公会会长回忆说：“这是当商压低当价的一种惯用手段。术语是代替数字的隐语，如‘道子’是一，‘眼镜’是二，‘炉腿’是三，‘叉子’是四，‘一挝’是五，‘羊角’是六，‘镊子’

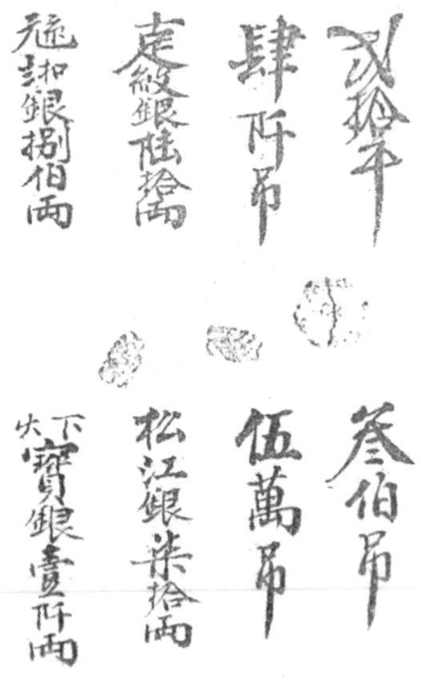

图 10–17　清末业内传钞《当字谱》书影之一

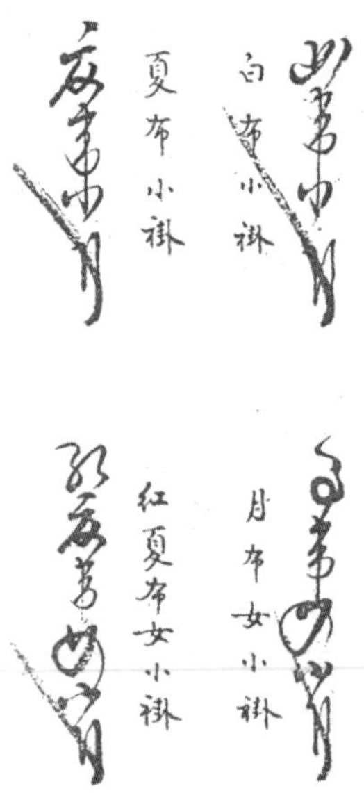

图 10–18　清末业内传钞《当字谱》书影之二

是七，‘扒勾’是八，‘钩子’是九，‘拳头’是十。如果当户嫌价低，拿着当品要走的时候，坐柜掌柜必要过来打圆盘。比如站柜的说拳头眼镜，用意是已经给过十二块钱了，坐柜的认为可以再加两块，就说拳头叉子，暗示给十四块钱。总之，比较值钱的东西，他们是尽量不让当户走开的。”对于向以苛刻压价牟利闻世的旧典当业，隐语行话数码则是其用来盘剥当户的常用工具之一。甚至，有些精明的当商也编制使用自家特殊的数目暗码。伪满奉天大兴当业便使用独自的一套暗码，用“喜、道、廷、非、罗、抓、现、盛、玩、摇”来隐代一至十数。

举凡古今诸行各业的隐语行话，几乎都包含有当行数目暗码。它像一张若隐若现的蛛网，把五行八作的行业文化错综而有序地编织到一起；它像由一部计算机控制的探测触角，能把各行隐秘的数文化信息集中在一块荧屏上。个中，有黑白红绿，有喜怒哀乐，五花八门，五光十色，展现着古往今来的中华数文化历史万花筒的特别层面。

如果说，在人类原始宗教信仰中数是神秘的；那么，隐语行话中形形色色、变化多端的数码，则是诡秘的、智慧的。

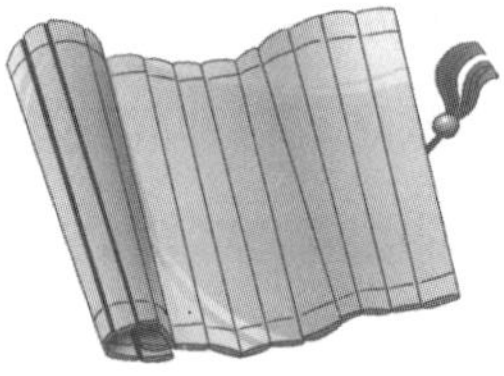

《义山杂纂》及其续仿之作

《义山杂纂》简称《杂纂》，两者既是一回事儿，又不是一回事儿。《义山杂纂》专指由唐代著名诗人李商隐分类辑录歇后语等俗语的专书。《杂纂》可作为其简称，但更主要是指发端于《义山杂纂》并包括其在内的历代续仿之作。例如，唐代的《敦煌写本杂钞》（佚名），宋代的《杂纂续》（王君玉）、《杂纂二续》（苏轼），明代的《杂纂三续》（黄允交）、《风俗粲》（徐树丕）、《西湖渔隐杂纂》（西湖渔隐主人）、清代的《杂纂新续》（韦光黻）、《广杂纂》（顾禄）、《纂得确》（石成金）、《金园杂纂》（方绚）等，再加上未冠以“杂纂”的同类专辑，就笔者所发现并认定者，已有30余种。

《义山杂纂》及历代续仿之作的性质

中国古代文学史上的“小说”一词最初是指浅薄琐屑的言论，如《庄子·外物》篇中的“饰小说以干县令，其于大达亦远矣”。《汉书·艺文志》将“小说”列于“九流”之末。尔后，凡丛杂著作多冠之以“小说”。这种“小说”，同今天我们所说的以演绎故事为本的小说迥然不同。明胡应麟将“小说”分作志怪、传奇、杂录、丛谈、辨订、箴规六类。《四库全书总目提要》将之分作叙述杂事、记录异闻、缀辑琐语三派。又因之多取丛谈、杂俎、琐言、纂、编、论、话、语、说等笔记之体，故亦谓之“笔记小说”。今人刘叶秋先生认为：“笔记的特点，以内容论，主要在于‘杂’：不拘类别，有闻即录；以形势论，主要在于‘散’：长长短短，记叙随意。”他将魏晋乃至明清的笔记又大致分为小说故事、历史琐闻和考据辩证三类（《历代笔记概述》）。在古代有关文献中，《杂纂》多作为“小说”予以著录。鲁迅先生将它列为“杂俎”在《中国小说史略》中进行论述。

从文学史视角去看，《杂纂》文体的语言风格犹如格言语录，简短、精警、幽默而寓意匪浅，是一种具有幽默讽诫功能的笔记小品。南宋陈振孙评之：“俚俗常谈鄙事，可资戏笑，以类相从。今世所称‘杀风景’，盖出于此。”元代马端临《文献通考》引巽岩李氏语称：“用诸酒杯流行之际，可谓善谑。其言虽不雅驯，然所诃诮，多中俗病。闻者或足以为戒，不但为笑也。”晚清宋泽元亦云：“《义山杂纂》一书泐于《唐人说荟》，家弦而户诵矣。惟王、苏二家续纂，世所帘覯。予爱其独能熟谙世味，曲绘人情，如鉴取形，如水照影，使读者粲然笑，憬然悟。可以资谈柄，可以助格言，可以作当头棒喝。岂不戛戛乎文章家滑稽之雄也哉！”至现代，鲁迅在《中国小说史略》中评道：“书皆集俚俗常谈鄙事，以类相从，虽止于琐缀，而颇亦穿世务之幽隐，盖不特聊资笑噱而已。”试看《义山杂纂》中几例：

不得已 忍病吃酒；掩意打儿女；大暑赴会；汗流行礼；为妻打骂爱宠；忍痛灼灸；为人题疏头；穷寺院待过客；被势位牵率；冒暑迎谒；老乞休致。

失本体 不学发遣书题，失子弟体；吊孝不哀，失凶礼体；不收拾碗器家事，口中不喃喃，失老婢体；送客不出门下厅、不安排椅榻，失主人体；不阑腰、不自持刀砧，失厨子体；不点检学生作课，不念书，失先生体；不口打口骂，失节级体；早晚不礼拜念佛，失僧尼体；仆子着鞋袜衣裳宽长，失仆子体；不听呼唤、不会传语，失院子体；逃席后不传语谢主人，失宾客体；唱小喏、行步迟缓，失武官体。

不相称 先生不甚识字；贫斥使人；穷波斯；不解饮弟子；瘦人相扑；社长乘凉轿；瘦杂职；病医人；老翁入娼家；屠家念经；肥大新妇。

再如宋代王君玉《杂纂续》的《不济事》：

将女嫁内官；仕赌掷浑花；
饭后请吃茶；持斋日作客；打杀人后戒酒；
无钱断赌；大斧伤人手摩挲；临死许修善；
断案了赦到；船行借得鞍马；酒尽伶人来；
临老了及第；落解后，试官道好程试；
临渴掘井；江心补漏。

《义山杂纂》及历代续仿之作，作为幽默讽诫性笔记小品的文学性质，在小品这种文学样式空前发达的明清时期得到强化。例如李诩《戒庵老人漫笔》中的《十可笑》，许次纾的《茶疏》，陈继儒的《书画金汤》，田艺蘅的《醉乡律令》，袁宏道的《瓶史》，程羽文的《清闲供》，屠本畯的《文字引》，黎遂球的《花底拾遗》，张潮的《补花底拾遗》，陈皋谟的《半庵笑政》，等等，均属此类。

《义山杂纂》及历代续仿之作的作者

《义山杂纂》，一作《李义山杂纂》，或经题为《杂纂》，是此后历代《杂纂》的滥觞之作。《新唐书·艺文志》不见著录，而见于《宋史·艺文志》小说家类，署李商隐；并同时著录有李义山《杂藁》一卷，疑为一书。《直斋书录解题》《文献通考》均著录于小说家类。今传《义山杂纂》版本，初见于明钞本《说郛》（鲁迅曾见此本），其他还有涵芬楼“据明钞本”《说郛》本，宛委山堂刻《说郛》本，《五朝小说》本，《五朝小说大观》本，《唐人说荟》本，《唐代丛书》本，《古今说海》本，《格致丛书》本，《忏花盦丛书》本，《丛书集成初编》本，清周春手抄本（原题下注有“原本”字样），川岛编辑的北新书局《杂纂四种》本，以及笔者的《杂纂七种》校注本，达十余种。

如今所传《义山杂纂》已非原本。宋胡仔《苕溪渔隐丛话前集》卷二二引有宋蔡絛《西清诗话》：“《义山杂纂》，品目数十，盖以文滑稽者。其一曰杀风景，谓清泉濯足，花下晒裈，背山起楼，烧琴煮鹤，对花啜茶，松下喝道。”其中“清泉濯足”“烧琴煮鹤”“对花啜茶”三则，今所见诸本均无。宋龚颐正《续释常谈》：“李商隐《杂纂·七不称意》内云‘少阿奶’。”亦不见于今传诸本。据此推断，今传诸本或非唐宋真本。鲁迅先生认为“明钞本”《说郛》较好和可靠一些，当指就今可见诸本相对比较而言。唐宋三种《杂纂》的今见传本，大致分为两大流传支系。其一，“明钞本”支系，即据称出自明钞本的涵芬楼藏版《说郛》本。我曾将此本同鲁迅先生于《中国小说史略》中引录的片段（亦即先生以明钞本《说郛》录出的《义山杂纂》片段）对校，结果相同。后又以所见明钞本《说郛》的《杂纂》与涵芬楼本对校，出入亦甚微。其二，即以宛委山堂刻《说郛》本为一系，与明钞本出入甚大。或有各题下俗语条数不一，或字句有出入，改动增删处比比可见。例如《义山杂纂·必不来》中的“客作偷物请假”，宛委山堂刻《说郛》本作“客作偷物去”。又《迟滞》题下的“老长官上任”“佐官勾追人”“休宦后出入”“老剩员传语”四条，宛委山堂刻《说郛》本均无。《古今说海》《五朝小说》《唐人说荟》等本皆属这一支系。两系各自的版本之间差异较少，多系偶然刊误。

李商隐，字义山，号玉溪生，怀州河内（今河南沁阳）人。生于唐宪宗元和八年（813 年），约卒于唐宣宗大中十二年（858 年）。开成进士，历任县尉、秘书郎、东川节度使判官等职，为牛李党争牵累而遭排挤潦倒终身。李商隐反对“学道必求古”之说，认为“夫所谓道，岂古所谓周公、孔子者独能邪？”擅长律、绝，其“咏史”“无题”等诗颇有影响，是中国古代文学史上一位关心现实政治的著名诗人。关于《义山杂纂》作者，鲁迅先生曾于《中国小说史略》第十篇《唐之传奇及杂俎》中提出疑问："中和年间有李就今字衮求，为临晋令，亦号义山，能诗，初举时恒游倡家，见孙棨《北里志》。则《杂纂》之作，或出此人，未必定属商隐，然他无显证，未能定也。"对此，周一良先生认为："《杂纂》即非玉溪生之作，亦必为唐人旧本也。"[1] 至今鲁迅先生这一质疑仍无显证，而且《直斋书录解题》等均以为"唐李商隐义山撰"，李商隐又力反"学道必求古"的迂腐思想，仍当属其所为，而非另者。周作人认为："李义山的《杂纂》,《新唐书》不著录，但《直斋书录解题》中有之，以为系李商隐作，可见在宋朝已有此说了。"而且，宋人蔡绦《西清诗话》及宋代龚颐正《续释常谈》等著作中，引录、述及《义山杂纂》时亦称李商隐撰。凡此，亦是《义山杂纂》出自李商隐之手的可靠佐证。

可以断定的一点是，一如东北地区广泛流行的《四大辣》(胡椒面儿、小人心、羊犄角辣椒、老姜根)、《四大黑》(胡敬德、猛张飞、包大人脸蛋、锅底灰),《四大嫩》(春小韭、花下藕、新娶的媳妇、黄瓜纽)之类"四大"体歌谣,《杂纂》原创于民间，原本无名氏的"天籁之声"，后由李商隐、苏东坡等"文化人"、知识分子们采集、辑录及梳理。早在《义山杂纂》产生之际的唐代，已有敦煌唐钞本《杂钞》(又名《珠玉钞》《益智文》《随身宝》或《珠玉新钞》)流传。无论《杂纂》取自《杂钞》，或《杂钞》为《杂纂》辗转之遗，均无显证，然可互为印证，皆属当时民间的口耳相传。至于后世的续仿之作，则不乏以此为基础的续仿性再创作。例如清代石成金《纂得确》两集，已很少直采俗语辑入，多了些书卷气和说教色彩，然而语言仍通俗浅白，体例依旧以类相从。其例如《纂得确二集·惜念》："举心动念，神鬼先知；不起坏念；不远愁过虑；不妒人有、笑人无；不怨天尤人；不念旧恶；不妄想远大事。"民国初，仍有文人雅士仿作新品，如《红杂志》1923 年第 2 卷第 51 期所刊武受真的《广义山杂纂》的《不相称》："少女烧香；风雅士不解音律；市侩谈文；老翁续弦；着西装作揖；家贫衣华服；丑妇满头珠翠。"

---

1 周一良 . 敦煌写本杂钞考 [J]. 燕京学报，1948(35):205-212.

《义山杂纂》及历代续仿之作的文化史价值

首先，作为千年敦煌风俗画长卷，当有社会生活史和民俗语言化石的价值。从民俗学、社会学家的视野加以解读，它更是别有情趣的古今世俗人情风俗画长卷，可作为考察社会生活史、文化史别有洞天的研究文本。个中所及的一些习俗礼仪现象，如《义山杂纂》中的“新娶妇，却道是前缘，必是丑”“母在呼舅作渭阳”“不得独入寡妇人房”等，由来已久。而且有些习俗戒约至今仍在流行，如《义山杂纂》中的“傲慢尊长不拜”“祭亡人却动乐”视为“非礼”，“对丈人丈母唱艳曲”视为“恶模样”，“交结有智人”“不共愚人争是非”视为“有智能”等。同时，还堪称是最简明、通俗人生经验与智慧的教科书。即如有人所言，“如剔除其封建性糟粕，对今天读者也不无警世惩俗的现实意义。有志于此的作家如能推而广之，去敏锐地体验、观察并收集综合当代社会的斑斓现象，仿其体例，整理或创作出一部生动而有时代气息的新杂纂，那也必定会传世不泯，功在不朽的”（曹光甫文，见1989年3月6日香港《大公报》）。其中许多世俗事象，至今仍然存在，大多属于古今世俗的通病，这也是其至今仍颇受青睐之所在。

其次，形成了一种独特的文体。就文体学角度言之，业已形成一种独特的汉语文章体裁——“杂纂体”。其特点，是将俗语、歇后语或格言以类相从加以辑录。

例如，《义山杂纂》的《相似》：

老鸦似措大，饥寒则吟；穷亲情似破袖肘，常自出；
婢似猫儿，暖处便住；京官似冬瓜，暗长；
印似婴儿，长长随身；馒头似表亲，独自相亲；
燕子似尼姑，有伴方行；县官似虎狼，动要伤人；
尼姑似鼠狼，入深处；乐官似喜鹊，人见不嫌。

清代顾禄《广杂纂》的《不识羞》：

拉富贵作亲戚；高吟自作诗文；
广场中唱曲；恶书画对客挥毫；
珍藏赝名家笔画；市儿讲典故；
帖自写报单。

最后，汉语史的意义。从汉语史视角观之，《义山杂纂》及历代续仿之作是具有准辞书性的俗语和民俗语汇“类义”性的系列专辑。《杂纂七种》校注本所辑七种《杂纂》总计211题，1451条，体例大体一致。《杂纂》的语言风格和形式，不是冗长连篇的论述式说教，或者诗词戏曲小说那样的文学艺术形式，而是按不同主题纂辑一时俗语，类如通俗的语录格言。其中：《义山杂纂》（据涵芬楼本）44题，430条；《杂纂续》（据涵芬楼本）39题，265条；《杂纂二续》（据涵芬楼本）25题，149条；《杂纂三续》（据五朝小说本）46题，241条；《杂纂新续》25题，95条；《广杂纂》12题，30条；《纂得确》（据道光甲午重镌家宝全集本）20题，241条。

传承千年，续仿不绝。从唐至清，除元代外，在10个多世纪长达1000多年中，《义山杂纂》续、仿之书不绝，迄今多达30余种，间或还出自名家之手，但其内容、体例及格调大体一致，一脉相传。尽管后世有些续仿之作比如《风俗粲》，连“纂”字亦未冠之，但体例仍沿行如初，这一现象无论在辞书史、俗语辞书史，还是在中国古代笔记小说，均属罕见，堪称“旷世未有”，足见其影响之深远。《杂纂》所辑某些俗语，如“包弹”等，不止为明人的《目前集》、清人的《土风录》等俗语辞书考订语源，引作书证，乃至当代新版的《辞海》《辞源》亦如此。

《义山杂纂》及续仿之作在日本和朝鲜的影响

中国古代一向有尚雅忌俗之风，评论诗文时很注意挑剔是否用了俗语，故而大都避俗就雅，此习至今仍存。文人雅士捧读通俗小说，吟唱俚曲、戏文，总是受时人耻笑的。然而，《杂纂》的命运却要好得多，非但千载传诵、续仿不绝，每登“大雅之堂”，而且还在日本、朝鲜等邻邦备受青睐。区区“杂纂”似无轻重，而其流传之广，影响之久远，却是令人咋舌的。语虽俚俗，却于海内外颇有些影响。在东邻日本，早有《杂纂》传入。今所见1753年秋，由玉树堂发行（末署“平安书肆，唐本屋吉左卫门”）的冈田白驹（1692—1767年）1763年所作《杂纂译解》刻印本，即为显证。是书辑译注释了从《义山杂纂》至“三续”，计四种。是书卷首一篇末署“宝历壬午之秋河子龙”撰的《小引》载：“李商隐因俚谈以驾其滑稽，三子续之，厥有四续。其嘘枯吹生，风流谑浪，谐辞以会意，谲譬以指事，平子为之绝倒，丞相为之忘疲。然而言之不雅驯也。虽喙之长，如笔之短何！其唯巷谈街说，俚俗鄙事，重所呵诮，或砭针俗病，或切劘人情，会义适俗，意在讽诫。君子采之，亦可以观焉，乃所取则此。尔若以巷谈鄙斥之，采诗之及田夫红女，其谓之何！夫蚕蟹鄙谚，狸首淫哇，见诸经籍，载之礼典。片言寓箴，单看取喻，兹言虽小，可以喻大，兹编实有焉。其岂游戏笔端，胡诌扯谈，资话靶而供笔柄！”正是有鉴于此，《杂纂》才很早就传入日本，并受到青睐。此外，早稻田大学图书馆还藏有明代青藜馆刊本《杂纂》。日本著名汉学家诸桥辙次认为，成书于李商隐死后一百多年的日本平安时代女作家清少纳言的随笔集《枕草子》，即可能仿《杂纂》风格而成。川口久雄的《李商隐杂纂と清少纳言枕草子について》亦持此观点（《东方学论集》二，1954年）。而且，笔者的具体比照研究结果也验证了这个事实（另文专论）。依此推断，早期《杂纂》当于五代或北宋之际即传入了日本岛。另外，国内编纂的《辞源》《辞海》这样的大型语文及百科性质的工具书，均未设立“杂纂”专条，而日本汉学家诸桥辙次编的《大汉和辞典》，不但立有“杂纂”条目，释文中尚能述及清人韦先濊的《杂纂新续》与顾禄的《广杂纂》。凡此，足见《杂纂》对邻邦日本影响之大，及其对历代续仿之作的关注（图11-1）。

《杂纂》亦曾传入朝鲜，其仿作和引用“杂纂”体作品之例，可见于朝鲜学者鱼叔权（号也足堂，1500—1560年）的笔记《稗官杂记》卷四《无用之事》。文中写道：

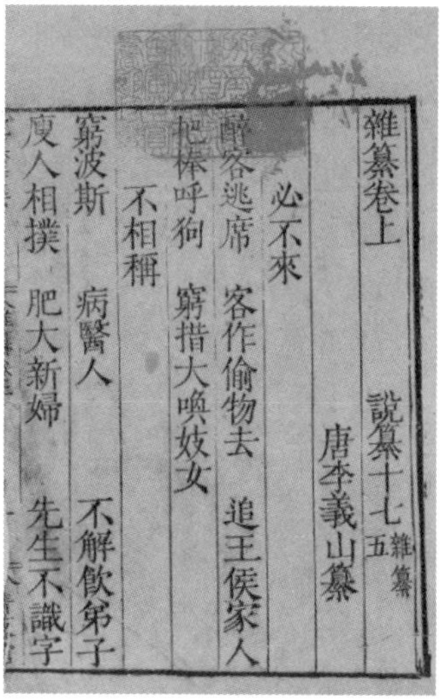

雜纂卷上

唐李義山纂

必不來

醉客逃席　客作偷物去　追王侯家人

把棒呼狗　窮措大喚妓女

不相稱

窮波斯　病醫人　不解飲弟子

瘦人相撲　肥大新婦　先生不識字

（a）早稻田大学图书馆藏明代青藜馆刊本《义山杂纂》书影

雜抄一卷　一名珠玉抄　二名益智文　三名隨身寶　并序

蓋聞天地開闢已來日月星辰人民種類陰陽寒暑四時八節三皇五帝宮商角徵羽金木水火土九州八音山川……之物貴賤賢愚帝代相承生死不及周而復始天地宗祖之源人事之矣並皆幽玄莫能照察余因暇日披覽經書略述數言已傳後代云耳　論三皇五帝　何名三皇　伏羲神農黃帝　三皇何姓　伏羲姓風

世上略有十種劄室之事　見他著新衣強問他色目是一　見他騎乘好強逞解乘騎是二　見他人書籍擅犯披辱是三　見他人弓矢擅拓張挽是四　見他所作強道是非是五　見他書蹤強生彈剝是六　見他鬬打出熱助拳是七　見他靜論傍說道里是八

（b）刘半农《敦煌掇琐》辑录的《杂抄一卷》书影

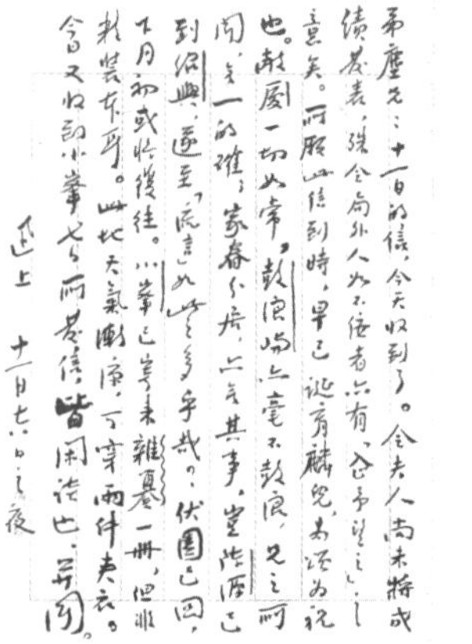

（c）鲁迅致章廷谦（川岛）谈《杂纂》信（1926 年 11 月 16 日）

（d）川岛辑《杂纂四种》封面书影

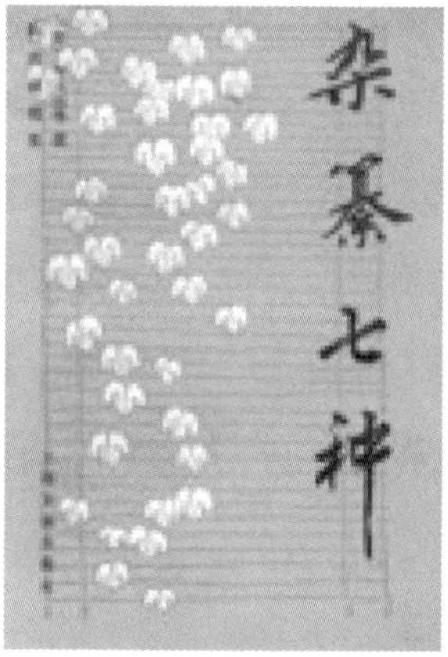

（e）曲彦斌校注《杂纂七种》封面书影

图 11-1 《杂纂》相关书影

谚以春雨数来，石墙饱腹，沙钵缺耳，老人泼皮，小儿捷口，僧人醉酒，泥佛渡川，家母手巨，食箪有声，为无用之事。

柳大容尝戏采此语赠余诗曰：“石墙饱腹真无用，稚子能言亦匪贤。不愿如今春雨数，愿君家母手如椽。”是春适多雨，故接句云。李义山以“清家濯足，花上晒裈，背山起楼，烧琴煮鹤，对花啜茶，松间喝道”，为“杀风景”。本国谚语，谓事之不相称者，曰轺轩马鞭，藁履丁粉，荐门铁枢，纱帽缨子，蒯笠刷子，僧斋胡舞。言虽鄙俚，亦足以资一笑也。

由此可知《义山杂纂》亦早已传入朝鲜，并受到学人青睐。而且，从形式上，即被很准确地以俗语（谚）相待，用朝鲜民族俗语与之比照，认为“言虽鄙俚，亦足以资一笑也”。

总而言之，古代笔记小品《义山杂纂》及历代续仿之作以其独特的题材内容、语言风格和文学、社会文化史价值，堪称历代采风问俗的典籍，是中国文化史上一道别具情趣的风景线。

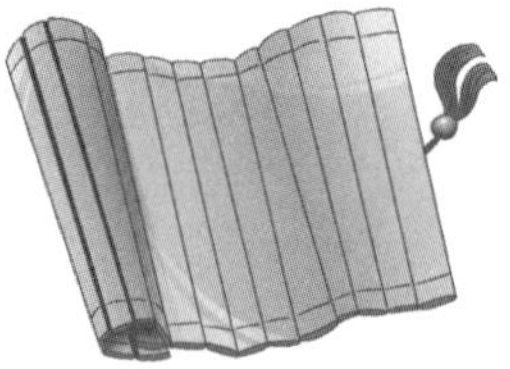

语言民俗典籍举要

广博精审考证详赡的《通俗编》

清代有两位未见载于《古今同姓名大辞典》的同名人物——“翟灏”。一位是著有《尔雅补郭》《通俗编》，历任金华、衢州府学教授的仁和（今浙江杭州）人“巢翟子”翟晴江；一位是因曾任台湾府淡水厅新庄县丞而著有《台阳笔记》的山东淄博人翟笠山。

这里所要评议的，是翟晴江及其主要著作《通俗编》。

关于《通俗编》之“通俗”

所谓“俗”，通常指民间的或民间流行的。“通俗”之“俗”，则进而扩展为泛指多数人常见、通晓程度浅显的事物。《京本通俗小说·冯玉梅团圆》“话须通俗方传远，语必关风始动人”，《后西游记》第一回“老大圣姓孙，名悟空，取经时又有个通俗之号叫作行者，又自称齐天大圣”中的“通俗”，显然皆在此语义范畴之内。

若追根溯源的话，今见所存最早与《通俗编》书名、题材近似的汉文典籍是《通俗文》。有人提出，《通俗文》书名之“通俗文”应理解为“通——俗文”，即“通晓——常用语词”，《通俗文》是一部“通晓常用语词”的辞书。那么，《通俗编》书名之“通俗”该当何解呢？《颜氏家训·书证》云：“《通俗》反音，甚会近俗。”林慰曾校勘并序臧庸辑录本《通俗文》谓，“是书释物命名，体近《尔雅》，晓古今之异旨，通世俗之殊言”。其所谓“世俗之殊言”，亦常言俗语。

再如明代陈士元《俚言解》自序云：“乡俗常语，多有证据。听者玩熟而茫无考辨，则古圣察迩言何为哉！尝读《方言》与今时所言颇不类。而《通俗文》并《释常谈》等书又指引不广，余暇日著《俚言解》六百八十八章。庶乎陪佳客之诙谐，共鸿儒而博论，不至面墙云尔。兹未能尽梓，聊录三百余章梓之。”在作者关于本书编纂缘起与宗旨的说明中所说的“乡俗常语”，亦即常言俗语。清郝懿行在《证俗文述首》中说：“命曰《证俗文》，盖慕服子慎《通俗文》，兼取《儒林传》疏通证明之意云”，是述命名之由，亦是开宗明义。《证俗文》和《通俗文》辑释的语料，亦皆常言俗语之类。同属关注通俗文化研究的大家李调元在为光绪本《通俗编》撰写的序文中，也谈到了本书的书名。他认为，本书“以其通于方言故曰‘俗’”。

那么，《通俗编》辑释的“语有见于经传，学士大夫所不习，而荛僮灶妾口常及之”言语，亦属常言俗语。与《通俗编》亦属同类著作的晚清孙锦标《通俗常言疏证》的书名，亦恰可作为其“通俗”二字语义所指的旁注或佐证。

广博精审、考证精详而自成一家

《通俗编》38卷，有无不宜斋刻本，武林竹简斋本，《函海》26卷本，《丛书集成初编》本，以及商务印书馆1958年标点校排本，东方出版社2013出版的陈志明编校本和中华书局2013年出版的颜春峰点校本。是书辑释俗语、方言、名物称谓凡5454个条目，按内容分为天文、地理、时序、伦常、仕进、政治、文学、武功、仪节、祝诵、品目、行事、交际、境遇、性情、身体、言笑、称谓、神鬼、释道、艺术、妇女、货财、居住、服饰、器用、饮食、兽畜、禽鱼、草木、俳优、数目、语词、状貌、声音、杂字、故事、识余38类，类各为卷。卷首有“乾隆十有六年岁在辛未仲秋西隒弟周天度”之序。个中，商务印书馆和中华书局本则将梁同书《频罗庵遗集》卷一四的《直语补证》附印于《通俗编》之后成其完璧，并统编有联合索引，便于读者检查使用。

是书一如周序所称道，其考释俗语语义、探索语源颇为精审；而征引古籍文献亦很详赡。再即翟氏将考释中的见解、判断，皆以按语形式加以阐述。

《本草纲目》载：“蟹，横行甲虫也。外刚内柔，于卦象《离》。骨眼蜩腹，蛭脑鲎足，二螯八跪，利钳尖爪，壳肥而坚，有十二星点。”寥寥数言，蟹之形象特征跃然纸上。不过何以谓“蟹”，尚不得而知。翟灏的《通俗编·禽鱼·旁蟹》则有详细的考释：“《周礼·梓人》疏：‘蟹谓之螃蟹，以其侧行者也。’按：语义当正作旁，今字从虫，疑是后人率加。《埤雅·释鱼》云：‘蟹旁行。故里语谓之旁蟹。’可证。”也就是说，“螃蟹”是两个形声字构成的合成名词。而且，由于包括俗语等“通俗”内容，所以本书还有多个涉“蟹”条目，丰富了关于“螃蟹”的文化信息。如：

一蟹不如一蟹　《圣宋掇遗》：“陶谷奉使吴越，忠懿王宴之。以其嗜蟹，自蝤蛑至蟛蜞，凡罗列十余种。谷笑曰：‘真所谓一蟹不如一蟹也。’王銍《国老谈苑》载此事，作‘一代不如一代’。”

落汤螃蟹　《五灯会元》：“云门偃曰：‘忽一日眼光落地。莫似落汤螃蟹，手脚忙乱。’”

冷眼看螃蟹　《元曲选·潇湘雨》剧：“常将冷眼看螃蟹。看你横行到几时？”今院本袭用甚多。

虾荒蟹乱　高德基《平江记事》：“大德丁未。吴中蟹厄如蝗。平田皆满。稻谷荡尽。吴谚：‘虾荒蟹乱’。谓此也。”

拈蛇弄蝎　《蟹谱》：“艺祖遣使江表。宋齐邱送于郊次。酒行语熟。使者启令曰：‘须啖二物，各取南北所尚。复以二物。仍用南北俚语。’乃曰：‘先吃鳣鱼，又吃旁蟹，一似拈蛇弄蝎。’齐丘继声曰：‘先吃乳酪，后吃乔团，一似噇脓灌血。’”

将“锭”用作计量固体墨块的量词，由来已久，至少是宋陈师道《后山谈丛》卷一可见“秦少游有李廷珪墨半锭”这样的记载。由是，乃有“墨锭”之谓。但它是由金锭、银锭之“锭”而来。这种渊源关系，翟氏的《通俗编·货财·锭》作有详赡令人信服的考释：

铤 《南史·梁庐陵王传》：“嗣子应不慧，见内库金铤，问左右：‘此可食不？’”《旧唐书·薛收传》：“上书谏猎。太宗诏赐黄金四十铤。”《五代史·贾纬传》：“言桑维翰死，有银八千铤。”《传灯录》：“药山俨令供养主抄化廿行者，舍银两铤。”按：世俗计金银以“锭”，“锭”为“铤”之讹也。“锭”乃有足灯，盖今烛台之类。与金银略无关涉。古计墨亦曰几“铤”，今并讹为“锭”矣。

无论是以讹传讹还是同音通假，将“锭”用作固体墨块的计量词以及“墨铤”“墨锭”之说，均已约定俗成毋庸置疑。但是，通过考释辨析了解其渊源由来，仍不失其文化史和汉语史的意义。

《通俗编》的学术性、资料性及实用性价值，均不可低估，是历代同类著作中的上乘之著。是书不仅于200年前有其较高的实用意义和学术价值，即或于今后的一段时期内，仍将对我们探讨某些俗语词源，研究语汇的发展演变、汉语构词法规律，以及研究古代社会的名物制度、民俗风貌，均有重要价值。它丰富而有条理的资料可为学术研究提供很大便利。

梁山舟《直语类录》让位《通俗编》甘为“补证”

翟晴江的好友梁山舟，因见翟氏《通俗编》比自编之书“赅博有加”，于是放弃自编计划改作翟书的补证。其自云：“尝集《直语类录》一书，分甲乙丙丁四卷。

甲载经传史汉通俗之文，乙采里巷鄙谈全语，丙则古人诗句之引用俗谚者，丁则常用俗字，以见于百家小说为准。其有非杭人所称，而他省方言，得之所闻者。别列戊部入之。戊者，附也。眉居江氏、金团谢氏，尝为余序之。自晴江翟氏《通俗编》出，赅博有加焉，遂悉屏去。然其中亦有翟氏所遗，或举一语而征引不同者，随手记存，不复类次。名曰《补证》，将以质之晴江。”（梁同书《直语补证》自序）

《直语补证》在增补、丰富《通俗编》的同时，还注意对其进行指谬、订误或商榷。其“质之晴江”者，主要有：

小便 《通俗编》引《晋语》“少溲”注，误。

上头 女子加笄，俗云“上头”，本不见所出。然《南史·华宝传》“父戍长安，临别谓宝曰‘须我还当为汝上头’云云”，是言丈夫冠礼也。冠与笄等重，则“上头”二字，义通可知。《通俗编》泛引乐府、《香奁诗》及附引《南史》，以为“上头”不独女子，语既亵，误矣。

奴才 《通俗编》所引各条皆未确。唯五代姚洪骂董璋“尔为李七郎奴，扫马粪，得一脔残炙，感恩无尽。今天子付以茅土，结党反噬。尔本奴才，即无耻。吾忠义之士，不忍为也”云云，是今骂奴仆为奴才之证。

就亲 就婿，见《公羊传·襄公十六年》注。余尝举以示翟氏，今载在《通俗编》者是也。而“就亲”二字，实始见于《旧五代史·钱元瓘传》“就亲宣州”云云。

绿头巾 《封氏闻见记》：“李封为延陵令，吏人有罪，不加杖罚，但令裹碧头巾以辱之。”正与今俗语合。而《通俗编》引《七修类稿》载此段语云：裹碧绿有误。明人《杂俎》：“娼妓有不隶于官，家居卖奸者，谓之土妓。俗谓之私窠子。又以妻之外淫合，目其夫为乌龟。盖龟不能交，纵牝者与蛇交也。隶于官者为乐户，又为水户。国初之制，绿其巾以示辱。盖古赭衣之意。至今里闬，尚以绿头巾相戏也。”

元宝 今以名黄白大铤。《通俗编》引汉以来历代钱文并人名为证。亦无确义。按：《吕氏春秋·恃君揽·召类》篇：“文武有常，圣人之元也。”汉高诱注：“元，宝也。”则“元”自有“宝”义。不但训“大”、训“首”而已，亦不可不晓。《蜀志·秦宓传》裴注，引《益部耆旧传》："刘焉表荐处士任安，味精道度，历节高邈，揆其器量，国之元宝。"

壒撒堆 元遗山《送穷》诗："煎饼虚抛壒撒堆。"三字为庸竖常谈。即今搕垃圾字。言秽杂不净也。《通俗编》未详此。《东坡题跋》有《书拉杂变》一则，即"搕"也。

榫卯 凡剡木以相入，以盈入虚谓之"笋"，以虚受盈谓之"卯"。故俗有"笋头""卯眼"之语。按：设业设虡，《诗》传作"栒"。《礼·明堂位》"龙簨簴"，《考工记》"梓人为笋簴"，字各不同。皆"筍"也。"卯"则见于《晋书·五行志上》："旧为屐者。齿皆达楄上。名曰露卯。太元中，忽不彻，名曰阴卯，识者以为卯谋也，必有阴谋之事。"《通俗编·杂志门》"榫"字一条下引《程子语录》"榫卯圆则圆，榫卯方则方"云云。"榫"既非古，"卯"亦失考，故补之。

梁同书（1723—1815年），字元颖，号山舟，晚号不翁、石翁、新吾长翁，清钱塘（今浙江杭州）人，大学士梁诗正之子。乾隆时特赐进士，翰林院庶吉士加侍讲衔。梁氏作为与翁方纲、刘墉、王梦楼并称于世的一代著名书画家、藏书家，著有《频罗庵遗集》《频罗庵论书》《频罗庵书画跋》《日贯斋涂说》《笔史》等。诗雅文峭，但为书名所掩。其书貌丰骨劲、味厚神藏，得苏轼、米芾之神韵，章法平稳、行距疏朗，用笔平和自然，承袭赵孟頫、董其昌之遗风。在海内外影响颇大，当时日本、朝鲜、琉球等多以其书法为贵，纷纷登门求书。梁同书90岁时尚不知疲倦地为人书写碑文墓志，书迹在海内外传世甚丰。

如此一位大家，全无相轻陋习，进退自谦，尽显严谨学风与君子品格，实属难能可贵，至今仍可为鉴也。

盛誉之下无讳瑕疵

可以说，《通俗编》尚未正式付梓就以其精审详赡不胫而走。

仅就《函海》本《通俗编》先后就有15卷和25卷的分别。由《函海后序》可知，李调元编辑《函海》时，先看到的是《通俗编》15卷初稿，后见到的25卷本也是个未定稿本。因而，他说，“欲知道所在，不外格物，此翟子《通俗》所由编也。事不越目前，言常在唇间，而搜列众书有如獭祭，约分门类而不列其目，……夫奇山僻水，（司）马迁或有未游；河源星汉，张骞或有未到。余故校入《函海》，以比锡我百朋而并公诸天下云。此本为草创之稿，不如修饰润色之本完善，惟第十九卷有关俳优杂剧者，搜罗繁富，较定本为胜，寸有所长，犹可取录焉”。显然，尽管知为“草创之稿”还是辑入，乃在于看重是书的独到价值。

清代著名学者周中孚（号郑堂）在其仿《四库全书总目提要》体例撰述的大型目录学著作《郑堂读书记》中评论说：“晴江之为《通俗编》，颇尽一生精力，故能搜罗宏富，考证精详，而自成其为一家之书，非他家所能及也。”（《郑堂读书记·补逸》卷二七）

清张之洞《书目答问》将《通俗编》与赵翼《陔馀丛考》、钱大昕《恒言录》并列为“儒家类考订之属”，认为是“读一切经史子集之羽翼”。

无不宜斋刻本38卷，武林竹简斋藏版，前有乾隆十六年（1751年）周天度序。

清同治十二年（1873年）十一月二十日晚上，被称为“旧文学的殿军”的“越缦老人”李慈铭（1830—1894年），“夜既倦甚，又苦烦燥，因阅翟晴江《通俗编》以自遣”。披览中评价《通俗编》是介于《恒言录》与《陔馀丛考》之间的一部“繁富独出”“足以资谈助、正俗谬”之作。《越缦堂日记》具体写道：

翟氏书共三十八卷，分三十八门，采取极博，下至稗官小说，无所不搜，而经史所有，转有遗落者。如俗以鸡之种大者为“大健头鸡”，本于《尔雅》“未成鸡健”。俗以附和人为“吃屁”，本于《列子》“承公孙之馀窍”。此类甚多，不可枚举。然异闻琐事，足以资谈助、正俗谬。其《俳优》《故事》两门，尤可观也。此事始于王伯厚《困学纪闻》“俗语多有所本”一条，所载皆经史语。自后陶宗仪《辍耕录》、杨慎《丹铅总录》、胡应麟《庄岳委谈》、郎瑛《七修类稿》等书，多喜证据俗事，渐近小说。近儒钱竹汀《恒言录》专取经史诸子，不及猥谈。赵云松《陔馀丛考》闲载闾里谡辞，加以证佐。翟氏书在钱、赵之间，虽各不相谋，要为繁富独出者矣。

翟氏《通俗编》是历代俗语辞书中一部影响颇大的宏富精审之著，不仅在当时颇有影响，也得到了后世训诂学家的青睐。清末民初同章太炎一起被誉为“乾嘉以来小学的集大成者”“传统语言文字学的承前启后人”和“国学大师”的训诂学家黄侃，关注到是书并撰有《通俗编笺识》[1]，又辑作《通俗编辞语类题识》[2]。笺识注意到是书“之乎者也，之皆是之借，除有所往之之，皆兮與乎之借。俗语只连用不变于古，单用则之变的或底以连系，变这以指斥。乎变呵，者亦变的、底，也变呀”现象。依此，黄氏对《通俗编》的若干条目辩证。如例：

波波 或说极谛。“脯”即“餺”，“毕罗”乃其缓音，吾乡转读如巴。

自然 然犹如是。

才方 俗云“刚”或“刚才”。

放雕 谓诈曰“刁”，即“倄张”之“倄”字。

究竟 俗云“到底”。

业已 古又云“绪已”。犹“事已”也。

只管 俗亦云“只顾”。

不成 俗亦云“不见得”。

耐可 “耐可”即“宁可”。

真个 “个”当为“果”，倒之则曰“果真”。

莫须有 “莫须”，今云“莫要”。

黄侃的笺识，不仅对方言探源、音转研究等富有借鉴意义，而且对于《通俗编》的专题研究和整理，颇具参考价值。再如胡奇光《中国小学史》中评价该书“可说是百科全书性的俗语辞书”（上海人民出版社 1987 年版），《中国学术名著提要・语言文字卷》（复旦大学出版社 1992 年版）中认为该书“条目和资料非常丰富，为同

---

1 黄侃．量守庐群书笺识 [M]. 武汉：武汉大学出版社，1985.

2 黄侃．新辑黄侃学术文集 [M]. 南京：南京大学出版社，2008.

类著作之首”等，可见一斑。

尽管翟晴江于《通俗编》颇用功力心血，毕竟有其时代和知识结构的局限性，难免有不尽如人意的遗憾之处，或是其本人也已察觉而没机会补救了。与以往同类辞书比较，是书大多不先行以简洁概括之语释词而后再旁征博引，特别是有些释文引证过于简略，甚或随意删改书证原文，未免有嫌杂乱，几乎成为读过本书者的一点共识。如下例：

老境 见《曲礼正义》。（卷一四境遇）

倚老卖老 见《元曲选》谢金吾剧。（同上）

没酒没浆，不成道场 见《元曲选》桃花女剧。（卷二七饮食）

醉后添杯不如无 《五灯会元》雪峰悦举扬此语。（同上）

凡此，皆略注所出，有的条目援引书证不注出处、任意删节，如同索引而又出处不详。个别条目尚有征引错误，如卷二八兽畜类“捉虎易放虎难”条，引张鷟《朝野遗记》有关岳飞语，而张鷟乃唐人，著有《朝野佥载》，何以记述至宋朝事。而《朝野遗记》撰人不详，别为一书，抑或有误署为张鷟撰者，翟氏或即疏误于此。此外，有少数条目分类似不切实际，如将“四分五裂”入地理类，将“部落”入武功类，将“卖炭”入艺术类等，均为失当。当然，也存在着分类不够确当或考释不尽精到等不善之处。对此，当时即有《直语补证》予以指谬、订误、补充，以期完善，后又有训诂学家黄侃所撰《通俗编笺识》为之商榷匡正，皆翟氏之幸也，《通俗编》之幸也。

奇崛的“通俗”饱含深厚学养与个性

汉唐乐府、宋词元曲是中国文化史上雅俗文化交融的艺术典范。王安石说，“苏州司业诗名老，乐府皆言妙入神。看似寻常最奇崛，成如容易却艰辛”。（《题张司业诗》）翟晴江以毕生心血成就一部《通俗编》，光是引用的书目，即达2700种之多，可以说凝聚了其一生深厚的学养和相关学术成就。

翟灏（1712—1788年），字大川，改字晴江，自号“巢翟子”。仁和（今浙江杭州）人。乾隆十九年（1754年）进士，历任金华、衢州府学教授。性嗜读书、藏书校书，自经史外。凡诸子百家、山经地志、稗史说部、佛乘道诰等书，广加收罗。建书楼三楹，储书检校，名曰“书巢”。藏书家杭世骏有《书巢记》，记其储书“环堵之室，而卷且盈万”。翟氏一生勤奋撰述，孜孜不倦，著有《四书考异》《通俗编》《汉书艺文补志》等多种，而以《通俗编》最为著名。据知，日本京都大学藏有翟灏《无不宜斋诗集》《无不宜斋文集》的稿本。[1]其弟翟瀚，字莼江，亦好藏书，所收多善本，有藏书印“翟瀚之印”。

周天度《通俗编》序云：“语有见于经传，学士大夫所不习，而荛僮灶妾口常及之。若中古以还，载籍极博，抑又繁不胜举矣。盖方言流注，或每变而移其初，而人情尤忽于所近也。余友晴江翟氏，山舟梁氏，咸博学而精心。山舟在南中，常出所著《直语类录》示余，余叹以为善。比来都门，复见晴江手辑《通俗编》，则勾稽证释，视山舟详数倍焉。二君种业树文，兼综细大，故未易伯仲。然山舟键户端居，读书之外，罕与人事接，其所录在约举义例，而不求其多。晴江则往来南北十许年。五方风土，靡所不涉，车尘间未尝一日废书。坠文轶事，殚见洽闻，溢其余能，以及乎此。宜其积累宏富，考据精详，而条贯罔不备也。世人务为夸毗。遇所不知，辄曰：吾何为而屑此？以视二君之稽古多获，而犹不怠弃庸近。用知善学者，诚有耻于一物，必无使荛僮灶妾之得拄其颏而后可。”云云。

清袁枚《随园诗话》云：“吾乡翟进士灏，《咏烟草》五十韵，典雅出色，在韩慕庐先生烟草诗之上”吴衡照《莲子居词话》卷三《厉鹗有烟癖》亦云：“厉樊榭生平有烟癖，类韩慕庐。尝谱天香词，传诸好事。同时汪韩门、翟晴江有诗，全谢山有赋，足备捃材故寅。方灵皋之官礼部也，曾请饬烟禁，以裕民食。今则土叶殆遍，而吾杭制切，尤有名已。”所言翟晴江《咏烟草》诗，是历代为数不多的以烟为题材的诗作。乾隆时人王端履《重论文斋笔录》卷一录此诗评云：“读翟晴江无

1　蒋寅．日藏汉籍一瞥 [J]. 文史知识，2007（3）：55-60.

不宜斋稿，有五言排律一篇，组织工细，布置妥帖。”诗的末段云：“涩回尝橄榄，疫辟浸茱萸。洱海薯粮绌，番禺蒟酱输。作骚多剩馥，采药早遗珠。郭璞笺仍缺，嵇含状莫摹。滇南功独奏，闽右路群趋。种未周三甲，风先布八区。相思名旖旎，呵应语模糊。损益人凭说，辛芳尔不渝。诗肠感熏染，吟谢淡巴菰。”显然，吟咏烟草亦如撰《通俗编》，照样要溯其历史，亦习性也。

诸如上述，其学养可鉴。翟晴江能成“一家之书”者，自幼即显个性矣。且再赘述一例翟晴江赶打游僧故事（图 12–1）。

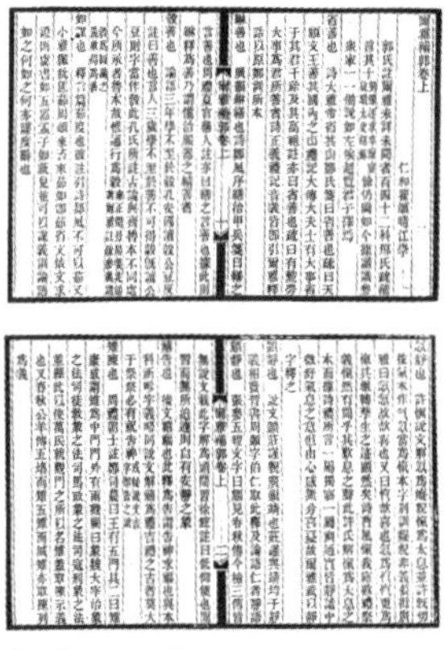

（a）翟灏《尔雅补郭》书影

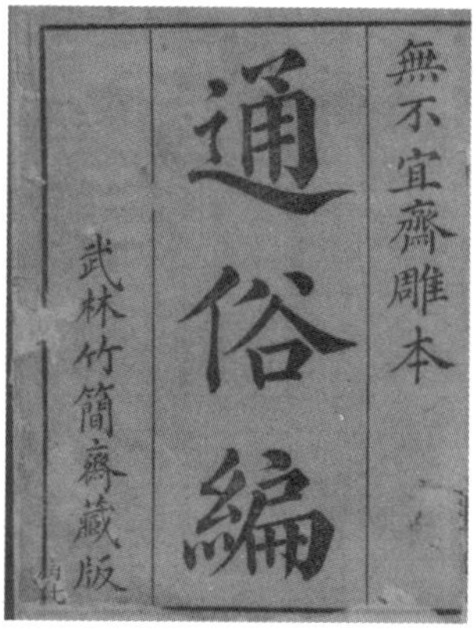

（b）翟灏无不宜斋雕本《通俗编》封面书影

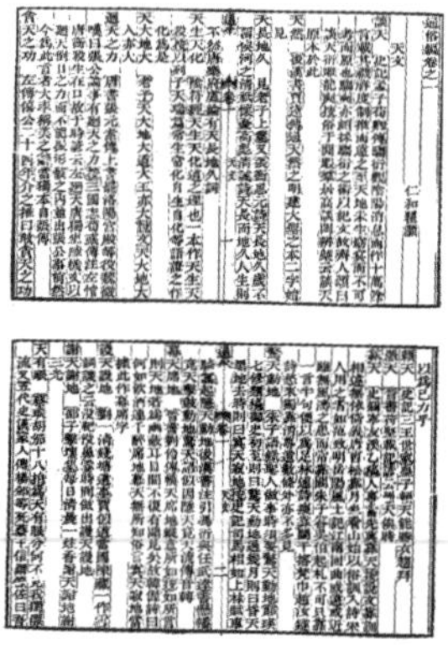

（c）翟灏《无不宜斋未定稿》正文首页书影

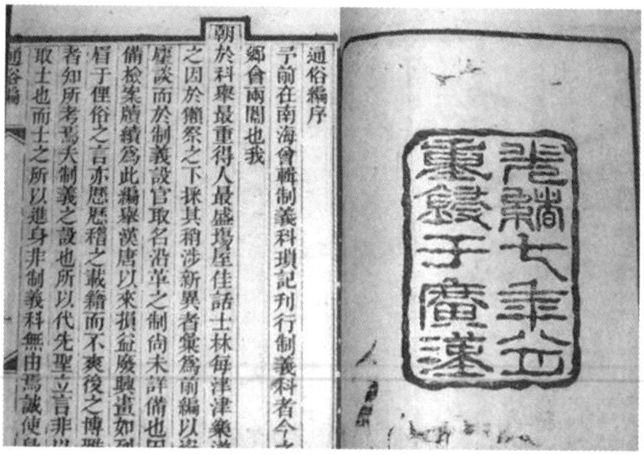

（d）李调元《函海》本《通俗编》书影

图 12–1　翟灏相关书影

周作人的《儿童杂事诗·翟晴江》写道：“不攻异端卫圣道，但嫌光顶著香疤。手携三尺齐眉棍，赶打游僧秃脑瓜。”他记述了翟灏童年的一个故事，亦即梁同书《翟晴江先生传》所述，当地同时以博通称者有两人，一为翟晴江，再就是“奉释氏教，于内典尤精”的西林吴先生。而“不信西方圣人之说”的晴江先生“尝自言，童子时读书塾中，有僧过其门，适塾师外出，率众童子持棓（棒）往击僧，僧跄踉走避。（晴江的父亲）封公见而挞之，先生曰：‘吾恶其秃也。’故虽甚好书，卒不喜瞿昙氏之书，其不同如此”（图 12–2）。

图 12–2　丰子恺为周作人《儿童杂事诗·翟晴江》配图《赶打游僧秃脑瓜》

周作人《看书偶记·秃头》一则还写道：“梁君文固有风趣，而其事亦正妙，可知翟晴江是解人也。佛本不必排，自来道学家只自心虚耳，其稍可恶者就是那秃头，鄙人昔曾有此意，不图翟氏已先我发之矣。鄙人最不喜一切残毁，落叶枯株固尚不妨，断瓦残垣则只在诗画中差可观，若是人物便不能如是，即病理与变态，但可哀矜，亦不乐见也。”（又见于《书房一角》）

里程碑式的经典《证俗文》

在中国民俗语言学史上，出自一代著名训诂学家郝懿行之手的《证俗文》，是汉籍民俗语言珍稀文献的一部里程碑式的经典著作。钟敬文先生主编《民俗学概论》的第 14 章“中国民俗学史略”注意到，“明清时期，文人学者做了许多归纳民俗语言的工作，连钱大昕、郝懿行这样的著名学者都参加进来，撰写了《恒言录》和《证俗文》等著作。他们经过亲自调查，记录和保存了一批当时活在群众口头的民俗语汇，为后人研究前代语言民俗的传承情况提供了第一手材料”。

“夫妇著述，一家两先生”

宋代著名女词人李清照与丈夫赵明诚共同致力搜集整理研究金石书画，以一部《金石录》名著青史，留下了一段伉俪佳话。同为训诂学家的郝懿行与王照圆伉俪多半生夫唱妇随、相与析疑、共同治学，如同时代的学问家臧庸所称赞的“有夫妇著述，一家两先生”，则成就了 700 年后的又一段伉俪佳话。

郝懿行（1757—1825 年），字恂九，号兰皋，山东栖霞人，乾隆二十二年（1757 年）生，卒于道光五年（1825 年），享年六十九。事迹见《清史列传》卷六九、《清史稿》卷四八二等。出身于世代书香门第，其八世祖郝晋为明末崇祯戊辰进士，父郝培元为乾隆年间贡生。“懿行”之名盖取意于《尚书·立政》之“知忱恂于九德之行”，否则何以“恂九”为字。7 岁入家塾读书，10 岁习《诗经》，16 岁应童子试，27 岁从李承琏攻治经学。嘉庆四年（1799 年）进士。任户部主事。懿行于嘉庆四年己未科会试时，曾为《土风录》作序的朱珪和另一位大学问家阮元为正副考官。44 岁时因父丧丁忧，47 岁服阕，至京，转就农部任职，以后则“淹抑户曹，未迁一官”。其为人恭顺谦退，不轻与人交，而学问颇精，著述甚丰，以《尔雅义疏》《山海经笺疏》用力最多，成就亦显著。其他著作尚有《春秋说略》《荀子补注》《春秋比》《易说》《书说》《诗经拾遗》等多种。据称尚有《通俗文疏证》十八卷，未见，不知是否即《证俗文》之讹。郝懿行早年的《春秋说略》曾被纪晓岚赞誉为“划尽千秋藤葛”，其几乎用尽毕生精力直至临终前才完成的代表作《尔雅义疏》备受后世推崇。

《清史稿·儒林传》载：“懿行妻王照圆，字瑞玉。博涉经史，当时著书家，有：‘高邮王父子，栖霞郝夫妇’之目。著有《诗说》一卷，《列女传补注》八卷，附《女录》一卷，《女校》一卷。又与懿行以诗答问，懿行录之为《诗问》七卷，其《尔雅义疏》亦间取照圆说；他著有《诗经拾遗》一卷，《汲冢周书辑要》一卷，《竹书纪年校正》十四卷，《荀子补注》一卷……又有《列仙传校正》二卷。”

乾嘉时期的学者中广泛流传的“高邮王父子，栖霞郝夫妇”，说的正是当时极负盛名的训诂学家——高邮的王念孙、王引之父子和栖霞的郝懿行、王照圆夫妇。治学上，懿行、照圆夫妻志同道合而且兴趣相投，均有卓越建树，成就斐然，时人将之并称共赞，实在名副其实也。

出身于书香门第的王照圆（1763—1851 年），字瑞玉，号婉佺，福山县（今烟台市福山区）河北村人，清末女诗人和训诂家。她六岁丧父，由母教读《孝经》《内则》《毛诗》兼读经史习训诂，20 岁即著有《葩经小记》。与郝懿行志同道合、感情融洽，时常诗词唱和。新婚之夜，照圆灯下欣然赋诗，“千里良缘彩线牵，三冬谷旦结团圆。挑灯最喜亲风雅，先说《周南》第一篇”，对夫妻志趣相投、鱼水和谐的满足、欢悦之情溢于言表。大婚的当年秋天，郝懿行应试中举，照圆吟诗两首赠夫。其一云：“小试文场久擅名，矮庐一人倍经营。案头挥笔风添势，夜半构思月助明。花结锦成人易懒，云飞露白马登程。如君折得蟾宫桂，自尔方山听鹿鸣。”鼓励丈夫要再接再厉，争取进士及第。十年后的嘉庆四年（1799 年），郝懿行一举进士及第。

郝懿行多年担任闲职京官，俸禄不丰，而一生嗜书，以读书、藏书、著书、校书为趣，又需常常斥资购书，以至于“家中四壁徒然，庭院蓬蒿常满”。不过，以“平生要做校书女，不负乌衣巷里人”自勉的王照圆亦甘于与之一起安贫乐道，淡然处之，伉俪情深，相濡以沫，共同治学。甚至懿行辞世时，一时“无钱举葬，夫人欲归原籍不能，羁留京邸，不知所依”，足见境况之凄苦。最后，妻儿费尽周折筹款才得以扶柩归里安葬。

由于尊古尚雅的传统，古来历代辑释俚言俗语的学者，多注重于典籍之中追根溯源以其“由来有自”为是。《证俗文》自不例外。难得的是，王照圆治学经典，亦与夫相和鸣。她认为朱熹的《诗集传》过于晦涩难懂，于是夫妻俩以问答形式历经20余年合作完成了《诗问》七卷，其解说则关注到习俗风尚和俗语。如“瑞玉曰：朝行已早，不遑朝，言武人行尤早不暇至朝，始发也。按：劳训劳苦，与下章没字戾矣。郑笺云：劳劳，广阔。劳劳盖齐语，或方俗语也，此解甚善”。道光五年（1825年）郝懿行69岁时卒于京邸，时年63岁的夫人王照圆回归故里，着手整理丈夫遗书，以求流传、彰显于世。

慕服《通俗文》兼取《儒林传》：疏通证明

郝懿行《证俗文》自序即言，“命曰《证俗文》，盖慕服子慎《通俗文》，兼取《儒林传》疏通证明之意云”。

刘叶秋先生曾就《通俗文》的性质与成就指出：“这是一部解释通俗用语的词典……它既释义，也注音，实为开以实用为主的通俗词典之先河，对后出的字书，类书，有一定的影响。”这一点，几乎为古今所公认。今学者段书伟《通俗文辑校》，可谓迄今治《通俗文》较为完善之本（作者按：至为遗憾的是，书印校不精，颇多校对错误）。段氏是书前言云，《通俗文》“集中收集、解释俗言俚语、冷僻俗字为其特色，书中所收俗言俚语，真实地反映了汉代语辞的情况，是研究汉语史的宝贵材料”。《通俗文》“一书在未亡佚之前，是很有实用价值的，可以称它为我国第一部俗语词典，它不仅开俗语研究的先河，也是后代各种俗语词典的滥觞”云云，所言甚恰当。

继扬雄《方言》之后而出现的《通俗文》，主要辑释秦汉之际和汉代俚俗语词，搜讨较富，诠释及体例亦比较完备，兼或注音，有别于《方言》，自有特色。个中，有些条目释文尤显详备。如《太平御览》卷三四六所引证《通俗文》的几例。①“匕首剑属。其头类匕，故曰匕首，短而便用。”②“床，三尺五曰榻板，独坐曰枰，八尺曰床。”③“容丽曰嫱，形美曰娮，容美曰媎。南楚以好为娃，肥骨柔弱曰婀娜，颊辅妍美曰妩媚。”有研究指出，以征引旧籍来注解《文选》是李善注的显著特征，也是李善注具有较高学术价值的原因。作为我国第一部解释俗言俚语的训诂专著《通俗文》，李善注《文选》时曾多次引用，以解决《文选》俗语词的训释。凡此，其价值可见一斑，亦正因此而得以保存和流传。《通俗文》同《方言》一起开中国汉语俗语辞书的先河，郝懿行《证俗文》间或引证《通俗文》只有为数不多的几例，更重要的在于继承其辑录广泛、辑释详备这一优长。

《证俗文》十九卷，郝联荪等同校。晒书堂藏版。光绪十年（1884年）东路厅署刊本，《郝氏遗书》、日本汲古书院《明清俗语辞书集成》《续修四库全书》《中国民俗方言谣谚丛刊初编》以及《郝懿行集》诸本，均据此影印或点校。卷首有作者自撰《证俗文述首》，说明撰著是书所自：“余年在逾立，始有志乎读书。资性迟钝，日裁数十行，能信讽者裁百余言。及浃辰之闲，忽忽如梦，彼百余言已忘其半。更阅一时，半者又亡，偶复追忆，宛如隔世。今齿将及艾，前志不遂，良可于邑，日月不贷人；一得之愚，恐终不复能为我有也。近六七年来，遇有所得，用纸札记，藏弆遂多。今检其纸，有破损者，雨湿者，烟熏者，纸尾细书不可辨者。乃者涒滩之岁，稍欲收拾散亡，集而录之。作噩之年，乃能粗就分别部居，令不杂厕，凡为十九卷。”是知《证俗文》为郝氏晚年间集腋成裘之作。

历经道光、咸丰、同治、光绪四朝，户、工、吏、兵四部尚书，并任总理各国事务衙门大臣的清代著名学问家董恂（1807—1892年），非常看重《证俗文》一书，在79岁时亲为补编全书的目录，以便检索。即如所撰《补〈证俗文〉目录序》中盛赞称，“今续读先生所著《证俗文》一书，窃叹其淹贯古今，出入经史，征引浩博，断制谨严，所以沾丐后人者不少，洋洋乎大观哉”。

博采民俗语汇，探究民俗语源

汉刘向《说苑·君道》：“博采其辞，乃择可观。”《后汉书·郎顗传》亦云：“博采异谋，开不讳之路。”两者原本就察人而言，考察俗语、民俗语汇又何尝不是如此。

《证俗文》全书洋洋数十万字，辑释俗语、民俗语汇以及杂事字词凡 140 多条，其中考释杂字有 260 多个。不分门类，而各卷内容大致集中。卷一为饮食，卷二为服饰，卷三为日用什物，卷四为亲族称谓，卷五为岁时节令，卷六为名物杂事，卷七为日用计量，卷八为典制，卷九为官署，卷十为杂考，卷十一为神祇，卷十二为动植物，卷十三为俗语杂字，卷十四为“奇字”，卷十五为“别字”，卷十六为“误字”，卷十七为名物杂称，卷十八为异域殊语名物称谓，卷十九为梵语、佛家语汉译考释。其中，卷十七名物杂称 24 事，各事又释相关俗语称谓若干。是书以训诂学方法考释俗语杂事，征引较广，经史子集，字书，类书，韵书，小说，笔记，乃至戏曲，均在其列，援古证今以示流变，郝氏自家见解，有时则间以按语形式写进释文。如下例。

击壤 古时儿童戏具，非土壤也。《周处·风土记》：“以木为之，前广后锐，长尺三寸，其形如履。古童儿所戏之器，非土壤也。先侧一壤于地，遥于三十四步，以手中壤击之，中者为上。”按：即飞砖戏也。《集韵》：“堶，徒和切，飞砖戏也。”宋世，寒食有飞堶之戏。梅尧臣《禁烟》诗：“窈窕踏歌相把袂，轻浮赌胜各飞堶。”按：亦曰抛堶。今名为打瓦，实则投石。其石方长大小不一，先立一石于十步之外，手石掷击，或以足蹴踏，发机命中。盖本古人投石之艺，因以角力。儿童此戏捷于木为者也。又有木橛之戏谓之打椿。读为竹怀切。木为短橛，平置于地，手木击撞，令飞跃阶上，以为得携，奔头刺尾，各臻其胜，唯兹二者屯里儿童尤为竞尚矣。按：《崔骃·西巡颂表》曰：“唐虞之世。樵夫牧竖。击辕中韶。感于和也。”《班固集》：“击辕相杵亦足乐也。”《曹植书》：“击辕之歌有应风雅。”是知击壤、击辕并唐虞时事。

胡卢 笑也。《后汉书·应劭传》：“掩口卢胡而笑。《注》引《阙子》亦曰俛而掩口卢胡而笑，曰：此燕石也。”按：大笑曰呵呵，《集韵》引《博雅》云：“呵呵，笑也。又声转为赫赫。”《朝野佥载》：“正月三白，田公笑赫赫。一作胡卢。”《孔丛子·抗志篇》：“卫君胡卢大笑。”盖胡卢笑在喉间声。今时俗语犹谓咽喉作声曰胡卢也。胡卢疑即胡咙字，声转为胡卢耳。胡咙又即喉咙字，古人读喉为胡也。《汉书·息夫躬传》师古曰："咽，喉咙，即今人言胡咙耳。"亦作咙胡，《后汉书》请为诸君鼓咙胡，是也。按：《说文》"胡，牛颔垂也。"《释名》："胡，互也，在咽下垂。能敛互物也。"《诗》曰："狼跋其胡。狼之老者，颔下垂胡，故又以为寿考之称。"《诗》曰："胡考之宁。"《传》曰："虽及胡耇。"《释名》："胡耇，咽皮如鸡，胡也。"《逸周书·谥法解》："弥年寿考曰胡，保民耆艾曰胡。而晋有王胡之字修龄。"（卷六）

马流　今俗谓不务本业而飘荡者，曰马流。韩愈《送广师》："衙时龙户集，上日马人来。"注：即马流也。一作马留，《唐书·环王传》："西屠夷盖马援还，留不去者才十户，隋末孳衍至三百，皆姓马。俗以其寓，故号。马留人与林邑分唐南境。"《方隅胜略》谓马人散处南海，谓之马流。

凡此诸例，已足见《证俗文》考据辩证俗语精审详密，征引多具所出，释义严谨确切，言必有据，不尚空论，是其身为一代考据训诂学家之长。如考释"阿堵"，追根溯源，则知原为晋代俗语中的指代词，后讹借指钱。如"马流"从古代对南海民族及后汉马援南征时遗留部卒后人的称谓，考知"马流"语源。马援南征事又见于《水经注》卷三六《温水》："马文渊（即马援）立两铜柱于林邑岸北，有遗兵十余家不反，居寿泠岸南而对铜柱，悉姓马，自婚姻，今有二百户。交州以其流寓，号曰马流。言语饮食，尚与华同。"亦可为证。刘叶秋先生认为，不仅《通俗编》《恒言录》未收"阿堵"一条，而当代辞书《辞源》《辞海》的解说也没有是书详明；其编次之有条理，注释之谨严，超过《通俗编》，较《恒言录》亦胜一筹，可以和他的《尔雅义疏》《山海经笺疏》媲美，评价可谓允恰。

然而，尽管郝氏功力颇深，治学严谨，《证俗文》毕竟是其由晚年积累零札并梳理编次而成，其时"齿将及艾"，唯恐"前志不遂"，尤感"日月不贷人"，则是书未免有仓促之痕。如其卷一七中24事各含若干俗语，考释辩证则远不及卷六等各卷之精审详密。例如："俗语嚏云人道我：《诗·邶风》'愿言则嚏'笺：'今俗人嚏云人道我。'此古之遗语也。"释义、引证均略，又无考辨（或无可辨者），与《土风录》卷十五"喷嚏曰人说我"条释文相比，远不如顾氏考释得详密。就《证俗文》全书内容而言，亦嫌芜杂。一如明方以智《通雅》所辑有医方专卷，《证俗文》中不只有以书名为条专为介绍者，如卷六的“起居注”，又“古天子即位策书”之类，卷十所辑“尧冢有三”“文武周公墓有二”“首阳山有五”“孔子生年月”“黄河源委”“水泉盐铁”之类，亦远远超出其“盖慕服子慎《通俗文》兼取《儒林传》疏通证明之意”的初衷，是为体例虽善而疏误于收录范围。虽有此段，而《证俗文》仍不失一部学术和文献价值均高的俗语辞书，可惜刊本流布未广。

刘叶秋先生在谈到明清俗语辞书时提出：“明清两代编辑方言的俗语词典，则大致可以分为两种：一种是考证一般的常言俗语，如明陈士元的《俚言解》、张存坤的《雅俗稽言》、清翟灏的《通俗编》、郝懿行的《证俗文》之类，解说字词，略似《通俗文》，而偏重引证，标目分门，又如类书。其采辑范围，由经史子集扩大到类书和历代笔记杂著、小说、戏曲以及里巷琐言，所包甚广，近于百科性的知识词典。这类词典数量较多，用处较大。另一种是考证某一地区方言的，如明李实的《蜀语》、清胡文英的《吴下方言考》之类，应该算作方言词典的正宗，但为数寥寥，影响不大。”可以说，这是中国汉语俗语、俗语辞书史最基本也是最主要的类型。

疏通俗雅，互为辩证

显然，书名《证俗文》之所谓“证”，即“兼取《儒林传》疏通证明之意”；其“俗”，乃就服虔的《通俗文》而言。“疏通证明”，即《汉书·儒林传·孟喜》言及的：“喜好自称誉，得《易》家候阴阳灾变书，诈言师田生且死时枕喜𦡀，独传喜，诸儒以此耀之。同门梁丘贺疏通证明之，曰：‘田生绝於施雠手中，时喜归东海，安得此事？’”颜师古注云：“疏通，犹言分别也。”也就是说，《证俗文》是一部辨析阐释雅俗语词之作。

郝氏一生“为人谦退，讷若不出口，然自守廉介，不轻与人晋接。遇非素知者，相对竟日无一语，迨谈论经义，则喋喋忘倦。所居四壁萧然，庭院蓬蒿常满，僮仆不备，懿行处之晏如。浮沉郎署，视官之荣悴，若无与于己者，而一肆力于著述，漏下四鼓者四十年”，著述甚丰。其“笺疏山海经，援引各籍，正名辨物，事刊疏谬，辞取雅驯。阮元谓吴氏广注征引虽博，失之芜杂；毕沅校本，订正文字尚多疏略；惟懿行精而不凿，博而不滥”。(《清史稿·儒林传》)《证俗文》一书，也体现了其前半生几十年的专攻和学术积累，颇见治学严谨而功力深厚。《鲁迅辑校古籍手稿》第六函第五册中包括1910年底至1911年初抄录自《郝氏遗书》的三部手抄稿：抄录于“庚戌十一月”的《蜂衙小记》《燕子春秋》和抄录于“庚戌十二月”的《记海错》。

个中，包括嘉庆十九年（1814年）脱稿的《晋宋书故》，以及次年成书的《宋琐语》等。例如：《晋宋书故·阿堵》条全文为：

“阿堵”音者，即今人言“者个”。“阿”，发语词；“堵”，从者，声义得通借。《说文》云：“者，别事词也。”故指其物而别之曰“者个”，方俗之言有符训诂，浅人不晓，书作“这个”。不知“这”字音“彦”(《玉篇》：“这，宜箭切。迎也。”)以“这”为“者”，其谬甚矣。凡言“者个”随其所指理俱可通。故《晋书·王衍传》：“口未尝言钱，妇郭欲试之，令婢以钱绕床，使不得行。衍晨起，见钱谓婢曰：举阿堵物却？”按：阿堵盖当时方言，犹言阿筒者，筒而非专谓钱也。故《世说·巧艺篇》：“顾长康曰：传神写照正在阿堵中。谓眼也。”《文学篇》：“殷中军见佛经云：理应阿堵上，《雅量篇》注谓经也。谢安目卫士谓：明公何有壁间著阿堵辈？谓兵也。”益知此语为晋代方言，今人读为睹，音则失之矣。

至编著《证俗文》时，则节取其从“《晋书·王衍传》：口未尝言钱……”起至结尾的后半部分（即上述引文中带下画线的部分）辑录为条。

《清史稿·儒林传》载，“懿行之於《尔雅》，用力最久，稿凡数易，垂殁而后成。於古训同异，名物疑似，必详加辨论，疏通证明，故所造较晋涵为深。高邮王念孙为之点阅，寄仪征阮元刊行。元总裁会试时，从经义中识拔懿行者也”。懿行自道，“邵晋涵《尔雅正义》搜辑较广，然声音训诂之原，尚多壅阂，故鲜发明。今余作义疏，于字借声转处，词繁不杀，殆欲明其所以然。”又曰：“余田居多载，遇草木虫鱼有弗知者，必询其名，详察其形，考之古书，以征其然否。今兹疏中其异於旧说者，皆经目验，非凭胸臆，此余书所以别乎邵氏也”(《清史稿·儒林传》)。个中，其撰著《证俗文》即在于“补《尔雅》《方言》《释名》之所未备。《尔雅义疏》之作，类发轫于此”。有研究认为，“《证俗文》是一部具有一定规模的考释性辞书。博采古今载籍，搜罗宏富；穷源竟委，详加考核；疏通证明，阐明古义；正名辨物，足资考证。对后人研究古代名物制度、文字训诂之学实有裨益”。同时更为其晚年撰《尔雅义疏》作了充分的准备。或因如此,《证俗文》不仅数处引证《尔雅》《方言》《释名》相互印证，还在选辑条目、分类、释义体例等诸方面，与诸书多相观照。洋洋大观数十万言的《尔雅义疏》，显非短时间的一时之作。清嘉庆十七年（1812年）郝懿行56岁时开始整理《证俗文》，次年完稿。道光二年（1822年），郝懿行病殁的前一年，亦即《证俗文》成书的九年之后,《尔雅义疏》完成。

《证俗文》成书的过程中，已经含有对《尔雅义疏》有关条目的考释。

牛郎织女传说古已有之，源远流长。在其流传过程中，“牵牛”流变为“黄姑”亦由来已久。南宋范成大《吴郡志十三·祠庙下》:“黄姑庙，在昆山县东三十六里，地名黄姑。父老相传，尝有牵牛织女星精降焉，女以金篦划河，河水涌溢，今村西有百沸河。乡人异之，为立祠。旧列牛、女二像，后人去牵牛，独祠织女，祈祷有应。岁七夕，乡人醵集庙下占事，无毫厘差。旧有庙记，今亡之。”南宋龚明之《中吴纪闻》亦载，牛郎织女庙的“祠中列两像，建炎兵火时，士大夫多避地东冈（今太仓），有范姓者，经从祠下题于壁云：‘商飙初到月埋轮，乌鹊桥边绰约身。闻道佳期唯一夕，因何朝暮对斯人。’乡人遂去牵牛像，今独织女存焉”。而且，两书均有“牛郎织女降生黄姑”的记载。由诸家记载可见，“黄姑”，亦即“黄姑庙”所在之“昆山县东三十六里，地名黄姑”之“黄姑村”，即江苏省太仓县城厢镇南今胜昔村4组的古旧村名。《苏州府志》《太仓州志》和《镇洋县志》等方志亦多记载“织女庙在太仓州（城）南七里黄姑塘，宋咸淳五年建，嘉定知县朱象祖重修”。南宋诗人范成大（1126—1193年），平江吴郡（郡治在今江苏苏州）人，故里距太仓黄姑村不远。龚明之（1091—1182年）本身就是太仓南郊人。

关于称“牵牛星”为“黄姑”，郝懿行《尔雅义疏·释天·河鼓谓之牵牛》云，“何鼓，亦名黄姑，声相转耳”。这一论断，可与其《证俗文》卷一六《误字·黄姑女》条相互呼应和观照。所释如下：

黄姑女 《尔雅·释天》："河鼓谓之牵牛。"盖语讹声转为黄姑。古诗云："东飞伯劳西飞燕，黄姑织女时相见。"李太白诗"黄姑与织女，相去不盈尺"，是皆以黄姑为牵牛也。至李后主诗："迢迢牵牛星，杳在河之阳。粲粲黄姑女，耿耿遥相望。"以黄姑为织女尤讹。

郝氏的论断并非其新发明，其说先已见诸《荆楚岁时记·牵牛织女聚会赋情》所考：

七月七日，为牵牛织女聚会之夜。

按：戴德《夏小正》云，是月织女东向，盖言星也。《春秋运斗枢》云："牵牛，神名略。"石氏《星经》："牵牛，名天关。"《佐助期》云："织女，神名收阴。"《史记·天官书》云，是天帝外孙。傅玄《拟天问》云："七月七日牵牛织女会天河。"此则其事也。河鼓、黄姑，牵牛也，皆语之转。

又如明崇祯年间张采《太仓州志》卷一五《名迹》所记述："黄姑村。去张泾关渡东南三里，相传牵牛织女二星降其地。织女以金篦划河，水涌，牵牛不得渡，土人因立祠，今俗呼织女庙。庙西有水名百沸河。黄姑者，河鼓也，犹桑落反语为牵郎。宋龚宗元住村内。"张采（1596—1648 年），字受先，号南郭，亦江苏太仓人。

顾张思"乐操土风不忘旧"之《土风录》

历史上的种种缘故，一些饱含前贤智慧和心血的重要学术典籍往往遭受被湮没乃至失传的命运。说起来，《土风录》（图 12-3）是幸运的。其付梓问世久无反响，就连当时的学术大家钱大昕所作之序亦不见于其著名的文集《潜研堂集》中，因而颇显珍稀。仅仅 200 余年之后，由于被日本汉学家长泽规矩也以家藏本影印辑入《明清俗语辞书集成》，而获重新传布并引起了关注，于是进入了草创时期的民俗语言学家们的视野。

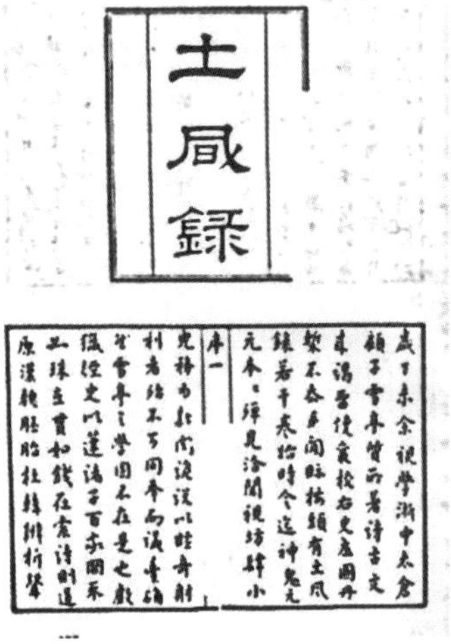

图 12-3　钱大昕《土风录》内封及朱珪序书影

书名、版本、作者和内容

《土风录》十八卷，清顾张思著，今所见为清嘉庆三年（1798 年）巾箱本。《贩书偶记》著录，清嘉庆三年，日本汲古书院《明清俗语辞书集成》据以影印。卷首有乾隆六十年（1795 年）“竹汀居士”钱大昕序，嘉庆三年“盘陀老人”朱珪序。是书刊行以来，今已稀见。书名之“土风”，语出《左传・成公九年》“乐操土风，不忘旧也”。本为乡谣俗曲，后则用以泛指地方风俗习惯。

从朱珪序得知，著者字雪亭，江苏太仓州人。于苏州教授之暇，作此书。因求朱珪增削诗文，朱氏始知有此书，故于嘉庆三年著者诣安徽官衙访珪之际，经珪劝勉而付梓。日本著名汉学家长泽规矩也之《解题》认为，“按图书分类法，本书与《俗语解》或当归于子部杂家类、杂考或小说家类、杂事类之属。但就其解释俗语言，亦诚为可珍视之作。……‘土风’一语，其民谣之意，见于《左传・成公九年》；至左思《魏都赋》、陆机《吴趋行》，始转为风俗之意。本书则取为集录地方言语之意。犹记此本似战后获之琳琅阁。此后于他处未尝见之，故若干缺字未能补苴”。

著名训诂学家钱大昕序谓，“其铺叙节物，则《阳羡风土》《荆楚岁时》之遗也；其诠释器服，则《匡谬正俗》《事物纪原》之例也；其考证方语，则《方言》《释名》《释常谈》之亚也。征引必检原文，而道听途说勿取也；折衷必谐六书，而乡壁虚造弗尚也”，“余向有《恒言录》其体例略相侣，而雪亭之杷罗抉擿多有出余录之外者”，故“叙而行之，窃喜同声之相应”，云云。这些评语出自一代学问大家笔下，可谓评价甚高。

《土风录》总共辑释俗语等以民俗语汇为主的条目1000多条，不分门类，条目根据内容大致以类相从，类各为卷。卷一为岁时节令，卷二为丧葬、婚娶、娱乐游戏，卷三为服饰、器物，卷四为居住、交通、食品，卷五为日用杂物，卷六至卷一一多为双音节及三音节习见俗语，卷一二至一三为四音节以上习见俗语，卷一四至一七为名物称谓，卷一八为民间信仰神祇习俗。内容多涉典章制度、风物掌故。是书体例似《通俗编》《恒言录》而稍善，考释亦时可补两书所不备，亦自有许多详审精彩之处，颇见考据功力。例如：很早即见诸典籍的“行李”这个词，历史颇为悠久。远在春秋战国时代即已出现，本义是指“使者”，而后逐渐用以指行旅、行程、行踪等。如宋姚宽《西溪丛语》卷上所载：

唐李济翁《资暇录》云：“古‘使’字作‘李’。《左氏春秋传》言‘行李’乃是‘行使’，后人误为‘李’字。”僖公三十年，《左氏传》云：“若舍郑以为东道主，行李之往来，共其困乏。”杜预曰：“李，使人也。”又襄公八年，《左氏传》云：“亦不使一介行李告于寡君。”杜预曰：“行李，行人也。”又昭公十三年，《左氏传》曰：“诸侯靖兵，好以为事，行理之命，无月不至。”杜预曰：“行理，使人通聘问者。或言‘理’，或言‘李’，皆谓行使也。但文其言，谓之‘行李’，亦作‘理’耳。”以此知其非改古文为“李”也。古文字多矣，李济翁不言字出何书，未可遽尔泛举而改作也。刘孝威《结客少年场行》云：“少年李六郡，遨游遍五都。”李作“使”音。

迨至明清，出现了现代汉语所说的出行携带的物品这个语义。《土风录·行李》条，一如《西溪丛语》，用了很大篇幅记述用字和语义演变轨迹，但其开章明义首先断言“出门衣装，曰行李”，直接印证了这个时期的语言事实。这一点，也正是本书学术含量的一点微观体现。如其例：

行李 出门衣装，曰行李。见《左传》“行李之往来”又，“不使一介行李。”杜注：“行人也，亦作行理。”《国语》“行理以节逆之”。《左传》“行理之命，无月不至。”孔氏《正义》“李、理通。”方勺《泊宅编》云：“人将有行，必先治装。”如孟子之言“治任”理亦治也。李济翁《资暇录》以“李”为“使”字之讹。古文“使”作[illegible]与“李”[illegible]相似云云。盖本杜预注：行人。贾逵注：理当为吏之说。肇法师《答刘遗民书》曰：“冀行李，数有承问。”亦谓：“行使也”。山谷《送张天觉》诗“因来叙行李”用此。

周作人在《南北的点心》（《知堂集外文·四九年以后》）中写道：“据我的观察来说，中国南北两路的点心，根本性质上有一个很大的区别。简单的下一句断语，北方的点心是常食的性质，南方的则是闲食。”并特别采用《土风录》的条目作了“一点烦琐的考证”。这两个条目是：

点心 小食，曰点心。见《吴曾漫录》“唐郑傪为江淮留后，家人备夫人晨馔，夫人谓其弟曰：‘治妆未毕，我未及餐，尔且可点心’。俄而女仆请备夫人点心，傪诟曰：‘适已点心，今何得又请。’”周辉《北辕录》云：“洗漱冠栉毕，点心已至。”又《癸辛杂识》：“赵温叔丞相善啖，阜陵谓曰：‘我欲作小点心相请。’”俗语“小点心”亦有出。点心中有馒头、馄饨、包子等。高承《事物纪原》云：“诸葛亮渡泸，以麦作人首形祭神，因号馒头，取欺谩之意。”程大昌《演繁露》云：“馄饨出于虏中，混氏、屯氏故名。”按《太平御览》引《方言》“饼，或谓之‘馄’”，是其名已久。《食物志》云：“或作混沌，象其圆形包子。”见王栐《燕翼诒谋录》“仁宗诞日，赐包子”。

茶食 干点心，曰“茶食”。见宇文懋昭《金志》：“婿先期拜门，戚属偕行，以酒馔往，酒三行，进大软脂、小软脂，如中国寒具，又进蜜糕，人各一盘，曰茶食。”周辉《北辕录》云：“金国宴南使，未行酒，先设茶筵，进茶一盏，谓之茶食。”

此外，周作人还在《饭后随笔·豆沙》中谈道，“我们年年吃月饼，和其他有馅的点心，吃惯了豆沙，不觉得怎么特别，其实这是中国所特有的，日本等处也有，乃是从中国传去，所以根本还是一样。据考证家说，《说文》中有豆上字的一个字，注云豆饴，即是后代的豆沙”，并引证了《土风录·豆沙》的记载：“饼饵馅以赤豆末、红糖炒之，曰豆沙。见范石湖《祭灶诗》‘豆沙甘松粉饵团’。”清袁学澜《适园丛稿》卷六《田家四时竹枝百首》咏道：“收成二麦近梅炎，紫楝花开熟食添。煨藕青团邻女馈，茼麻饼馅豆沙甜。”原注：“田家蒸豆和糖为饼馅，名曰豆沙。”显然，其熟食“茼麻饼”同月饼一样，均在“点心”之属。又如晚清秦锡田《周浦塘棹歌·物产》所咏：“赤豆圆匀绚紫霞，糖霜一勺豆融沙。夹沙最好猪油馅，气味清芳点桂花。”亦有注云：“赤豆煮熟，褪皮以糖炒之，名‘豆沙’，和以猪油，为糕饼之馅，名‘猪油夹沙’。加以桂花，香气尤郁。”这就把南方常见的“豆沙馅”描述得甚是清晰，堪为《土风录》有关条目的别注。

注重考释民俗语汇及其民俗语源

注重考释一些民俗语汇的民俗语源，也是《土风录》的一大特点，如通常把黄酒称作“老酒”，何故？书中《老酒》一条写道：“黄酒，曰老酒。按，范石湖诗‘扶头老酒中’，自注：‘老酒，数年陈酒也，南人珍之。’是‘老’，即‘陈’字之意。苏子由《求黄家紫竹杖》诗云：‘老酒仍烦为开瓮。’今不论新陈，黄酒通呼‘老酒’矣。”（卷六）亦即说，“黄酒”谓之“老酒”，在于其属于“数年陈酒也”。

“一马不跨两鞍”用以指封建时代一女不嫁二夫的腐朽贞烈观陋俗，在元人关汉卿《窦娥冤》剧中已可获得口语语料的印证：“我一马不跨两鞍。想男儿在日，曾两年匹配，却叫我改嫁别人，其实做不得。”对此，《土风录》亦作有详载：

跨鞍　女临嫁，以马鞍置轿前跨之。《五代史·刘岳传》云："婚礼亲迎，有女坐婿鞍合髻之说，尤为不经。"士大夫家且有行之者，是此风始于五代。《姑苏志》云："婚礼有知节，跨鞍坐床传宝之目，特为烦猥。"昆山郑文康，号介庵，正统进士，有《平桥稿》。《俗礼歌》序云："昆俗娶妇俗礼甚多，若所谓跨鞍、问龙、进宝、搂饭甑、传彩、斩蔗之类，一无所据。士大夫家亦安而行之，略不怪耻。"附郑氏《跨鞍诗》"莫跨鞍，莫跨鞍，跨鞍未必家平安"。自注：俗传"要平安，须跨鞍"。"鞍高足小跨不过，露出绣鞋人共看。东家娶妇有鞍跨，西家无鞍争笑话。谁知一跨心胆粗，乱走胡行都不怕。呜呼，跨鞍不如不跨好，俗礼纷纷奚足道。"（卷二）

征引丰富间或采集民间口语语料

《土风录》另一重要优长，在于所征引资料的范围，似较《通俗编》《恒言录》广泛，由经史子集扩大到类书、方志和历代笔记、小说、杂著等，更有一些俚言俗语显然直接采自民间，因此方可"见风俗之变迁，方言之有自"（朱珪序）。如下数例至为显著：

不中用　无用曰不中用，见《史记·秦始皇本纪》："吾前收天下书，不中用者尽去之。"《汉书·外戚传》："择宫人不中用者去之。"又《汉书·王尊传》："敕掾功曹，各自底厉，其不中用，趣自避退。"《左传》："无能为役。"杜注："不中为之役使。"盖用始皇语。（卷一一）

脚踏实地　作事着实曰脚踏实地，见《邵氏闻见前录》："司马温公尝问康节曰：'某何如人？'曰：'君实脚踏实地人也'。"《宋史·邵雍传》："作脚着实地。"王勉夫楙临终《诫子诗》云："平生不学口头禅，脚踏实地性虚天。"（卷一二）

天长地久　《道德经》云："天长地久，天地所以能长且久者，以其不自生，故能长久。"俗语"天长地久"，本此。陆倕《石阙铭》："暑往寒来，天久地长。"庾信《郑常墓志》："地久天长，敢镌贞石。"白居易《长恨歌》："天长地久有时尽。"

裴敬《太白墓碑》："天长地久，其名不朽。"卢纶有《天长地久》词五首，见郭茂倩《乐府》。（卷一二）

千里送鹅毛 馈遗自谦云："千里送鹅毛，礼轻情意重。"王厚之《复斋漫录》引谚曰："千里寄鹅毛，物轻情意重。此鄙语也。"山谷取以为诗，《谢陈适用惠纸》云："千里鹅毛意不轻。"按，东坡《以扬州土物寄子由》诗云："且同千里送鹅毛。"此言盖起于宋初。山谷又有诗云："鹅毛千里赠，所重以其人。"复斋之说，《宋史》容注《山谷外集》引之。（卷一三）

不认曰赖 不认前言曰赖，见老苏《谥法辩论》："有曰'赖'者。"注："不悔前过曰赖。"今借贷不还亦曰赖。《国语》庆郑云："已赖其地，而又爱其实，盖谓许赚秦河外五城而不与，为赖也。"韦注："赖，羸也。"则为赖藉之义。（卷一四）

喷嚏曰人说我 康成《终风诗笺》："人思我，如是我则嚏也。俗人嚏曰人道我，此古之遗语。"按："此则其说自汉有之。"东坡诗："白发苍颜谁肯记，晓来频嚏为何人？"盖本郑氏。《容斋随笔》云："喷嚏不止者，必噀唾祝云，有人说我。妇人尤甚。"山谷《薛乐道会饮饯行》诗："发嚏知见颂。"《戒庵漫笔》云："今人喷嚏必唾曰，'好人说我常安乐，恶人说我齿牙落'。是知此风多有之。"（卷一五）

为科技史提供珍贵史料

因俗语、民俗语汇而兼及博物百科，是应予关注《土风录》的另一编纂特色。书中光是有关酒的条目即多达八九个，此外还有火药火器、染织染料、琉璃玻璃、香水香料等关系中国科技史的珍贵史料。如"佛郎机"条：

> 礮大者，曰发郎机。按《事物绀珠》"佛郎机铳，铜为管。大者千余斤，小者百余斤。'佛郎'本海外国名，嘉靖二十八年入寇，败之得其礮，即以为名。俗以'佛'为'发'，声转也。"《说文》礮注："机石也，今俗作砲。"考《唐书·李密传》"以机发石为攻城具，号将军礮"，是犹不用火药也。宋虞允文始用火药，后遂无用机石者。铳之制，亦起于明初，古只训銎。音蛩，斤斧受柄处。《事物纪原》谓：

“轩辕作砲，吕望作铳，不知何据。”（余略，卷三）

有研究者从科技史的视点注意到，《土风录》辑释了许多有关化学、食品学、医药学、生理学、动物学、植物学乃至经济学内容的条目，仅是有关化学方面的条目即有近 40 条。认为它以“风俗为主，百科为辅”，“丰富了我国科学技术史的资料”。[1]

释义简洁明了

另外，释文间有简语总括性释义，也是《土风录》较《通俗编》《恒言录》等同类著作为善处之一。如上述诸例之“女临嫁以马鞍置轿前跨之”“无用曰不中用”等。而且，探析、考释语源大多清晰可辨，如“不认曰赖”，以为由“赢”义引申。又知《国语·齐语》有“相语以利，相示以赖”之证。《新五代史·南平世家·高从诲传》：“其后南汉与闽、蜀皆称帝，从诲所向称臣，盖利其赐予。俚俗语谓夺攘苟得无愧耻者为赖子，犹言无赖也，故诸国皆目为高赖子。”此又为一证。然顾氏未及“赖子”之例。顾氏考释俗语源流不唯以经史子集为典，且能注意征引民间口语资料为证，注重民俗语源，是知俗语之本。如“千里送鹅毛”条，即间接征引了《复斋漫录》引谚；而且明确述及“民间口语”，如“诓语曰赵”条：“语言不实，曰赵。按《尔雅》‘休无实李’，郭注：‘一名赵李。’无实曰‘赵’，殆取此意。又以‘赵’为‘然’。词家先生云：‘盖五代时民间口语为宋有天下之识，后遂沿之。’”

是书不只是补《通俗编》等所未备，有时亦辨之未详乃至舛误。如《土风录》卷一四“荡船曰划”条：“以桨荡小舟曰划。见《广韵·九麻》注：‘划拨进也，户花切。’《集韵》：‘舟进竿谓之划。’《正字通》云：‘俗谓小船曰划子，方音读若话。’”亦可作摓。陆鲁望诗：‘细桨轻摓下白苹。’”同卷相接下条为“补足曰找”：“《集韵》：‘找，即划字。’《正韵》‘找’注：‘拨进船也。俗以物补余曰找，呼作爪音，载之字典。’”而《通俗编》认为“找”为“划”之变体，胡瓜切，读“找”为

1 田育诚，李素桢．挖掘《土风录》中的化学史料 [J]. 松辽学刊（自然科学版），1986（4）：63-66.

“爪”之音，乃系错读反切下字之音，误“瓜”为“爪”之讹变，似显武断。《土风录》卷帙不小，亦难免未善或舛误。尽管如此，是书仍不失为一部力著。

顾张思，字雪亭，江苏太仓人，生卒年及事迹未详。张思为钱大昕同时代人，生值乾嘉时期，有“博物君子”之称。学问遍及经史及诸子百家，著述凡数十种，然多不传。虽说《土风录》的著者名不见经传，但为之作序的两位，却是不可等闲视之的显赫名人。钱大昕，门生数千人，事迹与其弟钱大昭时有“两苏”之比，并见《清史稿》的“一代儒宗”。另一位作序者朱珪（1730—1806 年），字石君，号南崖，晚号盘陀老人。原籍浙江萧山，后迁居北京大兴而入籍顺天府。朱珪历任按察使、布政使以及两广总督，吏、兵、户部尚书，协办大学士、太子太保、太子太傅等，没后谥“文正”。其兄朱筠（1729—1781 年），亦为当朝名臣，著作等身，同为著名学问家、藏书家和清官，朱氏兄弟亦时称“二朱”。钱大昕序赞之“好学深思”，认为该书位居“《方言》《释名》《释常谈》之亚”，朱珪则叹之“不虚”，并力促付梓刊行。

此外，尽管事实上《土风录》尚不如《通俗编》《恒言录》精审，但其所辑条目，倒亦常有不见于他书者。如卷一的“空帖拜年”一条：

空帖拜年　新正，友朋交贺，以空帖而身不至，前明已然。《文待诏集·拜年》拜年诗云：“不求见面惟通谒，名纸朝来满敝庐。我亦随人投数纸，世情嫌简不嫌虚。”又周辉《清波杂志》载：“元祐间，新正贺节，有士持门状遣仆代往到门。其人出迎，仆云：‘已脱笼矣。’谚云‘脱笼’者，诈闪也。温公闻之，笑曰：‘不诚之事，原不可为！’”是宋已有此风。（卷一）

“名帖”“门状”“拜帖”之类均属各同类著作常见的条目，但这个“空帖拜年”却是《土风录》所独有的一个条目。即如钱大昕序所言，是书虽与其所著《恒言录》“体例略相侣”，但“多有出余录之外者”。如此看来，钱大昕为本书所作序文失收《潜研堂集》，非但钱氏的遗憾，亦属《土风录》之憾。因为，若得借助钱氏文集的传播，本书亦不至于埋没许久也。

钱氏兄弟的《恒言录》和《迩言》

清以降，有洪坤煊、洪颐煊和洪震煊兄弟三人并称“三洪”，被誉为“浙东三杰”，《清史稿》的“儒林”“文苑”诸传之中，洪氏三兄弟即占三传。清代浙江平湖诗人丁嗣微、丁裔沆兄弟，时人誉之“双丁”。何绍业、何绍基兄弟，均为清朝著名的金石学家兼书法家。分别著有《恒言录》和《迩言》的经学家兼训诂考据学家钱大昕、钱大昭，也是这样一对乾嘉学派著名的同胞两兄弟学者。《恒言录》和《迩言》，均属中国文献史上重要的汉籍民俗语言珍稀文献，是自周秦以来采风问俗的经典著作。

钱大昕与《恒言录》

五月秧针绿，兼旬雨泽稀。瓯窭干欲坼，布谷暮空飞。
米价频年长，田园生计非。老农占甲子，辛苦候荆扉。

读这首明白晓畅的《五月》，悯农之外似乎还给人以田园的意蕴。但是若读其《和竹君戒坛读辽法均大师碑因吊学士王鼎三十韵》尤其是那三百余言充满书卷气的考释性自注，则尽显其乾嘉学派学者的本色了。再看钱大昕《寄王琴德》诗：“惟余文字癖，欲疗医无案；语辨宋鲁讹，文证豕亥乱。”更犹如一位老学究的自画像矣。在清代诗坛上，钱大昕无多大诗名。但在其毕生驰骋其间的经学考据领域，则不容小觑。且莫说《廿二史考异》《十驾斋养新录》《音韵问答》《经典文字考异》《唐石经考异》《声类》《潜研堂文集》等累积其学术地位的诸多传世之作，单就是于其生前未及刊行流传的一部《恒言录》(图 12–4)，即非同一般。特别是，在研究入书的题材方面，则是以属于“大雅”的传统考据方法，辑录考释生活中的常言俗语。

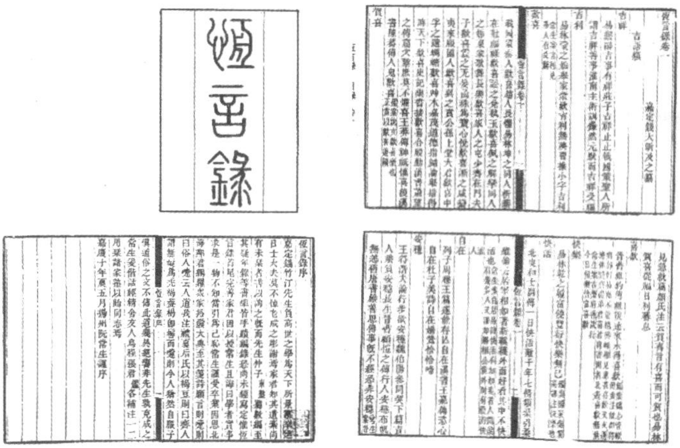

图 12-4 《恒言录》封面、卷首的阮常生序及正文书影

书名所谓的“恒言”，亦即常言俗语。是书内容、体例略如《通俗编》，性质亦近似，然分类又似较《通俗编》稍微严谨一些。先经乌程张鉴、扬州陈常生补注，后又有陈鳣《恒言广证》六卷，则使其内容益加详密。全书六卷，凡分十九类：卷一为吉语、人身、交际、毁誉四类；卷二为常语、单字、叠字三类；卷三为亲属称谓类；卷四为仕宦、选举、法禁、货财四类；卷五为俗仪、居处器用、饮食衣饰三类；卷六为文翰、方术、成语、俗谚有出四类。总计八百余条，或以内容划分类别，或间以俗语结构形式划分，如“单字类”“叠字类”。皆以考据学方法征引经史子集文献，考证俗语源流，是宋王应麟《困学纪闻》提出“俗语有所本”以来，继《通雅·谚原》《通俗编》之后的又一部考释俗语的力著。现代著名训诂学家杨树达盛赞之：“余少时读钱晓征《恒言录》，颇喜其翔实。”（《〈俗语典〉序》）。亦有当代学者评价其“已初具俗语辞典的规模，在编写质量上达到清代俗语研究的最高水平，开创了我国俗语研究的新局面，堪称不朽之作”[1]。且看书中如下诸例：

重身 《诗》：“大任有身。”《传》：“重身也。”《笺》云：“重谓怀孕也。”《正义》

1 赵伯义 . 论钱大昕的《恒言录》[J]. 河北学刊，1997（3）:5.

云："以身中复有一身，故云重也。"陆德明云："重，直勇反，又直龙反。"常生按《素问》："问歧伯曰：'妇人重身，毒之奈何。'"鉴按：《说苑·修文篇》："取禽不麛卵，不杀孕重者。"《汉书·匈奴传》："孕重堕殰。"（卷五俗仪类）

家常饭 范文正云："常调官好做，家常饭好吃。"陆放翁诗："茆檐唤客家常饭，竹院随僧自在茶。"家常饭，宋时语也。鉴按：《五灯会元》："道楷云：'佛祖言句，如家常茶饭。'"（卷六成语类）

常生案 《野获编》："都城俗事对偶，以打秋风对撞太岁。盖俗以自远干求曰打秋风，以依托官府赚人钱物曰撞太岁也。"《暖姝由笔》："靖江郭令辞《谒客》诗，有'秋风切莫过江来'之句。"（卷六成语类）

《恒言录》六卷，有嘉庆十年（1805年）扬州阮氏刊本（收入《文选楼丛书》），光绪十年（1884年）长沙龙氏刊《潜研堂全书》本，《丛书集成初编》本，以商务印书馆1958年排印本（附陈鳣《恒言广证》六卷）为完备。最新版本为，江苏古籍出版社1997年出版的由陈文和主持点校的《嘉定钱大昕全集》。有文章对此文集收录的繁体字点校本《恒言录》指出微瑕，认为，南北朝时，"孃"字出现了"母亲"义，"娘"字出现了"年轻女子"义，这种情况一直延续至中晚唐前。中晚唐以后，"娘"字渐渐出现了"母亲"义，但"孃"字始终未出现"年轻女子"义，与"娘"字的用法区别甚严。无论从汉语史表义还是从原刻本存真这两个方面来看，今版《嘉定钱大昕全集》繁体本《恒言录》中的多个"娘"字均属"孃"字之校误。[1]

是书卷首有嘉庆十年（1805年）扬州阮常生序，对于了解、研究《恒言录》颇有价值。序称："嘉定钱竹汀先生负高世之学，为天下所景慕。卒之日，士大夫莫不悼老成之凋谢焉。家君知其遗稿尚有未刊者，书以询之。既而，先生仲子东塾携数编至。其《疑年录》等书，率皆手迹编录，恐尚未经写定，惟《恒言录》首尾完善。家君因以授常生，且诲曰：学者实事求是，一物不知，当引为已耻。常生谨受卒业。因思北海郑君网罗众家，囊括大典，至其笺《诗》，愿言则嚏，则曰俗人

1 曹翔．古文献"孃""娘"的分别与《恒言录》校误[J]．台州学院学报，2009（2）：46-49.

嚏云人道我；注《礼》夏后氏以楬豆，则曰齐人谓无发为秃楬。盖楬即鬠，而嚏则今人犹然。自服子慎《通俗文》之不传，此道几于绝响，非先生孰克成之。常生爰谐诂经精舍有人乌程张君鉴，各补注一二，用刊诸家塾，以贻同志焉。”是知《恒言录》乃钱氏遗稿，乃自阮常生、张鉴补注后刊布流传。

钱大昕（1728—1804年），字及之，一字晓征，号梓楣，又号竹汀居士。先世居江苏常熟，其为清江苏嘉定人。生于清雍正六年（1728年），卒于嘉庆九年（1804年）。乾隆十三年（1748年）肄业于苏州紫阳书院，十九年（1754年）举进士，官至詹事府少詹事。四十年（1775年）以父忧而归，居家凡三十余年，历主钟山、娄东、紫阳三书院，门生数千人，终卒于紫阳书院。大昕博学，平生著述颇富，辑有《潜研堂文集》等，皆传于世。事迹见《清史稿》卷四八一、《清史列传》卷六八、《清代学者像传》等多种史志。

有学者对《恒言录》作了比较全面的研究之后认为，钱大昕为清代著名学者，博通经史，尤其精于传统小学。在经学盛行的封建社会里，俗语被斥为低级的词语，不能登大雅之堂。而钱氏却独具慧眼，继承东汉服虔《通俗文》的研究传统，在治经史、小学之余，留心于俗语的研究，《恒言录》即其在这方面的研究结晶。《恒言录》继承前人的研究传统，钱氏借鉴雅学著作的编写经验，在俗语研究上取得卓越成就。第一，钱氏博古通今，长于辨析古今异义，释义精微，为后代树立了楷模。第二，求本溯源，启迪后代学者对词语进行分析。钱氏征引书证，尽量选取最早用例，显示词语产生的时代。第三，体例严谨，为后代俗语辞典的编写奠定了坚实的基础。

陈鳣的《恒言广证》

《恒言广证》六卷，稿本，未刊。商务印书馆据上海历史文献图书馆藏过录本（无序）校勘补正，与《恒言录》合排一册，1958年9月出版。系由叶景葵《卷庵书跋》为是书所作跋文发现，又知叶氏遗书都保存在历史文献图书馆，当是一书。据《海昌艺文志》卷一四著录称，是书有写本，藏吴氏竹初山房。是书体例一如《恒言录》，然条目无增益。唯依《恒言录》原列条目补以引据，即“广证”者。清羊复礼所刊陈鳣著《简庄文钞续编》卷一有陈氏嘉庆十九年（1814 年）自叙，亦载清管庭芬、蒋学坚辑《海昌艺文志》之卷一四。是序云："自扬雄作《方言》而后，则有若服虔《通俗文》，厥后刘霁有《释俗语》，沈约有《俗说》，无名氏有《释常谈》，龚颐正有《续常谈》，其书或存或亡。近时翟晴江教授著《通俗编》，盛推繁富，然细案之多未精当。及读钱竹汀詹事《恒言录》，叹其实事求是，考证精明。自非经传洽熟，旁通百家，何能至此。詹事著书满家，俱已风行于世。《恒言录》为仪征阮公子长生校刊，又偕乌程张明经鉴补注，亦属详审。鳣于披阅时，间有管见，出于原录之外，及二家所未补者，疏记上下，积而成帙，目曰《恒言广证》，仍分为六卷。"云云。由是则显见"广证"宗旨所在，其于《恒言录》评价颇高，之于《通俗编》所议，亦属允当。例如：

友婿曰连襟　鳣按：《尔雅》："两婿相谓曰亚。"郭注：今江东人呼为僚婿。《汉书·严助传》："家贫为友婿富人所辱。"注：师古曰，友婿，同门之婿。（卷三亲属称谓类）

重身　鳣按：《内经·痿论篇》："黄帝问曰：'妇人重身，毒之何如？'歧伯曰：'有故无殒，亦无殒也。'"王砯注：上无殒言母必全；亦无殒，言子亦不死也。（卷五俗仪类）

打秋风　鳣按："《宋史·食货志》或有货物，则抽分给赏。分风、丰风一声之转，因抽分而作抽丰，因抽丰而作秋风耳。"（卷六成语类）

在《恒言录》原有的考据及阮、张补证基础上，又进一步对逐个俗语予以旁征博引，使之更为详备，增加许多源流信息，同时亦烦琐许多。

钱大昭与《迩言》

《礼记·中庸》："舜好问，而好察迩言。"郑玄注："迩，近也。近言而善，易以进人。"可知《迩言》书名所显示其宗旨，乃辑释通俗常语之作。至于帝舜及清圣祖康熙皇帝“察迩言”，皆在于晋人常璩《华阳国志》中所说“考八方之风雅，通九州之异同，主海内之音韵……知天下风俗也”。

《迩言》六卷，有道光二十九年（1849 年）原刻本，《啸园丛书》本，1959 年商务印书馆排印本（与《释谚》《语窦》《常语寻源》《俗说》合订一册，题为《迩言等五种》)。卷首有乾隆壬寅（1782 年）作者自序，道光庚戌（1850 年）沈涛序，卷末又有光绪四年（1878 年)“仁和葛元勋理斋氏”的题识。大昭自序称：“乃谚为无逸之所戒。然齐人有言，孟子以证乘势；南人有言，孔子以警无恒。夏谚、周谚，引于经传；齐鄙语引于《吕览》，邹鲁谚引于《汉书》。则浅近之言，亦圣贤所不废乎。夫今古一耳，古人所言，今人谓之古语；在古人自视，未尝不以为今语也。笔之于书，遂为故实。若然，则今人所为俗语，安知不为几千百年后之故实乎！旧有无名氏《释常谈》，又有宋龚颐正《续释常谈》，皆寥寥二三百事，无甚可观。因于涉猎之暇，类次俗语俗事之见于经、史、子、集者，为《迩言》六卷，于以见一话一言，亦不可无所根据焉。至于爬罗剔抉，务使里巷中只语片辞，俱合于古，则请俟诸异日。”可见大昭关于俗语的学术思想，而撰是书乃由于不屑于《释常谈》《续释常谈》之收录太少，自撰则以考据语源为主旨。另有沈涛（字西雍，号匏庐、十经斋等，嘉庆举人，好金石文字，长于考订）序中，历数其家隐侯（沈约）所撰《俗说》等历代俗语辞书，认为尤以《通俗编》和大昭兄钱少詹（大昕)《恒言录》为著，而《迩言》与之“相出入”即相差不多，类似。又称：“余曩时曾撰《续恒言录》，其征引颇有出于诸家之外者，盖亦识小之一端，挥尘之一助也。”亦知沈涛曾诸有《续恒言录》，然未见著录和刊行流传。光绪初葛元勋的卷末识语云：“语称，大舜迩言必察。迩言者，浅近之言也。浅近之言在当时则觉鄙俚，而后人沿袭历数十百年之久，往往遂成典故。古之口头语，沿为今日之典故；今之口头语，亦尽有沿自古人者，此钱君可庐《迩言》一书所由昉也。”是释书名所自，并重复钱大昭自序中关于俗语的思想以阐述《迩言》宗旨。全书凡六卷，卷一辑 158 条，卷二辑 111 条，卷三辑 52 条，卷四辑 98 条，卷五辑 130 条，卷六辑 58 条，计 600 余条（图 12–5）。不分类，举凡饮食起居、言语举止、交际、礼仪、名物、技艺、典制、亲族称谓、习语等，多有涉及。释文一

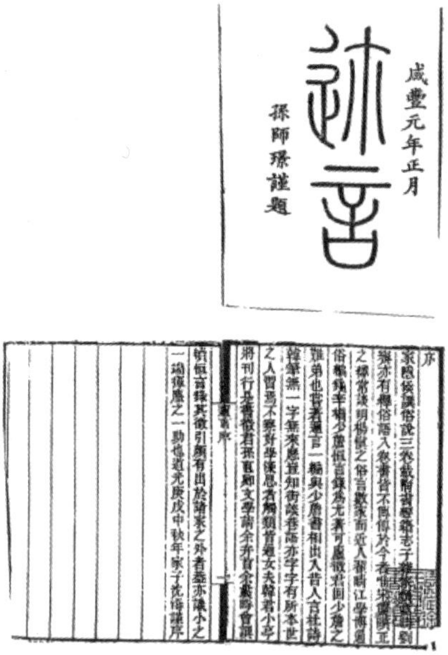

图 12-5 钱大昭《迩言》封面及正文之书影

般不释义，只征引经史、笔记等为证，莫如《恒言录》《土风录》《证俗文》详备。如例：

贱佁 今吴俗骂人曰贱佁，读若胎。扬雄《方言》云：“佁，农夫之丑称也。南楚凡骂庸贱，谓之田佁。”郭璞注：佅佁，驽钝儿，或曰仆臣佁，亦至贱之号也。（卷四）

不耐烦 嵇康《与山巨源绝交书》云：“心不耐烦，而官事鞅掌，机务缠其心，世故繁其虑，七不堪也。”《宋书·庾登之传》云：“弟炳之，为人强急而不耐烦。宾客干诉非理者，忿詈形于辞色。”（卷五）

不中用 《史记·秦始皇本纪》云：“吾前收天下书不中用者。”又《外戚世家》云：“武帝择宫人不中用者，斥出归之。”《汉书·王尊传》云：“助太守为治，其不中用，趣自避退。”（卷五）

张三李四 《朱子语类》云：“如这众人，只是一个道理，有张三、有李四，李四不可为张三，张三不可为李四。”（卷六）

冷灰里豆爆 《朱子语类》：“问：程子谓致知节目如何？曰：‘如此理会也未

可，须存得子心，却逐节子思索，自然有个觉处，如谚所谓冷灰里豆爆。'"（卷六）

凡此可见，释文虽简明，却远不如《恒言录》详密，如"张三李四"条唯引《朱子语类》；而陈鳣《恒言广证》已补以《五灯会元》书证，大昭似未见及。征引多注所出，较之唐宋同类著作为精。

由于此书是由张鉴和阮常生各加补注后才刊行的，因此张、阮两人的注释也为原作丰富了不少内容。其中，张鉴和阮常生所作的注释分别标明"鉴按"和"常生按"。如：

长久 《老子》：天长地久。天地所以能长且久者，以其不自生，故能长久。[鉴按]：《礼记》：内和顺而后家可长久也。（卷一）

打秋风 《七修类稿》：俗以干人云"打秋风"，累思不得其义。偶于友人处，见米芾札有此二字，"风"乃"丰熟"之"丰"，然后知二字有理。[常生按]：《野获编》都城俗事：对偶，以"打秋风"对"撞太岁"。盖俗以自远干求曰"打秋风"，以依托官府赚人钱物曰"撞太岁"也。（卷六）

《迩言》与《恒言录》同是辑录常语俗言，虽各有千秋，但在一些条目征引的材料方面却不如《恒言录》丰富。比如"耳边风"一条：

耳边风 杜荀鹤诗云："百岁有涯头上雪，万般无染耳边风。"（《迩言》卷五）

耳边风 《南齐书·武十七王传》："吾日冀汝美，勿得敕如风过耳，使吾失气。"杜荀鹤诗："万般无染耳边风。"（《恒言录》卷六）

《迩言》只征引了杜荀鹤的诗为书证，《恒言录》则首录《南齐书》语例为证，可得见"耳边风"是由"过耳风"流变演化而来的轨迹。

但是，《迩言》有些条目的考释和文献征引，不仅不见于其他同类著作，而且很翔实，颇见大昭之学养功底。如"斟酌"一条的释文：

《国语·周语》云："而后王斟酌焉。"《荀子·富国篇》云："节其流，开其源，而时斟酌焉。"《汉书·律历志》云："斟酌建指，以齐七政。"《扬雄传》云："皆斟酌其本，相与放依而驰骋云。"《叙传》云："斟酌六经，放易象论。"《白虎通》云："言周公辅成王，能斟酌文武之道而成之也。"《后汉书·章帝赞》曰："左右艺文，斟酌律礼。"《张奋传》云："犹周公斟酌文武之道。"《班彪传》云："因斟酌前史而讥正得失。"班固《两都赋》云："腾酒车而斟酌。"又典引云："屡访群儒，论咨故老。与之乎斟酌道德之渊源，肴核仁义之林薮。"仲长统《昌言》："非能斟酌贤愚之分，以开盛衰之数也。"《蔡邕传》云："斟酌群言。韪其是而矫其非。"《魏志·袁涣传》云："常谈曰：'世治则礼详，世乱则礼简。全在斟酌之闲耳。'"《宋书·恩幸传》论："都正俗士，斟酌时宜。"（卷一）

钱大昭（1744—1813年）字晦之，号竹庐，江苏嘉定（今属上海）人，钱大昕之弟。生于乾隆九年（1744年），卒于嘉庆十八年（1813年）。昭事兄如严师，得昕指授，时有"两苏"之比。大昭淡于仕进，嘉庆元年（1796年）方举孝廉方正，赐六品顶戴。昭学不及其兄，然淹贯群籍，与兄齐名，趣在闭户读书。著有《说文统释》《广雅疏义》《诗古训》《经说》《尔雅释文补》《两汉书辨疑》《三国志辨疑》等。出身于经学之门，亦为经学名家，《迩言》注重考证而疏于释义，亦其学风也。

阮元、陈鳣、张鉴和阮常生

钱氏兄弟的《恒言录》《迩言》两书之所以能够流传至今，被视为中国文献史上重要的汉籍民俗语言珍稀文献，除二人自身的才华和学术眼光要素外，特别得益于乾嘉学派纯正的学风，尤其是得益于阮元、陈鳣、张鉴和阮常生诸位的无私相助和他们与两位的深厚情谊。

陈鳣（1753—1817年），字仲鱼，号简庄，一号河庄，浙江海宁人。嘉庆三年（1798年）举人。鳣博学好古，学宗许、郑，强记博识，尤致力于训诂，长于校勘辑佚。在京师，与钱大昕、王念孙等往来，被阮元称为“浙中经学最深之士”。著有《说文声系》《说文解字正义》《石经说》以及《续唐书》《论语古训》《简庄文钞》等。事迹见《清史稿》卷四八四、《清史列传》卷六九以及《清代学者像传》等。如此一位乾嘉学派之大家能够突破“文人相轻”“同行是冤家”陈规陋俗和陈腐观念，以学术为重，以情义为重，对《恒言录》加以补证，深化了钱大昕的研究成果，人品高尚，学风端正，实属难能可贵，堪为今人楷模。

今本《恒言录》，是于大昕死后经其世交好友阮元之子阮常生及门生张鉴加以补注之后，辑入嘉庆十年（1805 年）刊刻的《文选楼丛书》得以流传于世。此即《郑堂读书记补逸》所记述的，大昕“没后，其仲子（东塾）始以手定原稿，授阮元之子（长生亦即阮常生）乃与乌程张（鉴）更为补注一二而刊于家塾焉。前有嘉庆十年长生序。”经张鉴、阮常生补注的《恒言录》，内容益加详密。

张鉴（1768—1850 年），字春冶，亦字荀鹤，号秋水，清浙江乌程（今吴兴县）人。张鉴家贫，曾以卖画自给。据《清史列传》《文苑》《清史稿》和汪曰祯著《南浔镇志》等史志的记载得知，嘉庆五年（1800 年），阮元出任浙江巡抚，于西湖“筑诂经精舍”，张鉴和“同里杨凤苞、施国祁皆与焉”，均作为阮元的门生“肄业其中”，并成为阮元的得意门生。受聘担任诂经精舍讲席，成为东南经学名师之一。张鉴在阮元浙江学政和两任浙江巡抚任上一直追随左右，成为阮的重要幕僚。其间，协助阮元编纂了《经籍纂诂》《盐法志》《儒林传》等著作。嘉庆九年（1804 年），阮元于扬州家祠内所建隋文选楼落成，张鉴作《隋文选楼铭》，称颂阮元敬仰先贤、弘扬选学的精神。嘉庆十三年（1808 年），阮元“督师宁波剿海寇，携鉴同行”期间，“年近六旬，膺风疾里居不出，自号贞疾居士”的张鉴作为幕僚，在协助阮元谋划海防和赈灾诸事务的同时，撰写了《海运刍言》等书。如《清史稿》所载，“道光四年，河决高家堰，漕运阻。英和遂奏行海运，多采用鉴说。卒，年八十三”。道光二十六年（1846 年），他被“选授武义（今浙江武义县）教谕”，执掌一县文庙、祭祀、教育及教诲生徒诸事，位属正八品官员。著有《古文尚书脞说》《十三经丛说》《西夏纪事本末》等多种，皆传于世。

阮常生，一作长生，字彬甫、寿昌，号小云，原系阮元的族子，后过继为阮元长子，妻为扬州学派重要学者刘台拱长女刘爇荣。嘉庆二十二年（1817年），常生以荫生考授主事，官至直隶河清道，署直隶按察使，后又出任山东省永平府知府，于道光十三年（1833年）病卒于任所，年仅46岁。常生为人、做官和做学问，皆秉承家风家学。其一生为官清正廉直，官声政誉颇著，是道光时期的惊天大案宝华峪陵寝工程贪腐案中极少数未受牵连反而获得升迁的官员。相传其出任道辖2府5直隶州的清河道时，巡行各堡，仅备用一部驿站专用车和两匹马，随行也只是一二员仆人，让人很难想象到这是监司大员，迎谒的官员往往相见不相识失之交臂。同时，他也是位多才多艺的才子，但不以才地矜物，能嗣家学而又能够独立思考。而且擅长金石书法，尤其精于擘窠书，《扬州府志》称其"生平研究经术，精钟鼎大小诸篆，得柳诚悬笔意"。所著《后汉洛阳宫室图考》及《小方吟馆诗抄》。《仪征县志》（道光本）复著录其《团云书屋诗抄》等，皆传世。

阮元（1764—1849年），字伯元，号云台（或作芸台），又号揅经老人、雷塘庵主等，江苏扬州人，是历经乾隆、嘉庆、道光三朝而始终坚持学术研究的乾嘉学派主要代表人物，学术泰斗，经学领袖。《清史稿》卷三六四《阮元传》称其"身历乾嘉文物鼎盛之时，主持风会数十年，海内学者奉为山斗焉"。阮元的学术渊源主要来自戴震，但作为通达有见地的学者，他对钱大昕、汪中、程瑶田、凌廷堪、焦循等人的学问，也很推崇、敬佩，至少是"略其短而著其功，表其长而正其误"。(《西河全集·后序》) 个中，尤其盛赞大昕为学之精博，能兼清初以来诸学之大成。在大昕去世之次日（嘉庆九年十月二十一日），阮元在为《十驾斋养新录》所撰序中，将之概括为"九难"。文曰：

国初以来，诸儒或言道德，或言经术，或言史学，或言天学，或言地理，或言文字音韵，或言金石诗文，专精者固多，兼擅者尚少，惟嘉定钱辛楣先生能兼其成。由今言之，盖有九难。先生讲学上书房，归里甚早，人伦师表，履蹈粹然，此人所难能一也。先生深于道德性情之理，持论必执其中，实事必求其是，此人所难能二也。先生潜研经学，传注疏义，无不洞彻原委，此人所难能三也。先生于正史杂史，无不讨寻，订千年未正之讹，此人所难能四也。先生精通天算，《三统》上下，无不推而明之，此人所难能五也。先生校正地志，于天下古今沿革分合，无不考而明之，此人所难能六也。先生于六书音韵，观其会通，得古人声音文字之本，此人所难能七也。先生于金石，无不编录，于官制史事，考核尤精，此人所难能八也。先生诗古文词，及其早岁，久已主盟坛坫，冠冕馆阁，此人所难能九也。合此九难，求之百载，归于嘉定，孰不云然！

凡此，可见一斑。或正因此，阮元常生父子、陈鳣、张鉴，如此这般的"大蔓"群体，每位都是清代学术史上大名鼎鼎的大学者，合力参与大昕两兄弟著作的整理、刊布，于情于理，足见一代学人人品之高、学风之雅。就成就而言，可以说，滥觞于周秦的采风问俗传统，被清代的乾嘉学派精英们得以划时代地发扬和深化。一些采风问俗的经典作品，便是如此这般锤炼出来的。

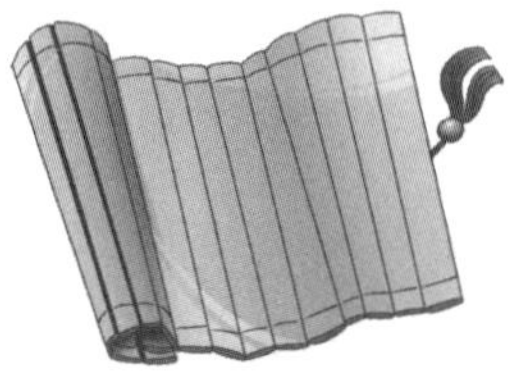

隐语行话

古往今来，许多传统行业的技艺大都是口耳相传。由于这些技艺关系着世代的生计利害，甚至立下了“传男不传女”的不成文规矩。其“口耳相传”，大都是用当行隐语行话进行传承的。如粤剧行业、昆曲行业和相声等众多的传统戏曲、曲艺艺术群体的隐语行话，吉林采参业的隐语行话，湖北木瓦工的隐语行话，浙江龙泉、庆元等地“菇民”中流行的“菇山话”，福建永安豆腐行业的隐语行话，山西理发行业的隐语行话，河北乐亭皮影艺人的隐语行话，澳门博彩业的隐语行话，乃至当今各地古董古玩业的隐语行话，可谓各有各的行当隐语行话，而又各自具有各自行业的特点。隐语行话是这些行业技艺乃至绝技传承的最重要的工具、最基本的信息载体。再如，宋代蹴鞠兴盛，至今留有一部辑录了 130 多条当时蹴鞠行当的隐语行话《蹴鞠谱·圆社锦语》。至当代，宋代的这些蹴鞠隐语虽然已不在足球运动员和球迷中继续流行使用，但它业已成为中国是足球运动发源地的一项重要“语言化石”的佐证。

各种地域性的隐语行话更具乡土文化特征，载负着丰富的乡土文化内涵。例如，山西夏县东浒的“延话”（隐语行话），潮汕的反切语，东莞的“三字顶”，福建建瓯的“鸟语”，福州的“切脚语”，广西灌阳的“二字语”，藤县的三种倒语，广东揭西棉湖的三种秘密语，广宁的山语与“黑话”，贵州榕江的反语，陕西西安的反语，湖北襄樊的襄阳捻语，安徽淮河流域的民间反切语等，无不载负着丰富的乡土文化内涵和许多历史文献所忽略了的、重要的、其他载体也难以载负的文化信息。

教育部国家语委发布的《中国语言生活状况报告（2009）》第二部分“专题篇”的研究报告《社会生活中的民间隐语》显示，在现实社会生活中，隐语行话在众多社会群体的语言生活中仍然十分活跃，而且是其生存或谋求生存所必需的、构成其日常生活的一种言语习俗。

神秘而多姿多彩的市井隐语行话

几年前，有人在谈纯洁语言与治理社会时认为，“在旧中国黑社会中通行的黑话，也因犯罪团伙的活动猖獗而泛滥起来……因此，要纯洁我们的语言，必须从治理社会入手。只有我们现实生活中的丑恶现象消除了，反映这些现象的词语才能清除”。[1] 这种忧虑是现实的，有目共睹，也是笔者的思索之一。但是，从科学的视点而论，隐语行话却不仅是黑社会所独有的“语言”形态，而是人类社会一种传承不息的民间文化或说亚文化现象。即如20世纪60年代初著名语言学家高名凯在《语言论》中所说：“有人认为在社会主义国家里，隐语是不可能存在的。他们之所以这样主张，一方面是因为他们误以为隐语总是不好的东西，它是‘偷儿的语言’，另一方面是因为他们以为在社会主义国家里，凡事无须偷偷摸摸地做。其实，正如我们所说的，‘隐语’这个术语的来源（jargon）尽管是‘偷儿的语言’，它的现实含义却只是带有秘密性的社团方言。隐语之是否存在，要看‘秘密行事’是否必要，不是看有没有偷儿存在。就是没有任何一个偷儿，也可以有隐语。”

1　王李金．纯洁语言与治理社会 [N]. 光明日报，1990-8-16(1).

根植于深厚的中国文化土壤的汉语隐语行话，有着悠久的历史、错综的源头和多姿多彩的形态。因而，富有神秘色彩的隐语行话，无疑会为人们提供一个透视中华传统文化丰富内涵和历史轨迹的、别有情趣和洞天的视点。

世上许多事物，人们都知道是很久以前就有了的，但仔细推究其来源，就不免茫然难索。历来关于隐语行话的叫法很多，诸如市语、方语、切口、俏话、锦语、黑话、暗语之类，江湖社会另有“春典”或“唇典”之说。据说，称之为“唇典”，是因为使用隐语行话是嘴上的功夫。一般说，汉语的隐语行话，主要来源隐约其词的谜语式语言游戏和因禁忌避讳语俗而产生的市井隐语。多种文化形态错综孕育了隐语行话，因而很难说它直接滥觞于哪种单一源头。

具体说来，汉语的隐语行话存在有语词、话语、谣诀、反切和副语言习俗五种基本形态，每种又分别有其各自的源流轨迹。

《左传·哀公十三年》中说，吴申叔曾乞粮于公孙有山，但碍于军粮不得出手的军规而不便明言，于是隐称求援“庚癸”。依传统说法，庚属西方，主谷，显然指粮；癸属北方，主水，当然也就指水了。这样随机性语词替代式的隐辞，已同后世由群体约定俗成的隐语行话十分相近。

春秋时，鲁国大夫臧文仲出使齐国，不料遭到拘禁扣押。原来，齐国当时正加紧备战准备攻袭鲁国。情况十万火急，怎么办呢？身不由己的臧文仲急中生智，暗地里差人火速送回一封信。鲁公展信读之，只见上面写道：“敛小器，投诸台。食猎犬，组羊裘。琴之合，甚思之。臧我羊，羊有母。食我以同鱼，冠缨不足带有余。”读而不解其意。臧母见信，却即明其意，不禁大哭。原来，这是一封话语体的隐语信，大意是：“我被押在牢中，发乱不得梳，饥饿不得食。齐国已将城外的百姓集结到城里，正在犒飨、装备军兵作出战准备。此时很思念妻子，请其好好赡养母亲。”如此一封隐语短信，传达了十万火急的战争情报。后世的隐语行话，在各类秘密社会群体中多用于见面盘问对答场合，主要在于验证对方身份。小说《林海雪原》以及由此改编而成的影视剧《智取威虎山》中，侦察英雄杨子荣在匪巢威虎厅经受匪帮盘问的对答，便是为人所熟知的一段典型隐语行话。

利用汉字反切拼音原理创造而成的各种反切隐语，独具汉语文化特色，古今都十分流行。据调查，至今在辽东地区及江淮流域仍有一些人在说。1990年在辽宁千山举办的首届中国民间秘密语行话研究专题学术研讨会上，一位身为“切口世家”传人的教授的经历及其研究成果，引起学界的特别注意。把隐语行话泛称为“切口”，便是由反切秘密语而来。

由于反切秘密语流行面广，种类又因群体或地域而多有差异，因而，关于其来源也就说法不一了。很多地方都流传着有关“徽宗语”，亦即一种影响较广的反切隐语的民间传说。有的说，宋徽宗时，人们对朝政不满，用此来秘密组织起义；有的说，这是岳飞遇难之际，人们想方设法营救所使用的一种秘密语；有的说，北宋沦陷之后，人们为避金兵耳目则以此议论朝政；也有的说，这是宋徽宗耽于酒色用以同宫女调情所用隐语；等等。

其实，远在汉魏时代的民间童谣里，就已经流行这种“切口”了。如《三国志·诸葛恪传》所记童谣：“诸葛恪，芦苇单衣篾钩落，于何相求？成子阁！”“成子阁”的反语，是“石子冈”。可见，这种富有民族风格的反切形态隐语行话源远流长。

“切口”流行，也使一些常见的切语固定下来，作为语料吸收到汉语常用语中，在一定程度上丰富了民族语言。例如“窟窿”一词，便是“孔”的切语。

除上述以口耳相传为媒介的隐语行话外，还有副语言习俗形态的非言语的隐语行话。副语言习俗中的隐语行话，主要运用各种身势情态、标志和特殊音响来传达特定的语言信息。旧时走江湖的途中相遇，施礼后，一位先伸出手掌，卷起无名指和小指于掌心，余三指伸开；对方一见也伸出掌来，微卷拇指和食指，伸开其余三指；然后，双方便同时出掌，食、拇指叉开，卷起余指；于是，双方便知彼此同为江湖客了。原来，三种手势分别代表“天、地、人”，是江湖上的一种表明信仰的暗号。旧时各种商贩习用一种“捏七叉八”之类“袖里吞金”指码隐语讨价还价，迄今仍未绝迹，足见其实用性很强。至今在沈阳这样大都市的旧货、文物市场的摊位上，只要留意，还不时可见买卖双方交易时用这种形式议价。不过，大都不是年轻人。

就语言学来说，隐语行话可谓对人类语言的一种反动。然而，这种反动却是人们出自社会生活切实需要而创造出的言语艺术，是一种独具特色的民间文化品类。

通过透析古今多姿多彩的隐语行话，以其特别的视角认识与之相关的社会事物、文化现象，无论对历史或现实，均不失其独特的意义，深沉而又有趣。

关于“隐语行话”

相关书影参见图 13-1 ~ 图 13-6。

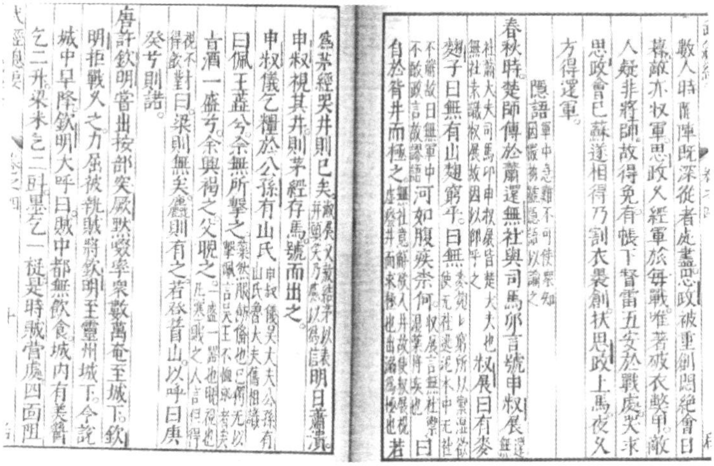

图 13-1 《武经总要·后集》“隐语”书影

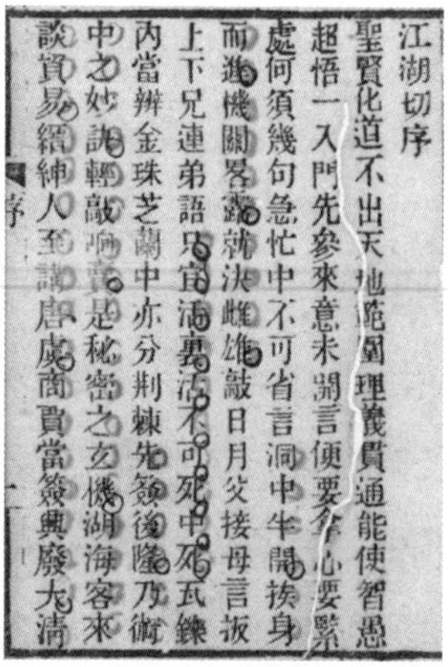

图 13-2 明末清初隐语行话典籍《新刻江湖切要》（一名《江湖切》）原序书影

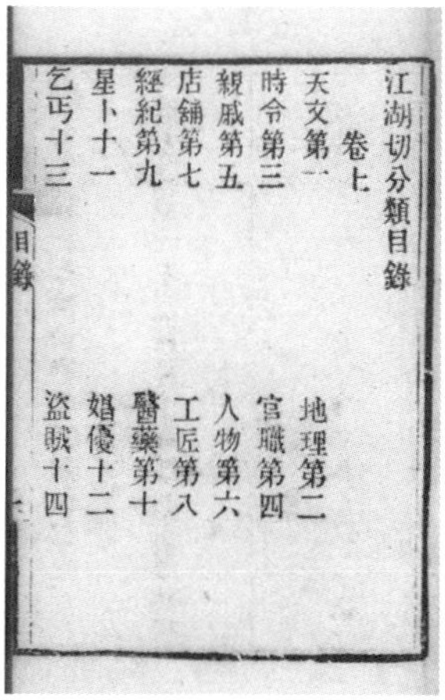

江湖切分類目錄 卷七

天文第一 地理第二

時令第三 宮職第四

親戚第五 人物第六

店鋪第七 工匠第八

經紀第九 醫藥第十

星卜十一 娼優十二

乞丐十三 盜賊十四

目錄

图 13-3 明末清初隐语行话典籍《新刻江湖切要》（一名《江湖切》）分类目录书影

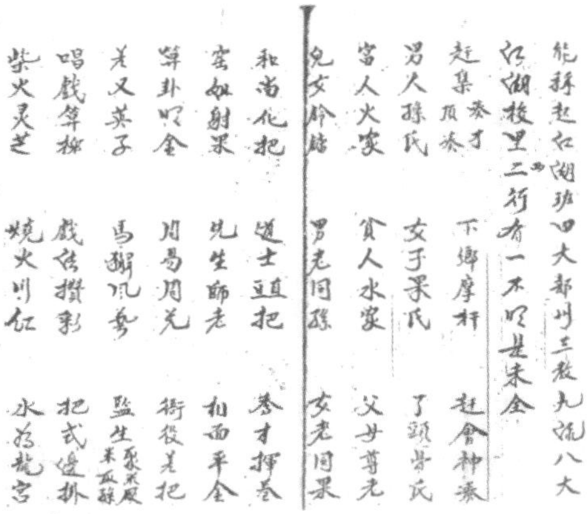

图 13-4 清佚名写本《江湖走镖隐语行话谱》书影

图 13-5 曲彦斌赴安徽临淮关进行民间隐语行话田野考察江边留影

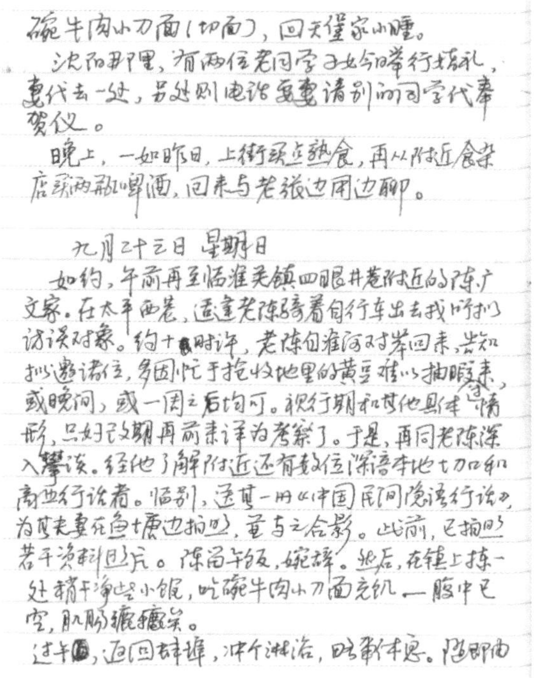
碗牛肉小刀面（切面），回关僅家小睡。
沈阳那里，有两位老同学子女今日举行婚礼，遂代去一处，另处则电话请别的同学代奉贺仪。
晚上，一如昨日，上街头点熟食，再从附近食杂店买两瓶啤酒，回来与老张边闲边聊。
九月二十三日 星期日
如约，午前再至临淮关镇四眼井巷附近的陈广文家。在太平西巷，适逢老陈骑着自行车出去找我们访谈对象。约十时许，老陈自淮河对岸回来，告知拟邀诸位，多因忙于抢收地里的黄豆难以抽暇来，或晚间，或一周之后均可。视行期和其他具体情形，只好改期再前来详为考察了。于是，再同老陈深入攀谈。经他了解附近还有数位深谙本地切口和商贩行话者。临别，送其一册《中国民间隐语行话》，为其夫妻在鱼塘边拍照，并与之合影。此前，已拍照若干资料照片。陈留午饭，婉辞。然后，在镇上拣一处稍干净些小馆，吃碗牛肉小刀面充饥——腹中已空，饥肠辘辘矣。
过午，返回蚌埠，冲个淋浴，略事休息。随即由

图 13-6 曲彦斌赴安徽临淮关进行民间隐语行话田野考察日记一页

隐语行话的名称、性质与类型

隐语行话，又称“秘密语”“隐语”“行话”“市语”“切口”“春点”“锦语”“市语”“杂话”或“黑话”等，是某些社会集团或群体出于维护内部利益、协调内部人际关系的需要，而创制、使用的一种用于内部言语或非言语交际的，以遁词隐义或谲譬指事为特征的封闭性、半封闭性符号体系，一种特定的民俗语言现象。汉语隐语行话的源流，主要为三个方面，即由禁忌、避讳而形成的市井隐语，由回避人知而形成的秘密性隐语和语言游戏类隐语。依形态可分为五种类型，即语词形态，话语形态，谣诀形态，副语言习俗形态和以反切语为主体的利用语音变化创制的隐语行话。隐语行话不是独立的语言，而是语言的一种社会变体，是世界上各种语言大都存在的一种特殊的民俗语言文化现象和言语习俗。

作为一种语言文化现象的隐语行话

一旦涉及隐语行话，人们往往首先把它同匪盗、娼、赌、贩毒、走私等反社会的犯罪活动联系起来，未免失之武断，以偏概全。事实上，除黑社会群体外，许多社会群体都存在使用隐语行话的习俗惯制。由于宗教、禁忌乃至游艺的需要而使用隐语行话，自古就是许多民族所共有的民俗，只不过其语言及表现的形式各有不同罢了。“根据现有资料记载，人类语言中的主要大语种，都明显地存在着它们自己的隐语。如果从人类社会实际的言语交际着眼，可以这样说，任何民族语言中都或多或少地存在具有本民族历史文化特色的隐语，任何社会、任何时代都或多或少地存在着传承、创造、使用隐语的文化现象。”

单纯从语言学和犯罪学的观点来认识民间隐语行话现象，未免过于狭隘，难以全面而准确地把握其本质以及生成、流变机制。

隐语行话的研究状况

在《中国语文》关于“社会方言”的讨论 50 年之后，《文化学刊》2007 年第 1 期“文化视点”，以“多元文化视野中的隐语行话——接续半个世纪前的一场学术论争”为题，集中刊发了《应予关注的“另类濒危语言”：民间隐语行话》《杂技行话与吴桥社会生活》《论犯罪隐语常识在警务工作中的特殊作用》三篇专题论文。同时，作为背景资料，还编发了 1957 年《中国语文》关于“社会方言”的讨论的有关论点，高名凯《语言论》关于“社会方言”的性质、种类及前途的论述和曲彦斌《中国民间隐语行话》关于隐语行话的“性质与正名”的论述等三篇参考文献。

以“行话、黑话、隐语、秘密语”为关键词，通过对“中国知网”的中国期刊全文数据库、中国博士学位论文全文数据库、中国优秀硕士学位论文全文数据库、中国重要报纸全文数据库和中国重要会议论文全文数据库 2007 至 2008 年两年文献标题的检索得见，总计有符合本篇视点范围的专题研究文章 33 篇。这个数字，比 1987 年至 1992 年 6 月间发表的同类专题论文 20 余篇多出 10 余篇。

这些专题研究，既反映了隐语行话在现实社会生活中的持续作用，也展现了学界对这种语言现象的关注。

隐语行话与现实社会生活

新闻媒体关注到隐语行话现象

有些隐语行话业已“堂而皇之”地进入了主流媒体，甚至出现于主流媒体的一级标题之中。社会生活中的隐语行话现象，也进入了新闻媒体的视野。媒体的关注，反映了社会的关注。

《成都晚报》2008 年 7 月 27 日星期日第 17 版《成都周末》副刊发表了一篇署名孟隋（天津大学生）题为“暗语的复活”的文章。文章指出，近几年暗语（按：亦即隐语行话）有日趋复活的迹象，每个圈子都有这种暗语，甚至在新的圈子中被重新创造和推广。具体的生活在圈子化、术语化的同时，娱乐圈的题材也热衷于表现这种暗语、黑话，正统文学中有专门研究湖南地方语言的《马桥词典》(韩少功)；当前流行的文艺作品中，电视剧《闯关东》就热衷于表现黑话的魅力，而《鬼吹灯》则有热衷于编造暗语的狂热。《闯关东》对土匪（黑话称胡子）的描写可谓逼真至极，对胡子的术语也表述得非常到位。《鬼吹灯》中黑话、套语非常多，进入《鬼吹灯》就进入了一个黑话体系。《鬼吹灯》写得那么精彩，有那么广大的粉丝团，与其有一套鲜活的暗语体系有一定的关系。笔者认为，暗语在多种因素的促成下，很有可能会变成一种流行语言。文章发表后，迅速得到广泛流传。《经济晚报》、香港《文汇报》、中国国学网、凤凰网等多家媒体进行了转载。

人民网 2007 年 7 月 5 日《〈罗马远征〉玩家扮盗贼，惊现黑话切口》一文提到，网游《丝路传说·罗马远征》中出现了专业级黑话。这些黑话很可能是玩家自创，其内容无处可考。以封闭的方式沟通，根本无须掩人耳目。也许玩家发明这些切口，正是全情投入“丝路”中的一种表现，而且已经成了习惯。由于玩家经常在《罗马远征》中从事虚拟的抢劫活动，为了避人耳目，演化出一套各个服务器通用的行话。据观察主要词汇有：金线、银线：“线”这个字在切口中表示“路”。金线指的是长安、敦煌、和田之间的跑商线路，银线则指君士坦丁堡和撒马尔汗这条欧洲线路。黑字、白字：“黑”通“合”，指强盗、盗贼。在《罗马远征》部分服务器中，玩家用这些字眼分别代表大唐和罗马的盗贼。海青、铁蔓、银片、花挺、洋弦等：指的是武器名，依次为大刀、枪、小刀、匕首、弩等。武器的切口最为花样繁多，涵盖了大唐和罗马的所有武器。类似的黑话切口还有很多，而切口本身又名“唇典”，很有江湖气息。

新闻媒体对“切口”（徽宗语）的关注

自 2007 年以来，一些地方媒体相继发表或转载了有关发现民间存在“切口”（徽宗语）类型的隐语行话的社会新闻，甚至进行了一系列的跟踪报道，对这种隐语行话现象给予了特别的关注。

2007 年 3 月 6 日，林州新闻网转载了县报登载的《马军池流传神秘语言》，在社会上引起一定的关注。合涧镇东北部十余里处，有一个不大的村子——马军池。即使在土生土长的合涧人看来，马军池也只是一个普普通通的村子，平凡得毫无自己的特色。然而，让许多人想不到的是，在这个村子里，至今还流传着一种独特的语言，村民们称为“跩语”。据村上懂得该语言的靳才法老人介绍，这种语言的独特之处，在于把每个汉字都分成两个音节来读，比如：中华，在跩（zhuǎi）语中，“中”被读作“zhuai gong”，“华”被读作“huai gua”；人民，“人”被读作“rai geng”，“民”被读作“mie jing”。再如林州，“林”为“lie ling”，“州”为“zhai gou”……

关于这种语言到底始于何时，又因何为马军池所“独有”？村上年纪较大的侯福新老人也只能回忆起一个残缺不全的故事。清朝光绪年间，马军池村里有一个村民叫小银，小银当时因吸大烟被官府抓到狱里，在狱里与一个盲人一同服刑。相处日久，从盲人处学会这种语言，后来就流传到了村子里。

2007年4月10日,《大河报》发表张志立题为“林州紧急抢救神秘‘襆语’”的报道，同时配发“老师正教学生学这种语言”的照片。报道说，在林州流传着一种神秘的语言——“襆语”。有人说是民间艺人之间的行话，有人说是宋徽宗在狱中使用的暗语。据当地人说，20世纪五六十年代，“襆语”曾流行于当地，之所以有此称呼是因为说的人很少，会说这样话的人就显得很“襆”。如今随着时代的变迁，已经很少有人会说这种语言了。为保护先祖留下的语言文化，林州市民间文化遗产抢救工程领导小组办公室，对该种语言的起源、形成、保护展开系统的抢救工作。

2007年9月1日,《青岛晚报》继转载《老翁会说怪语言，70年无人能懂》消息之后，再次发表了题为“八旬老翁会讲‘怪语’专家称是稀有保护语言”的报道。报道说，该报接待了一位83岁的老人，他说自己也会说这种话。记者就此事向教育部语言文字应用管理司咨询，专家表示，这是稀有语言，应受保护。

2008年5月21日,《北京晨报》报道，密云古北口镇流传着一种古老的语言形式——露八分。据说这种语言源自明清时期，其既可以在生活中使用，同时又是一种诙谐的文字游戏。然而现在，全镇只有十几位老人还在使用，这种深含文化韵味的语言已陷入即将失传的境地。“露八分”，就是把一个四字成语或短语隐去最后一个字，那隐去的字才是真正想表达的意思，是所谓四个字说出三个，省略一个，露出了八分。

2008年5月26日,《北京晚报》刊载了《北京密云古镇发现独特语言“露八分”》，这种“露八分”说堪与女书相媲美，全国独一无二。“露八分”到底是不是商贾语言的一种衍生物呢？到底是从什么时期开始流传的？有待专家学者进一步考证。

2008年8月19日,《北京晨报》报道，今年75岁的陈老先生会说一种无人能懂的、念一个字发两个音的“怪语言”。可他自己却说不清这种语言的来历。

2008年8月21日,《北京晨报》报道，8月20日该报刊登《老汉说“天语”70年没人懂》后，引起了热烈反响。有40多位全国各地的读者致电或致信，甚至有读者打来越洋电话，为“天语”的来源做出种种解释。这些解释分别为“童年游戏”说，“江湖行话”说，“徽宗语”说，“地下工作者暗语”说，“香港女中S语言”

说。记者带着疑问求助专家，居然也得到了3种不同的答案。3种不同的答案，一是“属于一种江湖行话，”二是“一九四九年前私塾学校的老师课余教孩子的拼音游戏”，三是从“反切”衍生出来的一种小范围语言。

上述情况其实是一种民俗语言现象，是汉语隐语的一种，也可以称为民间秘密语。至于读者所给出的5种说法，“主要用途还是游戏，有时也用作行话，但不是黑话。另外，徽宗语跟这些还是有区别的，它是另一种汉语隐语。说到作为地下工作者的语言，其实只是临时借用，地下工作也用过方言当交流语言。至于香港女中的S语言，其实是另外一种游戏语”。这种话曾如此大范围流传，是需要保护留存的。这是一种民俗文化，即使没有实际使用意义，也有民俗研究的价值，不能让它消逝。当然，也用不着扩大。

市井生活中使用的隐语行话

（1）一些隐语行话进入了社会流行语。

《北京现代流行语》《上海话流行语辞典》两部篇幅并不大的当代流行语专书和《北京土语词典》，分别选录了几十条“黑话”语汇。徐世荣谈道，《北京土语词典》之所以收录“黑话”，是因为社会土语“主要为行业语，其次是‘黑话’——江湖隐秘语”，所以“编入少量，聊备一格”。

事实上，现代汉语中的“踩点儿”“挂彩”“挂花”“反水”“绑票”“出血”“撕票”“上手”“顶风上”“跳槽”“眼线”“扯淡”“失风”“避风头”等，原本无不是隐语行话。

有研究谈到，黑社会的成员之间说话常用“黑话”，开始是保密的，后来流传到社会上，成为风行一时的新鲜语汇，再后来大多沉淀为一般的俗语。当这些暗语泄露到圈子以外，因有其神秘感而为好奇、喜欢刺激的人们所乐用，就成为流行语。

（2）民间收藏隐语行话。

民间收藏因对象不同而各有专门的具体行当行话用语，同时也存在许多专门收藏行当相通的隐语行话。例如：

拿分 指古玩商人收购的古玩商品，能获得较高的利润。也指“快货儿”。

输 指亏本。这正反映出古玩商人的经营具有很大的赌博性。买一件古玩，到手后卖不出去，或者要赔本亏损，都叫“输”。古玩商人怕输，还怕丢人现眼，输钱不落好手。

臭 顾名思义，指腐烂、人人讨厌的东西。不过，臭是有过程的，指本来是“香饽饽”的东西，却放陈了，或者日久卖不出去，偏偏让许多古玩商贩拿出去过手，变成尽人皆知，谁也不想买的货色（因为从购买心理讲，凡是经过多人之手而无人购买的东西，都认为是有毛病或有问题，从而犹豫不决，不想购买），恰恰此时卖主绷不住了，越卖价格越低，也就越没人买了。这就是古玩商人把东西卖臭了。所以，古玩商人在做生意时都喜欢对“没见过天儿”的古玩伸手。

活拿 一名古玩商人从另一名古玩商人手里拿走一件商品，当时不付款，这叫“活拿”。“活拿”的规矩是价位讲好了，只能多卖钱，不能少卖，即必须保底。言必有信。价位比买断要高，一般说，不再给“活拿”的人付手续费或跑道费，但“活拿”的人可以在底价上加价，叫“戴帽儿”，多卖归“活拿”的人，原货主不问。

提 古玩商人对帮助自己卖货的人提出一成（百分之十）作为酬劳金，叫“提一点”，另有规定的不算。通常说提，就是一成。对导游、翻译，可另行规定。古玩商人对这一做法不能装傻。不然帮你卖货的人就没有积极性了。

跑道儿 购买或出售古玩行为的中间人，有的是与买卖相熟的亲友，有的是专门的经纪人，不出资不合伙，只从中奔走，说成一笔交易。实际为经纪人，拉纤的。

抄后路 生意本来是有人从中介绍的，但买主和卖主都抛开中间人，自行与对方直接交易（以便事后不提中介费），也防止“戴帽”。这是丧失职业道德的行为。

打眼 指判断有误，买了假货。古玩商人的经营全靠眼力，而眼力遭受打击，只有坏事。

漏儿 古玩商人购买古玩时，卖主不懂，好东西未被重视，行市也不明，因而古玩商人捡了便宜。从买东西的人说叫“捡漏儿”，从卖东西的人说是“卖漏了”。

身份 即古玩物件的品位。不是指人，而是指物。如瓶子与盘子比，古瓶当然比盘子身份高。有点像品相中的“品”。

皮壳 指古玩在历史长河中所受熏染，而呈现出外表上的历史痕迹。竹、木、漆、雕、青铜作品上，好像包上了一层油皮，这种油皮就叫“皮壳”。“皮壳”是历史积淀的产物。

卖相 指古玩不真或身份不高，但显得比较完整，古老或精致，在卖出时显得“爱人儿”，易受买主欢迎，叫“有卖相”。相反，古玩虽真，但有残污或看上去不精致，则不受买家欢迎，即“无卖相”。

掌眼 购买古玩时，请高明的人替自己掌握一下尺度，以免在鉴定上有什么闪失。对于代替自己把握尺度的人，叫作“请某某先生来掌眼”。

绷 古玩商人真心想买或卖时，因某一方自己还要考虑，故意不买或不卖，准备放长线实现自己的交易计划，叫“绷着买”或“绷着卖”。

方 “万”字加一点为“方”，指人民币万元。

吊 古代制钱一千枚为一吊，现指千元。

一张 “张”不是货币数量，而是钞票载体的数量单位。此词甚妙，因可随货币的升值与贬值而浮动。20世纪80年代一张指十元；20世纪90年代一张指百元。

美子 美元的代称。

再如陶瓷收藏：

失亮 是指器物釉面或彩绘被硬物划破后留下的伤痕。

伤釉 指因摩擦而致釉面出现的局部损伤。

磨款 故意磨去青花、红彩等款而冒充其他年代器物。

磨底 通过把底部的原有釉面磨去来冒充其他年代的瓷器。

复烧 二次入窑烧烤。

烟熏 用香烟熏的做旧手段。

配腿 修补香炉、马、兽等瓷器腿、足的残伤。

配盖 配以不同朝代的器物盖。

炸纹 瓷器颈、肩或腹部受撞击后出现的放射鸡爪纹。

水锈 瓷器因长期受土埋、水浸而黏附在表面的灰黄、铁红或铜绿等颜色物质。

中国是发明陶瓷的文明古国，生产陶瓷的窑火延烧至今。各个朝代的陶瓷遗存数量巨大、品种众多、质地精良，是中国乃至世界各国人们收藏的重点对象。在长期的收藏活动中，出现了大量的行话隐语。外行听起来莫名其妙，内行却能准确地理解对方的含义。陶瓷收藏行话隐语一旦形成，就能对陶瓷收藏活动起到推动和保护作用。只要有市场竞争存在，有避讳心态存在，陶瓷收藏隐语就不会消失 。

传统艺术行业使用的隐语行话

在古代，不仅战争中使用隐语行话，就连唐代皇帝身边的优伶、宋代颇盛的蹴鞠（踢球）行当的艺人，亦大量使用这种秘密语性质的“语言”。至今，在中国的许多地区、许多职业群体，仍然流行着使用隐语行话的言语习俗。浙江龙泉、庆元等地的“菇民”中使用着特有的“菇山话”，其目的一方面是保守谋生技艺秘密，另一方面在于山魈迷信中的言语禁忌。各地山民、渔民因行业信仰、行业禁忌所产生的一系列隐语行话，仍在世代传承着。尤其是一些关系着世代生计利害的传统行业技艺，大都是用当行隐语行话通过“口耳相传”方式传承的。此外，如传统戏曲曲艺艺术群体、采参业、木瓦工、皮影艺人、博彩业乃至古玩业，都有各自的当行隐语行话，各具特色。隐语行话是这些行业技艺乃至绝技传承的最重要的工具、最基本的信息载体。

（1）东北二人转术语行话。

已经有大约 300 年文字记载历史的东北二人转，至今仍有数百个当行隐语行话语汇，活跃在这个艺人群体中，是其相互交流、传授技艺的习用言语形式和行业言语习俗。

其一，艺班与场地：

包袱班 没有戏箱，一个包袱皮包几件戏装的艺班。

滚土仓 又叫滚地仓、滚地龙、滚土包，在平地上唱戏，泛指野班。没有舞台。

铺衬班 没有好戏装的艺班。

窑 演出场地。

圈子 屯子，如王家屯叫王圈子。

跳生圈 初到生地方演出。

地 演出场所，与说书艺人说法相同。

砸生地 到生地方演出，观众起哄。

撂地 进城市打圆场演出。

穴 演出场所，与相声艺人说法相同。

走穴 到外地演出。

打小米浆 两个艺班混合演出。

其二，艺人与行当：

相府 对二人转艺人的尊称。

开山徒 头一个弟子。

关门老兄弟 最后收的一个弟子。

老合 艺人的同行。

老斗 外行。

一副架 一旦一丑。

草条 专门给艺人与观众联系演出的人。

五大调 双调（二人转）、单调（数来宝）、照调（皮影）、明调（戏法）、喷调（吹鼓手）。

八大怪 指三个祥字、五个云字的数来宝艺人。合称“三祥五云”，分别为打竹板、沙拉机、牛哈拉巴、小碗 、小碟、高梁秆、烟袋杆、水瓢。

其三，曲目与唱词：

单出头 一个人演唱，黑龙江叫“独角戏”，俗称“一人转”。

双玩意儿 二人转。

活儿 指节目。

边曲子 有男没女的曲目，如三国段《华容道》等。

海篇 正词外后加的大量唱词。

对篇 二人转一问一答的唱词，也叫问答篇。

翻天印 指戏单。

开山码 头一出戏。

其四，学艺与表演：

开光 学会表演技巧。

开戏门 学会戏理。

开脸 表情好。

撸叶子 偷艺。学谁的节目，叫撸谁的叶子。

夯头 嗓子。

相 表情。丑角要口相俱佳。

小零碎口 演唱时穿插的三言两语小说口。

锁住 唱完一段停住。

打边墙 忘记原词，用其他曲目的唱词补上。

摔了 忘词了。

不担活计 嗓子不好，唱不了大段子。

归道 南北艺人碰到一起，不用对词就能上台合演。

眼彩 表演苦的技巧。

盘亮 长相好看。

念桌 长相难看。

其五，人称与姓氏：

阳丁 男人。

阴丁 女人。

环子丁 姑娘。

铃铛丁 小孩。

火丁 知近人。

轮子丁 车老板。

浪翅子 当官的。因古代当官的乌纱帽有两个帽翅而得名。

翅字丁 当兵的。

念语子 哑巴。

蔓 姓氏。

弓长蔓 张。（以下是拆字型）

古月蔓 胡。

双口蔓 吕。

有红似 白。（以下是藏字型）

一脚门 李（里）。

婚丧嫁 曲（娶）。

铁生蔓 郭（锅）。（以下是谐音型）

灯笼蔓 赵（照）。

扎心蔓 滕（疼）。

圣人蔓 孔（孔圣人）。（以下是古人型）

行者蔓 孙（孙行者）。

咬金蔓 程（程咬金）。

红脸蔓 关（关公）。

太公蔓 姜（姜太公）。

神医蔓 华（华佗）。

叉子蔓 牛。（以下是借用型）

山头蔓 杨（羊）。

虎头蔓 王。

其六，衣食住行等：

顶子 帽子。

纱帐 衣裳。

宝仓 裤子。

捻叉子 鞋。

安根 吃饭。

搬三（山） 喝酒。

桃花散 高粱米饭。

撤龙子 面条。

漂洋子 水饺。

气雷 馒头。

滚子错 鸡蛋。

折查子 桌子。

困龙 睡觉。

蹬轮子 坐车。

蓝头 钱。

（2）吴桥杂技的隐语行话。

特殊的社会历史背景促使了杂技行话的形成。吴桥杂技业内的隐语行话跟吴桥杂技艺术一样，经过几千年的发展和完善，形成了一套完整、丰富的系统。杂技行话反映了吴桥人传统的思想理念，吴桥杂技行话不仅对社会生活反映得相当深入，而且反映的生活面相当广泛。不仅吴桥社会生活对吴桥杂技行话产生深刻的影响，反过来，杂技行话也对吴桥地区的社会生活产生了一定的影响。如：

海青腿儿　原指没有师傅的杂技艺人，现在在吴桥的一些地方有时称一些未经正规训练的、没有师傅的手艺人为“海青腿儿”。

半开眼　原指对艺人行一知半解，现在一些地方，人们称对事情一知半解，如：他对木匠活是“半开眼”。

撂地　原指艺人在空地上露天演出，现在进入百姓语汇，常指到某地占用场地做某事。

打地　联系演出地点，一些地方指联系地方做某事。

扯呼　溜走或逃跑，现在很多地方指某人离开了或不辞而别了。如：张三“扯呼”了。

水穴　演出赔了。现在人们常用“水”表示不好、糟糕等。如：这事“水”了。

门里　自己人。

这些主要在吴桥本地杂技群体流传、使用的隐语行话，流传面也不一样，有的广一些，有的窄一些。一般来讲，越是杂技艺人聚堆的地方，隐语行话进入当地百姓词汇的越多。吴桥杂技行话还有一个独特之处就是它随社会生活“与时俱进”，随社会生活的变化有所发展。比如：20世纪80年代以前，艺人们外出演出要开证明信，就发展出“把杂”这一新的行话词语；去外地演出有时需要县里批准，就出现了“圈上把杂”（县里开信）这一词语。此外新的行话词语还有“转心子”（手表）、“夯子”（公章）、“叶子”（证明信）、“土冷子”（民兵）等，近一二十年来随生活的变化又产生了“掰铃子”（打电话）、“驾灵子”（开车）等语汇，说明吴桥杂技行话至今仍活跃，在艺人交际中还发挥作用。当然，这也从一个侧面反映了吴桥杂技事业的传承发展。

涉嫌犯罪群体中使用的隐语行话

曾任中国刑事警察学院副院长的金玉学教授等撰写的《论犯罪隐语常识在警务工作中的特殊作用》认为，所谓犯罪隐语，是隐语行话重要的组成部分，是指犯罪分子以隐蔽为目的，在犯罪群体领域内成员之间相互交流过程中所使用的特殊的具有隐讳性的语言，是违法犯罪人员预谋犯罪、实施犯罪的重要工具，其中蕴含着犯罪的性质、内容、罪犯身份等诸方面的信息。如果人民警察能够破译识别隐语的内容，那么无疑对打击犯罪、迅速破案具有重要意义。

王卉《广州地区犯罪隐语现状浅析》及其与冯冠强合撰的《广州地区犯罪隐语特点分析》，通过对以个别访谈法、问卷法在广州市公安局十多个相关部门和番禺监狱等单位搜集的738例广州地区犯罪隐语的分析，发现广州地区犯罪隐语伴随治安形势的变化呈现个别类型的案件隐语发展很快，已成体系，有些案件的隐语已大幅萎缩，现有隐语则存在一词多义、异名同指，方言色彩浓郁，量词表达不一，隐语指代划分细致等特点。

吴东升在《当代中国邪教秘密语探析》中提出，邪教秘密语是邪教活动中值得密切关注的现象，也是解读邪教内幕的一个非常重要的视角。该文依据丰富的第一手资料，对当代中国邪教秘密语的生成、类型、特征和功能进行了探索性的分析和研究。期望通过对这个问题的探讨，更加充分地认识和理解当代中国邪教群体亚文化的内涵，以及邪教滋长蔓延的长期性和复杂性。

其他方面使用的隐语行话

当前娱乐场所、娱乐业的隐语行话，在社会生活中处于边缘，但因其语汇更新较快而又处于十分活跃的状态。叶建明在《当前娱乐场所隐语的特点》中提出，娱乐场所已成为当代隐语传播的重要场合。娱乐场所隐语，具有隐语语源的综合化、隐语形态的复杂化、隐语功能的多样化、隐语传播的半封闭化等特点。

当今社会，娱乐业发展迅猛，娱乐场所（包括娱乐城、酒店、酒吧、歌舞厅、夜总会等）成为各色人等聚集的地方，也成为违法犯罪分子聚集活动的重要场合，诸如卖淫嫖娼、赌博、毒品交易、走私、黑社会性质组织犯罪等均具其独特的交流方式和生活习俗，他们往往选择在娱乐场所公开活动，但又用独特的隐语来隐藏身份、识别同类，进行秘密交易。各色人等在娱乐场所的交流中逐渐形成娱乐场所独特的隐语文化现象。娱乐场所成为各种隐语滋生、蔓延、使用最为充分广泛的重要场合。当代中国社会的隐语在娱乐场所表现得更复杂化、多样化，呈现出与传统隐语、与更为严密封闭的黑社会隐语、与其他行业隐语不同的特点。以下从隐语的语源、隐语的形态、隐语的功能、隐语的传播四个方面考察娱乐场所出现的隐语共性、娱乐场所隐语与其他隐语的区别，以期引起学者们对这一领域的关注。娱乐场所隐语既具有一般隐语的共性，具有诡异性、歪曲性和封闭性的特点，又因其特殊的媒介、特殊的人群，而具有相对特殊性。表现为：语源综合化、形态复杂化、功能上戏谑性、传播上半封闭性。隐语问题是公安机关发现违法犯罪线索、进行语言识别和言语鉴定所应关注的，而在实际工作中也是一个不易解决的难题。娱乐场所是各色人等娱乐消费的场所，也往往是各种违法犯罪群体进行秘密交易的场所，广泛收集娱乐场所的隐语，深入研究其特征，及时掌握最新的隐语动态，顺藤摸瓜，研究其活动规律，无疑有助于我们预测违法犯罪新动向，深入了解违法犯罪新特点，并可为当代流行文化研究提供新的切入点。

如在一些娱乐场所，“盘子”指被骗的顾客，“代支”指服务费，“街钟”指出场费，“台钟”指坐台费，“出街”指带出场。通过隐语对话，顾客可以判断娱乐场所是否提供其所需服务，从而作出不同的反应。

隐语行话是一种应予积极抢救和保护的语言文化遗产

古今中外使用隐语行话的社会群体，主要是生存条件比较恶劣或很困难的群体，是社会的非主流群体、“弱势群体”和所谓的“边缘群体”。正因如此，这种语言现象也是一种“弱势语言现象”。弱势群体的弱势语言，一旦处于濒危的临界点，也就非常容易消亡。

有田野访谈调查报告指出，山西省雁北地区民间音乐遗留丰富，在其俗门鼓乐班社中，流传着两种“黑话”：一为过去盲艺人所使用的“黑瞽语”，一为古代“乐户”所留下的“乐户家话”。两种行业“秘密语”有着各自的创造方式。其中，“黑瞽语”是从事物的形象特征或动作特征作出名称变更，取事物的同义或近义词替代，以及通过“拆字”取义；“乐户家话”则使用中国古代音韵学中的“反切”法构字构词，即过去江湖中流行的所谓“切口”。并且，就雁北地区的方言来说，也有许多语词本身是以“反切”法构词。作者提出，近十几年来，随着国内外学者对这一地区民间音乐遗留的注意，上述与之相伴生的俗门鼓乐班社的两种行业“秘密语”，得到不同程度的发掘与研究，但就总体情况来看，则仍显不足，甚至与整个文化遗留不成比例，希望学者能对此作出更为深刻和全面的研究。

“菇民”群体的独特“语言”——“山寮白”亟待抢救和保护。据前往采访记者的报道，菇民们在菇山讲的是“山寮白”，我几乎听不懂。终于熬到午饭后，老人才和我讲起“山寮白”的由来。也不知从何时起，龙、庆、景三地菇民为了保护传统技艺，使之不外传，约定俗成在菇民中间使用一种独特的菇山话，叫“山寮白”，它没有文字，只有读音，是龙、庆、景三地交界处的地方土语，而且用隐语来表述，比如：弯形的柴刀叫“弯”，斧头因平正而称“板”，老虎叫“白额”，鹿麂类动物称“四足”，野猪为“乌背”，老鼠对菇业生产危害最大，故被视为“狼”，做饭叫“烧寮”，烧火叫“饶”，等等。因为“山寮白”在老家平常是不许用的，因此有时连菇民区的妇女也听不懂这种语言。又据报道，早在几百年前，丽水龙泉等地便有了大批依靠种菇生活的人们。“枫树落叶，夫妻分别；枫树抽芽，丈夫回家。”流传在当地的这句俗语，便生动反映了菇民们这种候鸟般的生活。近日出现在人们视野里的龙泉龙南乡杨山头村一座数百年历史的老房子，便是菇民生活的见证。龙泉青瓷博物馆书记钟琦说，这是典型的依据浙南菇民传统生活习惯演化出来的民居结构。踏进这座老房子，就等于跨进了古老菇民鲜为人知的世界。直到现在，这座老房子仍然发挥着作用，居住在那儿的菇民们，男劳力远赴外省深山老林种香菇，留下看家守园的则是老弱妇幼。丽水的龙泉、庆元、景宁一带是中国香菇栽培的发源地。杨山头村正位于三地交界处，村子里几乎所有人世代以外出种香菇为生。杨山头村有幢老屋叫余家大屋，房主都姓余。房子最初建造时间已无人知晓，最后一次重修是在乾隆年间。余家大屋面积不大，却被均匀地分成了 42 户，大屋里有 28 条弄，两个天井，一个中堂。屋里的弄特别小，一个稍胖的成年人都很难顺利通过。这里每户人家的面积很小，户型一样，一楼除厨房、卧室外，还有一间用于会客和吃饭的房间。楼上一间卧室，一间储物间，每间面积不到 10 平方米，大部分房间光线很暗。余家大屋之所以将这么多户人家聚在一起，并且房子里的布局像迷宫，主要是为了防盗。因为，菇民们世代都过着半年在家干农活，半年深山居菇寮的生活。菇民们外出种香菇后，只有老弱妇幼留在家里看家守园，相互间方便联系照应。今年 77 岁的余马生就出生在余家大屋里，他儿子、孙子也曾生活在这里。老余说，除了屋顶的瓦片和部分板壁换过，这么多年来，老屋没变过。在过去，龙、庆、景三县菇民将种香菇视为谋生特技，规定不准将技术外传，在家庭内亦规定“传媳不传女”。一旦有谁将技术外泄，必将遭到菇民们的严厉惩处。而为了防止技术外泄，菇民们一上菇场就用另外一种语言交谈。这种语言叫“山寮白”，是一种纯行业语言，除菇民外其他人包括亲戚朋友也听不懂。如今，大屋里的人纷纷外出经商、打工谋生，留住在这里的只有十几户人家了。菇民们传统生活的方式正渐渐消失，而“山寮白”几乎也没什么人会说了。这个信息，香港中通社等海内外媒体也做了转载性报道。

在辽宁社会科学院、中国刑事警察学院、中国民俗语言学会等单位联合主办的第三届“语言与民俗”国际学术研讨会上，与会学者从不同角度，对抢救研究濒危民俗语言现象、抢救研究濒危民族语言在当代中国社会的价值和意义进行了阐述。在对吴桥杂技和陶瓷收藏等方面隐语行话长期存在的社会原因进行科学分析的同时，指出有许多群体的民间隐语行话处于濒危状态。作为一种特殊的民俗语言文化现象，对于隐语行话的种种误解，是其濒危的首要因素；其次，则是随着一些使用隐语行话群体的消失，其所使用的隐语行话也随之消亡；最后，隐语行话也会随着某些其所依附的“濒危语言”的消亡而消亡。隐语行话属于社会文化深层结构之中的一种更为特别的民俗语言文化现象，是考察研究中国社会文化、语言文化别具一格的独特视角。因而，在呼吁全社会注意保护、抢救濒危语言的同时，亦当关注另一种十分细微的、一向为世人所误解的、难以正视的“另类濒危语言”品类——民间隐语行话。而且，少数民族濒危语言的抢救，同样存在对其隐语行话的抢救问题。

中国民间隐语行话资源每时每刻都在消亡和流失。汉语是世界上使用人口最多的语言，因而汉语民间秘密语非但历史悠久，也是世界上同类语言现象中最大的一系。对于已经处于“高濒危状态”的各类民间隐语行话，亟待采取有效措施进行抢救性发掘整理。五行八作隐语行话是解读和传承众多非物质文化遗产的密码，凝集着各行各业内部最重要的基本信息。应将抢救和保护民间隐语行话纳入濒危语言抢救和非物质文化遗产保护工程，制定切实可行的措施加以抢救和保护。例如，组织专业队伍发掘汉语和少数民族语言的有关历史文献，对古今相关文献做一次有史以来的大清理，编纂中国历史上第一部《中国民间隐语行话集成》，组织专家进行部分地区（含港、澳、台）当代民间隐语行话的定点专项调查，在撰写系列调查报告的基础上，建立一套可供多种方式检索使用的《中国民间隐语行话语料库》，并据以编制《中国历代民间隐语行话地图集》，等等。

区别良莠，辨风正俗，科学认识隐语行话

区别良莠，辨风正俗，首先从学术视野和知识层面破除主流文化层面对民间隐语行话的误解，科学认识隐语行话的性质和文化价值。这是抢救、保护民间隐语行话以至规范使用的基本前提。

多学科视点的研究，显示了学术界和社会有关方面对这一微观科学领域的关注与需要。即如有的专家所言，隐语行话既很有专门性，又颇有外部联系的广泛性，是历史学、语言学、社会学、文学、民间文艺学、民俗学、考据学、文化学以及公安司法的预审学、语言识别、言语鉴定科学及至自然科学等多种学科科研教学和实际应用部门所共同关注的领域，并且也是海外中国学（汉学）研究关注而不易解决的课题。应认识到，民间秘密语是相对地域方言而言的又一语言社会变体，一种亚

文化群体的语言代码，一种非主流文化现象，一种属于非主流语言文化的特定民俗语言，一个非常值得探讨而又十分有趣的重要分支领域。

各民族语言的隐语行话更具民族文化特征。例如近年来初步进入学者们视野的蒙古族传统医学典籍《甘露八支秘诀窍》的隐语，布依语的反语，僜人使用的隐语，佤语的反语，湘西苗语中的隐婉话，以及燕子口苗语中的反切语等。可以说，隐语行话是考察、保存和利用这些少数民族文化的重要文本，也是透视其民族思想意识的重要窗口。少数民族语言的民俗语汇和隐语行话，由于其“母语”本身往往是使用人口比较少的“弱势语言”，一向很少受到关注，因而，更是其中的“重中之重”，处于“高濒危”的状态。所以，曲彦斌建议，在关注、抢救作为“另类濒危语言”的民俗语汇和隐语行话时，尤其不要忽略了各民族语言中的这类特别濒危语言现象。

另外，包括一些涉嫌犯罪社会群体在内的亚文化边缘性群体，大都使用着隐语行话。对他们而言，隐语行话往往是一种涉嫌犯罪以及自我保护的内部言语交际工具。据了解，在全国二百多所公安司法院校中，迄今只有为数甚少的隐语行话专家。至于为刑事侦查和言语识别、鉴定所需的隐语行话专业人才更是寥寥无几。在澳门，博彩业隐语行话，不仅是其行业技艺传承的主要载体，同时也是揭示、印证业内犯罪乃至当地黑社会犯罪的重要手段。

各种语言几乎都无例外地存在使用民间秘密语的历史或现实。不同时代、不同群体的民间秘密语，不免印有时代与群体的文化痕迹乃至政治、经济的烙印。

正确引导与规范，维护祖国的语言健康发展

有媒体报道，在“炒股热潮”中，许多不谙世事的未成年孩子，耳濡目染沉迷股市的父母、老师的炒股言行和举动，不经意间在校园里掀起一股“股言股语”的热潮。比如，要零花钱叫“补仓”，成绩差称“探底”，买东西是“投资”，家长控制零花钱叫“割肉”。因而，提醒所有参与炒股的家长和老师，在股市“热闹”的情况下，切莫“赢”了股票而“输”了孩子。与此同时，学界也注意到，股市行话

的发展与流行是社会物质、文化生产的多样性与人们生活丰富性的一种折射。股市行话的迅速流行对社会文化产生了深远的影响，股市词语的意义被泛化和扩大，在整个社会语言中得到反映，不仅是经济领域，还逐渐渗透到其他语言现象中。体育报道套用股市行话，楼盘分析使用股市行话，婚姻恋爱、日常生活也与股市行话扯上了关系。比如年轻人择偶要有个“心理价位”，刚谈朋友叫作“探行情”，订婚叫“入市”，结婚叫“成交”，两人世界由热转冷叫“盘整”，结婚后双方感情不好叫“踏空”，有了孩子叫“扩容”，婚后感情平淡、无可奈何地凑合叫“套牢”，终于离了叫“解套”，两口子婚姻彻底散伙不可挽回叫“崩盘”，如此等等，诙谐幽默且生动形象。

唐晋主编的《领导干部大讲堂·礼仪卷》指出，语言应力求文明。用语文明，是每一个有修养的人所应该具备的基本素质。首先要求各级领导干部在日常交谈中注意交谈内容的文雅，避免格调不高的话题，例如小道消息、同事的是非等，不能说脏话、粗话，更不能讲黑话、黄话和怪话等。事实上，这也应当是全民共同遵守的语言文明守则。至于，某些必要使用隐语行话的群体或场合，应当有所限定，原则上不应让其进入公众性场合或正式交际话语。

应注意正确引导，以语言文字法为依据，规范隐语行话的使用。尽量减少一些隐语行话进入公众交际活动，尤其需要注意一些与社会犯罪相关的具有“黑话”色彩的隐语行话的“泛化”，维护祖国的语言纯洁、健康发展。

民间隐语行话是处于濒危的语言民俗资源

对隐语行话的种种误解是其濒危的首要因素

上海东陆图书公司 1924 年出版了一部吴汉痴主编的《全国各界切口大词典》，辑释诸行语词形态、民间秘密语 18 大类 376 子类，凡 10 余万言。是书卷首署名“癸亥初冬缶老人”所撰的序言谈道，“近顷坊间之出版物夥矣，同独未及于切口，何也？岂以事属渺小为无足道耶！果如是，则谬矣。……我知坊间之所以乏此著作者，实以社会之大，事业之夥，切口秘奥，无以侦得之耳”。甚至，半个多世纪之后，当全国大规模编辑出版各级地方志时，由于是“官修”的志书，隐语行话当然地属于被忽略的内容或是禁区，仅有极少部分的县、镇志书在“方言”部分述及当地历史上曾经流行的隐语行话。行业、专业志书中，个别的志书选录了一点儿，如有的商业志、戏曲志等。至于“三套集成”，似乎本应关注到这种民俗语言现象和品类，结果尤其令人感到遗憾。显然，隐语行话这种民俗语言文化现象，成了备受冷遇的“弃儿”。这种曾经连帝王、雅士都很青睐的事物之所以“落难”至此地步，何故？不仅仅在于它属于那种细微枝节性的东西，主要还是人们不正视它“是个东西”，而认为它“不是东西”。甚至于有些人遭难的一个缘由，是会说会用这种“黑话”。理由很简单，“好人谁说黑话”呢？依此荒谬逻辑推演开来，如此危险而又不登大雅之堂的东西若纳入研究领域，岂不是自找麻烦，没事找事儿吗！

20 世纪 60 年代，著名语言学家高名凯先生在《语言论》这部著名的语言学专著中，就批驳过认为社会主义国家不可能存在隐语这种被视为“偷儿的语言”的事物的荒谬论调。他认为，隐语之是否存在，要看“秘密行事”是否必要，不是看有没有偷儿存在。这种社团方言是因需要而存在的。事实上，社会主义国家未必就没有偷儿、黑社会性质的组织群体存在。更重要的是，并非只有“坏人”在使用这种“黑话”，事实是使用“黑话”的绝大部分人却是实实在在的“大好人”。[1]这一情况，不仅是历史的本来面目，而且是当今现实生活中不容误解、歪曲的现实。否则，难听点儿比喻，则属“盲人摸象”所讽喻的道理。

且不言唐代宫中伶人隐语称天子为“崖公”，称欢喜为“蚬斗”，民间还相传宋徽宗会说什么“徽宗语”，即或是现今也有相当比例的人群仍然在使用着隐语行话。例如，宋代蹴鞠兴盛，至今留有一部辑录了 130 多条当时蹴鞠行当隐语行话的《蹴鞠谱·圆社锦语》。至当代，宋代的这些蹴鞠隐语虽然已不在足球运动员和球迷中继续流行使用，却生成了别一套隐语行话。当年宋代蹴鞠隐语有“圆”（好）、“盘

1　高名凯 . 语言论 [M]. 北京：科学出版社，1963:410.

子”（场地）、“白打”（远去）、“云厚”（人多）、“搭”（上前）、“稍拐”（往后）、“左拐”（左边）、“右拐”（右边）之类的说法；当今足球业也形成有众多行话，例如“大”（进攻面宽，可辅以长传）、“紧”（因心理紧张而不能正常发挥球技）、“收”（防守，后退）、“顶”（把进攻的位置往前移）、“靠”（以逼近方式近身防守）、“废”（通过恶意伤人来破坏对方的战斗力）、“兜”（长距离大力度地传球或射门）、“夹”（以二对一）、“背后”（后卫线与守门员之间的空当）等，大都与球技相关。

至于有些实实在在属于“黑话”的语汇，也切实已经被现代汉语“光荣吸纳”了。难道能说，“全民都在说贼话、黑话”吗！不信？试问“挂彩”“反水”“出血”“跳槽”“眼线儿”“避风头”，都是“什么出身”？源自何方？且以“反水”为例。在《现代汉语词典》里，其释文写道：“叛变。”《现代汉语词典》特别用了个“〈方〉”符号，注明它是方言。其实不然。再看《现代汉语大词典》的释文：

①叛变。茅盾《动摇》十：“县长受有密令，要解散党部，工会和农会；已经派警备队下乡捉农民协会执行委员。又要反水了，正月来的账，要打总的算一算呢！”李六如《六十年的变迁》第二卷第十三章：“他们的前任江西督军，反水过来当了军长的方本仁，在一起挤过浮桥时，一家伙跌下了水。”②反攻倒算。魏巍《东方》第一部第六章：“对，我们决不能让他们反水。”

毛泽东著作中也有一个“反水”的用例，即《井冈山的斗争·第二次国内革命战争时期》：“七月赣敌进攻，八月湘赣两敌会攻井冈山，边界各县的县城及平原地区尽为敌据。为虎作伥的保安队、挨户团横行无忌，白色恐怖布满城乡。党的组织和政府的组织大部塌台。富农和党内的投机分子纷纷反水。”对此，《毛泽东选集》（一卷本）的注释为：“‘反水’意为叛变。”[1]其实，“反水”本是土匪的“黑话”用语，指叛变。曹保明所著的《土匪》[2]和《东北土匪考察手记·土匪语言的趣味性》[3]

1 毛泽东 . 毛泽东选集 [M]. 北京：人民出版社，1964:81.
2 曹保明 . 土匪 [M]. 沈阳：春风文艺出版社，1988:122.
3 曹保明 . 东北土匪考察手记 [M]. 长春：时代文艺出版社，1999:355.

辑录的土匪的“黑话”用语中均注明：“反水了——叛变了。”又如英国作家贝思飞（Phil Billingsley）《民国时期的土匪》[1]附录《土匪的黑话》：“反水，（当兵的）重又参加土匪活动。”（第368页）至于“漏水”，则是“泄露机密”了。（第371页）红军时期吸纳的一些旧时江湖行话，还有“挂花”“挂彩”（受伤）等，也从一个特定的方面反映了当年加入革命队伍的人员成分状况。也就是说，其中也包括“反水了”的“土匪”等“江湖中人”。

“大腕（蔓）儿”“走穴（趧）”“托儿”“腥”之类风行各地几乎成了“雅言”。《北京现代流行语》前言指出，“黑话、行话”之类，“局外人不懂，乍一听到会有陌生感、新鲜感，求知欲促使人们去究其所以然，所以，黑话和行话使用一段时间后会逐渐为外部所了解，进而流行开来，成为流行语”。有些，即或曾经是“黑话”用语，被“通语”吸收之后，也就自然“变白了”。

隐语行话是一种特殊的民俗语言文化现象

我在《中国民间秘密语（隐语行话）研究概说》里分析、讨论“秘密语研究的近期特点与趋向”时谈到，多学科视点的导入和研究领域的开拓，尤其有助于中国民间秘密语研究的深化和发展。这是现阶段这一领域的一个突出特点。不过，语言学视点的研究，始终是最基本也是最重要的研究视点。为什么？原因就在于，“民间秘密语是一种特殊的语言文化现象，这一根本属性决定了无论从语言学还是从文化学视点的研究，都是首要的、基础的本体性研究。它是语言的一种社会变体，因而语言学家首先将其纳入科学视野，是极其自然而又似乎是‘责无旁贷’的，以往几乎是语言学单一视点‘一家言’的局面，是不足为怪的。这一阶段民间秘密语的语言学研究，从过去偏重于语音学的研究，如大量的反切形态秘密语研究，已逐渐转为较全面地关注，如词型构造、语义转换、词源、辞书编纂、正字正音及社会文化背景等。尤其是根据其地域性特点运用方言学的方法所进行的调查和分析描写，

1 ［英］贝思飞．民国时期的土匪［M］．徐有威，等译．上海：上海人民出版社，1992.

使民间秘密语语料的采集整理更趋系统、准确而具有科学性”。[1]

无论是伦理道德标准所界定的“好人”或“坏人”，还是政治制度所认定的“敌、我、友”，或出自功利性的需要，或民俗使然（亦当属功利性的需要），几乎皆无例外地存在使用民间秘密语的历史或现实。不同时代、不同群体的民间秘密语，不免印有时代与群体的文化痕迹乃至政治、经济的烙印，却是世界上几乎各种语言、各种社会文化所共有的一种非主流的语言文化现象。各种历史文献证明，中国汉语的民间秘密语滥觞于先秦，发达于唐宋，盛行于明清，传承流变至今，存在一个源远流长的历史和传承流变的轨迹。唐代，则是其趋于成熟的时代。汉语是世界上使用人口最多的一种语言，因而汉语民间秘密语非但历史悠久，也是世界上诸类语言现象中最大的一系。然而，尽管时下仍在“生生不息”，却也时时在“消亡着”。不是吗，今可见到的唐宋以来的隐语行话语料文本实在有限。如果没有《圆社锦语》《绮谈市语》《行院声嗽》《金陵六院市语》《新刻江湖切要》等文献流传下来，汉语隐语行话的历史就不能显现出像现在这样的清晰轨迹。尤其是唐代隐语行话的语料，真可谓“凤毛麟角”。众多信息的迹象表明，汉语史上的隐语行话语料十分丰富，远非这一点点。那么，其他那些都哪里去了？消亡了。我通过十数年研究的见解之一是，现代汉语所存在的隐语行话，也就是现今仍在一些社会群体言语交际中生存着的汉语隐语行话，绝大部分的基本语汇，仍然沿用着已经传承了上千年的语汇体系，甚至，有许多语汇无论在形式或语音方面，同数百年前并无多大实质性变化，甚至完全沿用着未改。这一点，也正从另一视点佐证着汉语史上的隐语行话曾经十分丰富。

在语言学家眼里，民间秘密语是相对地域方言而言的又一语言社会变体。在人类学家、社会学家看来，它是一种亚文化群体的语言代码，一种非主流文化现象。从民俗语言学视点来考察，民间秘密语则是一种属于非主流语言文化的特定民俗语言现象，一个非常值得探讨而又十分有趣的重要分支领域。多学科视点的研究，显示了学术界和社会有关方面对这一微观科学领域的关注与需要。本书运用民俗语言

1　曲彦斌．中国民间秘密语（隐语行话）研究概说 [J]. 社会科学辑刊，1997（1）：41-47.

学的科学方法，将民间秘密语置于民族文化这个基本大背景中加以梳理、探讨，对民间秘密语的性质、源流、类型、构造方式、社会功能与民族文化的关系及其传承、扩布的基本规律诸方面，以历史、语言、民间文化、社会心理等多维视野，进行"立体式"综合研究、透析，运用符号学等现代科学方法进行阐述……使之集中而系统化，从而展示了中国民间秘密语的全景。多学科视点的导入和研究领域的开拓，成为时下这一领域学术研究的一个突出特点。之所以要关注隐语行话，是因为隐语行话兼有交际工具和文化载体的双重特质。作为特定的社团文化和母语文化的特殊载体，作为一种特殊的民俗语言文化现象，汉语隐语行话所承载和蕴含的文化内容便要复杂丰富得多。可以说，无论在其生成运用时，还是在其发展演变中，汉语隐语行话都在不断吸纳、传承着其所属群体和所属民族的诸如思维观念、价值取向、信仰习俗、生产生活方式以及心理行为模式等文化因素；无论在其表层结构，还是在其深层结构，汉语隐语行话都或多或少地，或隐或显地透析着其所属的特定社团文化和母语文化特征。

亟待关注"弱势语言"隐语行话的抢救

诚如郝志伦教授在《汉语隐语论纲》的导论中谈到的："根据现有资料记载，人类语言中的主要语种，都明显地存在着他们自己的隐语。如果从人类社会实际的言语交际着眼，可以这样说，任何民族语言中都或多或少地存在具有本民族历史文化特色的隐语，任何社会、任何时代都或多或少地存在着传承、创造、使用隐语的文化现象。"[1] 在考察隐语语言形式的"结构论"中，他也清醒地注意到"作为民族共同语的社会变体，作为秘密社群及诸行百业的一种特殊交际工具，从语言与文化的宏观角度鸟瞰，汉语隐语与民族共同语和民族文化有着千丝万缕的血肉联系"。那么，对于作为关注隐语行话这种特别的语言文化现象的学者们来说，自然是格外增加了一层惋惜和事业的紧迫感。2001 年秋，当我赴淮河流域的几个商业古镇进

1　郝志伦 . 汉语隐语论纲 [M]. 成都：巴蜀书社，2001:2.

行各行隐语行话实地“采风”的田野作业时，一位渔民老兄不无遗憾地告诉我，本镇有位最擅各行行话的老人，只可惜在我到达的十多天前刚刚去世，实在令人扼腕叹息。事实上，每天每时都有众多的这类“语言化石”随着深谙其事者的过世而消失，成为永远的遗憾。

就目前所了解到的有关信息可见，在过去的近一个世纪的中国隐语行话研究史上，仅有与汉语隐语行话研究成果远远不成比例的文献。所以，我呼吁关注、抢救作为“另类濒危语言”的隐语行话，尤其不要忽略了各民族语言中的这类特别濒危语言现象。至于个中的道理，已经见于上述，不另赘言之。

参考文献

曲彦斌 . 副语言习俗［M］. 沈阳：辽宁大学出版社 1988.

曲彦斌 . 民俗语言学［M］. 沈阳：辽宁教育出版社，1989、2004.

曲彦斌 . 中国民间秘密语［M］. 上海：上海三联书店，1990.

曲彦斌 . 俗语古今（中国俗语学）［M］. 石家庄：河北人民出版社，1990.

曲彦斌 . 中国民间隐语行话［M］. 北京：新华出版社，1991.

曲彦斌 . 江湖隐语行话的神秘世界［M］. 石家庄：河北人民出版社，1991.

曲彦斌 . 中国典当史［M］. 上海：上海文艺出版社，1993. 台北：台湾华成出版公司，2004.

曲彦斌 . 中国隐语行话大辞典（主编）［M］. 沈阳：辽宁教育出版社，1995.

曲彦斌 . 中国镖行：中国保安业史略［M］. 上海：上海三联书店，1996.

曲彦斌 . 神秘数［M］. 石家庄：河北人民出版社，1997.

曲彦斌 . 中国招幌与招徕市声：传统广告艺术史略［M］. 沈阳：辽宁人民出版社，2000.

曲彦斌 . 关东方言土语［M］. 沈阳：沈阳出版社，2004.

曲彦斌 . 杂纂七种［M］. 上海：上海古籍出版社，1988.

曲彦斌 . 葑菲菁华录：历代采风问俗典籍钩沉［M］. 郑州：大象出版社，2015.

曲彦斌 . 语言民俗学概要［M］. 郑州：大象出版社，2015.

曲彦斌 . “商中之商”：中国经纪人史［M］. 郑州：大象出版社，2017.

曲彦斌 . 沈阳历史文化丛书：民俗风尚［M］. 沈阳：沈阳出版社，2017.

后 记

《"商中之商"：中国经纪人史》一书杀青，我写了一篇很长，而且别出心裁的自序，题为"中国经纪人史的'关键语'与社会史研究的'套路'——关于社会生活专门史研究及书写方法的思想轨迹"。序的开篇即写道：

这是一篇似乎别出心裁的，完全以作者自己旧文摘抄连缀而成的特别序言。

"为何关注中国经纪人史？"这个话题，乃至于为何关注乞丐史、典当史、保安史、招幌史等，这是作者每次撰写类似社会生活专门史著作时都必须认真并深入思考的核心问题。因而，本篇前言之所以如此，除取其新颖之趣外，更主要在于对作者多年间关于撰写社会生活史思想方法探索轨迹的一次展示、梳理和总结。之所以采用以辑录作者自己旧文摘抄连缀而成这种形式，亦在于借说明"为何关注中国经纪人史？"这个话题生发开来，体现作者一以贯之的思想方法以及锲而不舍的执着探索历程和心路。

无独有偶，如今即将付梓的这部《语言民俗》，亦然"以作者自己旧文摘抄连缀而成的特别"著述。即如"卷序"所言，本书乃"参照"中华民俗文化新读丛书"的体例删增调整而来。或言之，是在尚无本领域研究更多的成系统新见的情况下一个简单的小结性的梳理。期望的是给读者一份图文并茂的成系统的语言民俗学知识"。

多年来，我以民俗语言学为基本方法从微观切入研究社会生活史，社会生活史的研究又反过来为民俗语言学的探索充实诸多历史的和现实的启迪与社会实证，一直是相互反哺的互动关系。这是我体悟至深的一个治学心得。个中，自然涵盖着语言民俗学。这一点治学体会，亦即这篇后记所要点破的治学心得。写下来，或可给他人一点参考。

按照习俗，年届七秩，仍能以饱满的学术激情孜孜不倦地思考探索学术问题，或举步外出做专题田野调查，或伏案写作，我为此而庆幸和自得。如此状态，但愿能持续得更长久一些，一定会的，诸多先贤已为榜样，我很自信！

已亥仲春窗外桃花怒绽之晨记于郉雅堂

编后记

“中华民俗文化新读丛书”终告厥成，其编纂历程之终结，不仅标志着一段辛勤耕耘的圆满，更激起了我们心中无限的欣慰与深沉的感慨。此书由白庚胜、刘晔原、万建中三位先生鼎力领衔，汇聚群英，共襄盛举，历经多轮严谨细致的审稿与策划，每一环节皆浸透着编者的心血与汗水，确保了内容之精深广博，品质之卓越非凡。在此，我们谨向所有为丛书撰写倾注心力、不辞辛劳的同人致以最崇高的敬意与最诚挚的感谢。

编纂工作是一场浩大的文化工程，紧张、高效、有序推进。中国石化出版社有限公司对此项工作尤其重视，出版公司副总经理黄志华亲自挂帅指导并主抓整体工作，资深作家周洪成、分社社长程庆昭一并协调组织丛书的编校工作，陈宇慧、王烝、王潇等多位内外部编辑参与编校，全程推进项目落地。编辑团队对每一份书稿都进行了细致的审阅，从内容的准确性、逻辑的连贯性到语言的规范性，无一不严格把关；从封面设计、版式调整，再到印刷等每一环节，都力求达到至臻之境。

中华民俗文化作为中华文化的重要组成部分，蕴含着丰富的历史信息、民族智慧和艺术价值。通过出版“中华民俗文化新读丛书”，我们希望可以深入挖掘并展现这些文化瑰宝的独特魅力，积极探索民俗文化的现代诠释方式，为中华优秀民俗文化的永续传承与发展添砖加瓦。同时，我们也欣喜地看到，中华民俗文化在时代的洪流中展现出惊人的生命力与适应性。古老的民俗传统在现代社会中焕发新生，以新的形式与意义继续滋养着人们的精神世界，成为凝聚社会共识、传承文化精髓的重要力量。

展望未来，中华民俗文化必将在历史的长河中继续熠熠生辉，成为人类文明宝库中一颗璀璨夺目的明珠。我们将不忘初心、牢记使命，继续为弘扬中华优秀传统文化而努力奋斗，让这份宝贵的文化遗产在新时代的征程中焕发出更加绚丽的光彩。